銀行取引約定書の解釈と実務

Interpretation and Practices of
Agreement on Bank Transactions

[監修]
天野佳洋
Yoshihiro Amano

経済法令研究会

はしがき

　本書は待望久しい銀行取引約定書に関する解説書である。
　銀行取引約定書は、銀行が取引先との間で与信取引を行う場合に適用される基本約定書であり、その解釈・適用は銀行・取引先の双方にとって、経営上重大な影響を与えることから、その解説書は必要かつ有益と考えられるにもかかわらず、この種の書物を書店店頭で見出すことが難しい状態が続いていた。これは、全国銀行協会連合会（現一般社団法人全国銀行協会）制定の「銀行取引約定書ひな型」が平成12年に廃止されたことから、各銀行は自ら制定した独自の銀行取引約定書を利用することとなり、銀行によっては、ウェブサイトでその解説を掲載したり、締結の際に解説書を交付することもなされてはきたが、それはあくまで自行制定の銀行取引約定書に関するものであり、銀行取引約定書一般にかかわる解説書は、検討のベースを何にするか等の問題もあり、公刊物としての刊行に困難があったものと推測される。
　このような状況下、民法（債権法）改正では、約款規制や相殺等、銀行取引約定書に影響を与える論点が議論の対象とされている。債権者の代表的イメージを有する銀行の債権保全・回収に関する対応とその理論構成は銀行取引約定書に凝縮されているといってもよいのにかかわらず、債権法改正が検討されているこの時期にその解説書が見当たらないのは銀行界としても気になるところであろう。
　そのような折、経済法令研究会より本書刊行の企画について相談があり、本書の扱うテーマが銀行取引約定書ということからして、執筆はその内容に精通している実務家にお願いすることとした。
　銀行取引約定書の変遷とその意義、対外効、債権法改正との関係に関する論稿は、従前から金融法務をリードしてきたメガバンクの法務部（室）にお願いした。執筆者はいずれも金融法務の論客として著名な方々である。また、約定書の解釈をめぐる裁判例も数多く出ており、その概要を、銀行の5大グループのうち3グループの顧問弁護士をされている島田法律事務所にお願いした。本書の中核をなす銀行取引約定書の逐条解説は、月刊誌「銀行法

務21」に連載を執筆されている安東克正氏にお願いした。かように，本書は本テーマに関し現状望み得る最高の布陣を配している。

　留意すべきは，本書は銀行関係者の執筆によるものではあるが，その内容は銀行の立場を強要するような記述とはなっていない。これは，昔日の銀行融資にありがちな銀行が床の間を背に商売をしていたというスタンスから，銀行と取引先が対等の立場に立つというスタンスに変わってきたことが背景にあり，本書はいわば「銀行の品格」が問われる時代の銀行取引約定書の解説書といってよい。その意味で，金融機関に現に勤務されている方はもちろん，金融法務に関心のある学者，弁護士，学生にもぜひ読んでほしい一冊である。

　最後に，業務多忙なところ本書執筆にご快諾をいただいた執筆者各位，ならびに，本書刊行を企画し出版に尽力された経済法令研究会の西田尚史氏に御礼申し上げる。

平成26年2月

天野佳洋

目　次

第1編　緒　論

第1章　銀行取引約定書の変遷とその意義 …………………… 14
第2章　銀行取引約定書の対外効 ………………………………… 25
第3章　銀行取引約定書と債権法改正 …………………………… 36
第4章　銀行取引約定書に関する裁判例の概観 ……………… 44

第2編　本　論

はじめに ……………………………………………………………… 58
　1．解説の対象となる銀行取引約定書　59
　2．民法（債権法）改正について　60
　3．銀行取引約定書の役割　60
　4．説明義務　61

前　文 ………………………………………………………………… 65
　1．趣　旨　65
　2．交付義務　66
　3．契約自由の原則　67

第1条（適用範囲） ………………………………………………… 68
　1．第1項（いっさいの銀行取引）　68
　　(1)　適用範囲　68　　(2)　デリバティブ取引の追加　69
　　(3)　当座過振・代理貸付は適用範囲か　69
　2．第2項（保証取引）　70
　　(1)　規定の経緯　70　　(2)　保証人との契約上の留意点　72
　3．第3項（回り手形）　73

5

4．電子記録債権への対応　74

　5．適用範囲外のもの　75

第2条（手形と借入金債務） …………………………………76

　1．手形貸付の性質　76

　2．手形割引には適用されるか　77

　3．債権を行使する順序　78

　4．預金相殺時の留意点　80

　5．銀行が手形債権を譲渡した場合　81

第3条（利息・損害金等） ……………………………………83

　1．規定の経緯　83

　2．第1項（金融情勢の変化等がある場合の利息等）　84

　　⑴　用語説明　84　　⑵　金利の制限　86　　⑶　適用場面　88

　　⑷　その他相当の事由　89　　⑸　金利に関するその他の論点　90

　3．第2項（債権の保全状況に変動が生じた場合の利息等）　92

　4．第3項（損害金）　93

第4条（担保） …………………………………………………94

　1．第1項（増担保）　94

　　⑴　趣　旨　94　　⑵　リスクテイクと保全のバランス　96　　⑶　適用場面　96

　　⑷　第三者保証人への対応　98

　2．第2項（弁済への充当）　99

　　⑴　趣　旨　99　　⑵　前　段　100　　⑶　後　段　103

　　⑷　担保不動産の任意売却時における留意点　103

　3．第3項（銀行の占有動産）　104

　　⑴　適用範囲　104　　⑵　投資信託への適用　105　　⑶　債務不履行　108

　　⑷　商事留置権　108　　⑸　投資信託受益権に商事留置権は成立するか　110

　4．第4項（法定担保権）　112

第5条（期限の利益の喪失） ･････････････････････････････113

1．趣　旨　114

2．第1項（期限の利益当然喪失事由）　115

(1) 第1号（法的整理手続等）　115　(2) 第2号（取引停止処分）　124

(3) 第3号（その他）　125　(4) 第4号（差押え等）　125

(5) 第5号（行方不明）　130

3．第2項（期限の利益請求喪失事由）　131

(1) 趣　旨　131　(2) 中小企業金融円滑化法との関係　132

(3) なお書き（期限の利益の復活）　133　(4) 第1号（履行遅滞）　133

(5) 第2号（差押え・競売手続）　134　(6) 第3号（約定違反）　136

(7) 第4号（保証人に関する定め）　136

(8) 第5号（債権保全を必要とする相当の事由）　137

4．第3項（みなし送達）　139

(1) 期限の利益喪失の請求手続と「みなし送達」　139　(2) 公示送達　140

第6条（割引手形の買戻し） ･････････････････････････････142

1．ひな型制定の経緯　142

2．手形割引の法的性質　143

3．買戻請求権の法的性質　144

4．第1項（第5条1項各号の事由が生じたとき）　147

(1) 概　要　147　(2) 法的整理手続への参加　148

5．第2項（債権保全を必要とする相当の事由が生じた場合）　149

6．第3項（債務が未履行のとき）　149

第7条（相殺，払戻充当） ･････････････････････････････151

1．見出しについて　151

2．意義（相殺予約の意味）　152

3．第1項（相殺）　152

(1) 相殺の機能　153　(2) 法定相殺（相殺の要件を中心に）　154

(3) 約定相殺　157　(4) 相殺通知　158　(5) 相殺権の濫用　159

(6) 差押禁止債権（年金等）の振込により成立した預金との相殺　161

　(7) 誤振込等により成立した預金との相殺　164　(8) 当座勘定との相殺　165

　(9) 相殺を急ぐ場合と慎重に行う場合　166　(10) 倒産法との関係　167

　(11) 投資信託からの回収　169

4．第2項（払戻充当）　170

　(1) 払戻充当とは　170　(2) 適用場面　171　(3) 処理方法　171

　(4) 預金拘束　172

　(5) 払戻充当は時効中断事由としての「承認」に当たるか　178

5．第3項（利息等）　179

　(1) 前　段　179　(2) 後　段　180

第8条（取引先による相殺） ……………………………………181

1．規定の経緯　181

2．第1項（取引先の預金・銀行に対する債権）　182

　(1) 意義・要件　182　(2) 保証人等による相殺　184　(3) 債権者代位権　185

　(4) 差押・転付債権者による相殺　186

　(5) 取引先等から相殺通知があったときの対応　189

3．第2項（満期前の割引手形）　189

　(1) 満期前割引手形の買戻債務を受働債権とする相殺　189

　(2) 取引先による相殺ができない場合　190

4．第3項（手続）　190

　(1) 書面による意思表示　190　(2) 通帳・証書の提出　191

5．第4項（利息・損害金等）　192

　(1) 利息・損害金等の計算　192　(2) 外国為替相場の適用について　192

　(3) 解約手数料　193

第9条（手形の呈示，交付） ……………………………………194

1．趣　旨　194

2．第1項（手形の返還猶予）　195

　(1) 同時履行の抗弁権　195　(2) 規定の意義　196

3．第2項（手形返還場所等）　197
　　(1) 規定の意義　197　(2) 取引先の受領義務　198　(3) 満期前の手形　199
　4．第3項（手形の呈示・交付の免除）　200
　　(1) 手形上の債権　200　(2) 手形の呈示証券性と受戻証券性　201
　　(3) 手形の呈示または交付の免除が許容される場合　202
　5．第4項（相殺・払戻充当後の手形の処遇）　204
　　(1) 趣　旨　204　(2) とめおき権　205
　6．実務上の留意点　206

第10条（銀行による充当の指定）　207

　1．規定の趣旨　207
　2．民法による充当　208
　　(1) 民法の規定の概要と特約の必要性　208
　　(2) 民法による具体的な充当順序　209
　3．弁済の意思表示　210
　4．強制執行や担保権実行による配当金等の取扱い　211
　5．銀行による相殺・払戻充当の場合　212
　6．実務上の留意点　212
　　(1) 本条の適用範囲　212　(2) 取引先の指定がある場合（相殺以外の場合）　213
　　(3) 適用除外　213

第11条（取引先による充当の指定）　214

　1．規定の経緯　214
　2．第1項（原則）　215
　3．第2項（充当の指定をしなかった場合）　215
　4．第3項（銀行による充当指定の変更）　216
　　(1) 趣　旨　216　(2) 適用の要件　217　(3) 指定の期限　217
　5．第4項（銀行による充当指定の方法）　218
　6．実務における対応　219
　　(1) 内容の確認　219　(2) 内容の検討・対応　220

(3) 債権保全に支障が生じるおそれのある場合　220

第12条（危険負担，免責条項等） ･････････････････････････222

1．趣　旨　222

2．第1項（手形等を紛失等した場合）　223

(1) 用語説明　223　(2) 手形喪失時における手続の免除　226

3．第2項（担保について損害が生じた場合）　226

4．第3項（手形要件の不備等があった場合）　227

5．第4項（印鑑照合と免責）　228

6．第5項（費用負担について）　229

7．特約の限界　230

第13条（届出事項の変更）･･････････････････････････････231

1．概　要　231

2．第1項（届出義務）　231

3．第2項（みなし送達）　233

(1) 用語説明　233　(2) 民法（債権法）改正の動向　233

(3) 第三者との関係　234

第14条（報告および調査） ････････････････････････････235

1．趣　旨　235

2．第1・2項（平時）　235

(1) 取引先が提出する書類　235　(2) 調査に必要な便益　237

3．第3項（有時）　237

第15条（適用店舗） ･･･････････････････････････････････239

第16条（約定の解約）･･････････････････････････････････241

第17条（準拠法・合意管轄） ･････････････････････････････242

1．第1項（準拠法）　242
   2．第2項（合意管轄）　243
     (1) 管轄について　243　(2) 銀行の利点　244

第18条（反社会的勢力の排除） ···245
   1．導入の経緯　246
   2．第1項（属性要件）　247
   3．第2項（行為要件）　248
   4．第3項（期限の利益の喪失）　248
   5．第4項（割引手形の買戻し）　248
   6．第5・6項（損害賠償・約定の失効）　249
   7．反社会的勢力への対応について　249

資料編

   みずほ銀行・銀行取引約定書　252
   三菱東京UFJ銀行・銀行取引約定書　258
   三井住友銀行・銀行取引約定書　264

本書の内容に関する訂正等の情報
　本書は内容につき精査のうえ発行しておりますが、発行後に訂正（誤記の修正）等の必要が生じた場合には、当社ホームページ（http://www.khk.co.jp/）に掲載いたします。
　（ホームページトップ： メニュー 内の 追補・正誤表 ）

凡　例

　本書では原則，一般社団法人全国銀行協会（前身の全国銀行協会連合会を含む）を「**全銀協**」と，全銀協が制定した「銀行取引約定書ひな型」（昭和37年制定，昭和52年一部改正，神田秀樹編集代表『金融取引小六法〔2014年版〕』（経済法令研究会・2013年）収載）を「**ひな型**」と，ひな型制定前の銀行取引約定書を「**旧約定書**」というほか，以下の略語を使用することがある。

1．省庁公表物の略語

中間試案　法務省「民法（債権関係）の改正に関する中間試案」（平成25年2月）
金融検査マニュアル　金融庁「預金等受入金融機関に係る検査マニュアル」（平成26年1月）
主要行監督指針　金融庁「主要行等向けの総合的な監督指針」（平成25年11月）
中小監督指針　金融庁「中小・地域金融機関向けの総合的な監督指針」（平成25年11月）

2．文献の略語

内田・民法②　内田貴『民法(2)〔第2版〕』（東京大学出版会・2007年）
内田・民法③　内田貴『民法(3)〔第3版〕』（東京大学出版会・2005年）
大塚・商法③　大塚龍児ほか『商法(3)〔第4版〕』（有斐閣・2011年）
大平・約定書読み方　大平正『銀行取引約定書の読み方』（清文社・1994年）
全銀協・ひな型解説　全国銀行協会連合会法規小委員会編『新銀行取引約定書ひな型の解説』（金融財政事情研究会・1977年）
田中・銀行取引法　田中誠二『新版銀行取引法〔3全訂版〕』（経済法令研究会・1984年）
注釈民法⑰　鈴木祿彌ほか『新版注釈民法(17)』（有斐閣・1970年）

3．雑誌名の略語

銀法　銀行法務21　　**判タ**　判例タイムズ
金判　金融・商事判例　　**金法**　金融法務事情
判時　判例時報

4．判例・判例集の略語等

〈判例〉
大判（決）　大審院判決（決定）
最判（決）　最高裁判所判決（決定）
高判（決）　高等裁判所判決（決定）
地判（決）　地方裁判所判決（決定）

〈判例集〉
民集　最高裁判所（大審院）民事判例集
刑集　最高裁判所（大審院）刑事判例集
裁判集民　最高裁判所裁判集民事
下民集　下級裁判所民事判例集

〈略記例〉
最大判平成○・△・□　平成○年△月□日最高裁判所大法廷判決

第1編

緒　論

第1編

第1章
銀行取引約定書の変遷とその意義

1．銀行取引約定書の意義

⑴　銀行取引約定書とは

　銀行取引約定書は，銀行と取引先との間の与信取引の基本約定書をいう。銀行が取引先との間で融資取引を開始するにあたっては，通常，銀行取引約定書を締結することになるが，これを締結しても，銀行の取引先に対する融資義務や，取引先の銀行に対する融資を受けることができる権利が直接発生するものではない。銀行取引約定書の役割は，取引先との間で具体的な融資取引が行われた場合において適用される基本的ルールを定型的に定めることにある。

　ひな型（以下，条項数のみ表示する場合は，特に断りのない限り，ひな型のそれを指す）第1条1項は，銀行取引約定書の適用される取引を定める。具体的には，手形貸付，手形割引，証書貸付，当座貸越，支払承諾（保証委託取引等），外国為替その他いっさいの与信取引に関して生じた債務の履行が対象となるものとしている。ここで具体的に列挙された取引は，例示列挙であるから，例示されていない与信取引に関して生じた債務も含まれる。当座勘定の過振りは与信取引による債務であるから，銀行取引約定書を締結していれば，銀行取引約定書が適用される。また，取引の直接の効力として生じる債務に限らず，債務不履行による損害賠償債務等も含まれる（注1）。しかし，与信取引以外の取引によって生じた債務や取引とは関係のない不法行

為（例えば交通事故）によって生じた債務は含まれない。

　銀行業務の範囲の拡大や新しい与信取引の出現により，例示されていない「その他いっさいの取引」に含まれる取引が増加している。しかも，各銀行の業務範囲が異なり得ることから，各金融機関の約定書により，その適用範囲は必ずしも同一とは限らない可能性がある。そこで，全銀協の「銀行取引約定書に関する留意事項」（注2）でも適用範囲の明確化が求められており（注3），実際，新しい銀行取引約定書では，デリバティブ取引，電子記録債権取引，保証取引などを追加例示しているものが見られる。なお，**第2編第1条**でも述べられているが，銀行取引約定書はあくまでも与信取引に関する約定書であり，「銀行取引」という用語が利用されてはいるものの，預金取引や為替取引については適用がない。例えば普通預金取引については普通預金規定が定められているように，それぞれの取引ごとに銀行取引約款が定められている。

(2)　**銀行取引約定書を締結する理由**

　与信取引を開始するに際して，銀行が取引先との間で銀行取引約定書を締結するのは以下の理由による。

　第1の理由は，預金者の保護および貸出の健全性の確保にある。銀行は多数の顧客から資金を預金として受け入れ，預金等を原資として，資金を必要とする取引先に対して融資を行っている（銀行の金融仲介機能）。このように，銀行が融資に利用する資金には預金として集めたものが含まれており，預金の払戻しや預金利息の支払いに支障が生じないように，融資の健全性が確保されなければならない。与信取引には民法，商法，会社法，手形法，小切手法や破産法等の様々な法律が適用されるが，これら法律の規定は銀行と取引先との与信取引だけを念頭に置いて制定されているものではないため，

(注1)　注釈民法⑰〔中馬義直〕296頁。
(注2)　「〈特集〉銀行取引約定書の再検討」金法671号4頁以下（1973年）等。
(注3)　「〈資料〉銀行取引約定書に関する留意事項（全銀協平12・4・18全業界第18号）」銀法577号7頁（2000年）。そこでは「よりいっそう明確化することが望ましい」「適用範囲にある取引の例示として明記するなどの工夫をすることが考えられる」としている。

法律だけでは銀行の債権保全は必ずしも十分なものではなく、融資の健全性の確保の観点から法律の規定を補完、強化する必要がある。例えば、取引先に信用不安が生じた場合、銀行としては債権回収に向けた対応が必要となるが、民法137条1号ないし3号の事由に該当する場合を除き、契約上はいまだ期限が到来していない金銭債務について一方的に期限の利益を喪失させることはできず、期限未到来の債務については回収手段（例えば相殺）を図ることができない。これに対し、第5条では、民法の規定より広く期限の利益喪失の対象とすることで、取引先に信用不安が生じた場合の債権回収の可能性を類型的に高めている。また、担保権の設定を受けた不動産等に毀損が生じるなどして担保価値が減少した場合でも、民法上は取引先には増担保義務はないものの、第4条では、銀行に帰責性がなく債権保全の必要性が認められる場合、銀行の請求によって取引先に増担保義務が課される内容となっており、これにより債権保全の強化を図り、融資の健全性確保の一端を担っている。

　第2の理由は、事務コストの低減および円滑な資金の供給である。銀行は多数の取引先との間で反復的な与信取引を行っているが、これらの多くは定型的な取引であるにもかかわらず個々の契約締結に際して定型的な契約内容について交渉し、合意していたのでは多くの手間や時間等を要し、資金の円滑な供給にも支障が生じる。そのため、与信取引に共通に適用される基本的ルールを定型的に定めておくことで、個々の交渉を省略して事務コストの低減を図ることができ、資金の円滑な供給に資することになる。

　第3の理由は、権利義務関係の法的予測可能性を向上させる点にある。与信取引に共通に適用される基本的ルールが定まることによって、銀行および取引先の双方にとって、このような取引における基本的権利義務関係が明確になり、法的予測可能性を高めることになる（注4）。

　一方、シンジケートローンにおいては、銀行取引約定書の適用が排除され、シンジケートローン契約書において、銀行取引約定書に規定されている条項が個々のシンジケートローンの適性に合わせて修正されたうえで設けら

（注4）注釈民法⑰〔中馬義直〕287頁。

れている。このように，銀行取引約定書の締結を必ずしも必要としていない与信取引が増えているとはいえ，企業への円滑な資金の供給を行うに際しては，資金使途，長期・短期など様々な形態の与信取引が予測され，取引先とのリレーションシップのうえでも，銀行取引約定書を締結しておくことが必要であるし，従来型の与信取引においては，前述のとおり銀行取引約定書が大きな意味を持つため，銀行取引約定書の果たす役割は今なお重要である。

2．銀行取引約定書の変遷

　銀行取引約定書は，昭和37年8月に，それまで各銀行がそれぞれ使用していた諸種の約定書をまとめて与信取引全般に適用される標準的約定書として，全銀協（当時全国銀行協会連合会）によって「全銀協ひな型」として制定された。制定の背景は，一方では，各銀行が各種取引に用いていた約定書類が，銀行に一方的に有利ではないかとの批判を受けて全銀協が約定書類の検討を開始することとなったこと，他方，銀行側からは，昭和32年に相殺に関する国と銀行との訴訟の第1審で銀行が敗訴した（注5）ことなどから，従来の約定書では，銀行の利益の確保が十分図られないのではないかとの問題意識が生じたことにある。その後，判例・学説の進展や様々な議論（注6）を受けて，昭和52年4月に改正された（注7）。

　しかし，その後，特に平成年代に入り，金融の自由化，国際化，証券化等の金融取引をめぐる環境の変化に対応し，有効かつ適正な競争を促進することによって金融制度の効率化等を図ること，そのために金融機関等は経営上の創意工夫を発揮し，より多様で良質な金融サービスを利用者に提供することを目的とした金融制度改革（いわゆる金融ビッグバン）が進展した。こうした環境下，公正取引委員会からは，銀行取引約定書について，すべての銀

(注5) 昭和25年に国税が滞納処分として差し押さえた預金を，三菱銀行が手形割引の買戻請求権と相殺したため，国が三菱銀行を被告として昭和29年に提起した訴訟。その第1審である京都地判昭和32・12・11判時137号8頁が，銀行の約定書を批判し，銀行敗訴の判決をした。
(注6) 前掲（注2）4頁以下等。
(注7) 主な改正点は取引先からの相殺の規定の新設や期限の利益喪失規定の修正であった。

行が全銀協のひな型を採用していることが，銀行間の横並びを助長するおそれがあるとの指摘がなされた。そこで全銀協は平成12年4月，「各銀行の自己責任に基づく創意工夫の発揮」と「顧客のより自由な選択を可能」とすべく，銀行取引約定書のひな型を廃止した (注8)。

これによって，各銀行は，従来の銀行取引約定書のひな型を基本としつつも独自の銀行取引約定書を制定し，利用するようになってきている。具体的には，銀行と取引先が対等の立場で契約するという趣旨を明確にするために，形式面においては，従来のいわゆる差入形式（取引先のみが約定書に署名して銀行に差し入れ，原本は銀行が保管し，取引先はその写しを保有する方式）から，双方署名方式（取引先と銀行の双方が署名し，原本2通をそれぞれが保管する方式）に改めたり，実質面においても，双方署名方式への変更に伴い対等の立場にあることを明確にした表現とするとともに，よりわかりやすい平易な表現を用いたりするなど，それぞれの銀行において工夫がなされている (注9) (注10)。

3．銀行取引約定書の具体的意義

(1) 銀行取引約定書の役割

銀行取引約定書の役割は，銀行と取引先との間の個々の与信取引に適用される基本的ルールを一般化してあらかじめ定型的に定めることにある。証書貸付を実行するに際しては，銀行取引約定書とともに金銭消費貸借契約を締結することになるが (注11)，銀行取引約定書に定められた事項は，この金銭消費貸借契約等における契約内容の一部を構成することになる (注12)。また，手形貸付や手形割引では，金利や返済方法等について特別な条件を定める場合を除き，個別の取引ごとに約定書を取り交わすことはないが（**第2編はじめに3**），手形取引については，銀行取引約定書においてその契約内

(注8) 阿部耕一「銀行取引約定書ひな型の廃止と留意事項について」銀法577号4頁 (2000年)。
(注9) 主要行監督指針Ⅲ－3－3－1－2(4)参照。
(注10) 複数の銀行の約定書を紹介，比較検討したものとして，「＜資料＞銀行取引約定書新旧対照表」銀法582号16頁 (2000年)。

容がカバーされている。例えば，回り手形への適用，原因債権との関係，手形の買戻約定，手形の取扱いや返却等の規定が銀行取引約定書においてカバーされている。電子記録債権取引についても，銀行取引約定書が契約内容の一部を構成することになる（注13）。

(2) **銀行取引約定書の概要**

銀行取引約定書の各条項は，融資取引の総則的条項，債権保全に関する条項，危険負担や免責に関する条項，および担保や保証に関する条項の4つに分けられる（注14）。

① 融資取引の総則的条項

銀行取引約定書の適用される取引の範囲について定めた第1条，利息や割引料等の変更と損害金について定めた第3条，届出義務について定めた第11条，報告や調査について定めた第12条，約定書の適用店舗について定めた第13条，合意管轄の特約について定めた第14条等がある。

② 債権保全に関する条項

手形債権と原因債権たる貸付金債権の選択行使を認めた第2条，期限の利益喪失事由を定めた第5条，割引手形の買戻事由を定めた第6条，差引計算と利息の計算方法について定めた第7条，差引計算における手形の取扱いを定めた第8条，充当の指定について定めた第9条および第9条の2等がある。前述のとおり，債権保全を強化することが銀行取引約定書を締結する理

（注11）金銭消費貸借契約は要物契約であり（民法587条），金銭授受（現在の銀行実務では現金授受ではなく取引先が銀行に有する預金口座への入金記帳をもって金銭授受があったものと評価される）がなされることで契約が成立する。したがって，金銭消費貸借契約が成立した時点で銀行に融資義務はない。もっとも，実務上，融資証明書を出す場合や当座貸越専用契約を締結する場合のように，金銭消費貸借契約の予約または諾成的金銭消費貸借契約が締結される場合はある。
（注12）このほか，当座貸越取引においては当座勘定貸越約定書を，支払承諾取引では保証委託約定書等を締結する。
（注13）電子記録債権については様々な用途が考えられているが，その1つとして，手形に代わる新たな決済手段という点が挙げられる（法律用語でないものの，「電子手形」と称されている）。電子記録債権取引を行ううえでは，銀行取引約定書のほか，電子記録債権機関（例えば全銀協が設立した「でんさいネット」），窓口金融機関および取引先の三者間で利用契約を締結することになる。
（注14）石井眞司『新銀行取引約定書の解説』2頁（経済法令研究会・1977年）。

由の1つであるが，例えば，相殺による債権回収の強化が図られている。

　相殺を行うためには，少なくとも自働債権（銀行が相殺する場合には銀行の取引先に対する金銭債権）について弁済期が到来していることが必要となる（民法505条）(注15)。例えば一般的な証書貸付のように約定弁済が付されているものについては，一定の間隔で一定額について弁済期限が到来することになるため，この弁済期限が到来している部分については，期限の利益を喪失させずとも (注16)，他の相殺の要件を満たすことで相殺による債権回収が可能となる。もっとも，相殺を行う場面では，約定弁済がなされず延滞が生じれば，取引先に信用不安が生じており，融資債権全額について回収の要請が働いている状況にあると考えられる。しかしながら，民法137条では，金銭債務の不履行は期限の利益喪失事由とはなっていないため，銀行取引約定書を締結していない限り，単なる金銭債務の不履行があるだけでは，弁済期未到来の部分について相殺することができない。これに対し，銀行取引約定書を締結していた場合，債務不履行は請求喪失事由の1つとして挙げられていることから，請求することによっていまだ期限未到来の部分についても期限を到来させることができ，当該債権全額につき，預金と相殺することが可能となる。さらに，第5条に定める期限の利益喪失事由に該当するような場合には，期限の利益を喪失させることができる範囲で，相殺の準備行為として預金の払戻しを拒絶することが正当化されるとの見解が有力である(注17)。銀行取引約定書を締結している場合にはもちろん，銀行取引約定書を締結していない場合であっても，別途金銭消費貸借契約書等において期限の利益喪失事由が民法137条よりも拡大されていれば当該事由に該当する場

(注15) 相殺するためには相殺適状にある必要があるが，そのためには，互いに同種の目的を有する債務を負担し，双方の債務が弁済期にある必要がある。もっとも，相殺の意思表示をする銀行側からみた場合，受働債権となる預金等については，銀行が期限の利益を放棄することができるため，自働債権となる融資債権について期限が到来していればよい。
(注16) 期限の利益の喪失は，いまだ期限が到来していない債務について現時点に期限を到来させるものであり，したがって，約定弁済が付されているもののうちすでに期限が到来している部分については，この条項によって期限の利益を喪失させる対象となるものではない。
(注17) 本多知成「判例批評（東京高判平成21・4・23）」金法1899号32頁（2010年）。

合にも同様と考えられるが，銀行取引約定書が締結されず，期限の利益喪失事由を拡大する条項が別に設けられていない場合には，民法137条各号の事由に該当するような場合を除き，預金の払戻しの拒絶が正当化されるのか定かではない。そういう意味で，銀行取引約定書を締結することで，取引先の資産の散逸を防止することが可能となり，ひいては銀行の債権回収の可能性を高めることになる。さらに，期限の利益を喪失させることで，預金以外の財産についても，担保権の実行や債務名義（民事執行法22条）の取得および強制競売等の手続を経て，取引先が有する財産の価値の範囲内において，期限の利益の喪失がなかったならば回収できなかった債権についての回収の可能性が出てくる。

　このように，銀行取引約定書を締結することによって，融資債権の回収可能性を高めることになる。
③　危険負担や免責に関する条項
　銀行が受け入れた手形，証書や担保に損害が生じた場合の危険負担や，手形や印鑑照合についての免責を特約した第10条がある。
④　担保に関する条項
　第４条によれば，担保権の設定を受けた不動産等の財産に毀損が生じるなどして担保価値が減少した場合，銀行に帰責性がなく債権保全の必要性が認められれば，銀行の請求によって取引先に増担保義務が課される内容となっている。取引先がこれに任意に応じる場合は，増担保により信用補完が図られて債権保全に資することになるし，銀行の請求にもかかわらず取引先がこれに応じなかった場合でも，第５条２項１号または３号に該当することになり，期限の利益を請求喪失させることが可能となり，前述したとおり，融資債権の回収可能性を高めることになる。

(3)　**銀行取引約定書の性質，特徴と解釈基準**
①　基本的性質と解釈基準
　銀行取引約定書は，多数の取引先との間で行われている反復的な与信取引についての普通取引約款（注18）ないし附合契約的性質のものとされている（注19）。このような契約形態も契約自由の原則から有効であるが，普通取引約款ないし附合契約の解釈一般についてと同じく銀行取引約定書の各条項に

ついても，信義則に基づいた客観的・合理的な解釈が要求される（注20）。具体的には，作成者不利の原則，制限的解釈の原則，合理的解釈の原則がある（注21）。

　作成者不利の原則とは，銀行取引約定書の内容が不明白な場合には作成者である銀行に不利益に，取引先に有利に解釈しなければならないという解釈基準である。

　制限的解釈の原則とは，銀行取引約定書において銀行に有利な規定が不明白な場合には，制限的に解釈しなければならないという解釈基準である。

　合理的解釈の原則とは，銀行が自己の権利を確保したり，有利な条項について，銀行の解釈が恣意的であると認められるときには，その効果を合理的な範囲に制限して解釈するという解釈基準である。

　銀行としては，銀行取引約定書の運用に際しては，濫用して無用な紛議を招かないようにする心構えも重要である。なお，銀行取引約定書は普通取引約款ないし附合契約的な性質のものとされてはいるが，一方的な銀行取引約定書の変更が認められるわけではない。銀行取引約定書の変更にあたっては，一般的な契約法理に従い，取引先との間で合意することが必要と考えられる。

② その他の特徴

　銀行取引約定書には以上の基本的な性質のほかに，次のような特徴があ

(注18) 普通取引約款とは，企業がその顧客との取引にあたって個別的に契約内容を協定する煩雑さを避けるために，一律に適用すべき契約条件をあらかじめ定型的に定めておき，同種の取引については，共通に画一的にその条件によって契約を締結する場合の，定型的に設定された取引条件である，とするのが一般見解である（谷川久「企業取引と法」矢沢惇編『現代法と企業（岩波講座現代法(9)）』148頁（岩波書店・1966年））。例えば，電気，ガスや宅配便を利用するときなどに利用されている。この点につき，判例（例えば大判大正4・12・24民録21輯2182頁）は，契約当事者が約款に拘束される（約款の内容が契約内容を構成する）根拠として，契約当事者の意思の推定を挙げているが，銀行取引約定書を締結する場合には，取引先との間で記名押印によって明確な合意が形成されており，普通取引約款における性質がすべて必ずしもそのまま当てはまるものではないと考えられる。

(注19) 石井・前掲（注14）5頁。

(注20) 注釈民法⑰〔中馬義直〕288頁。

(注21) 大平・約定書読み方3頁，石井・前掲（注14）5頁等。

る。

　まず，将来にわたって継続的に融資取引を行っていくことを前提として締結されるものであり，個々の融資取引を行う都度，取引先との間で新たに銀行取引約定書を締結する必要はない。

　また，銀行と取引先との間の融資取引に関する基本契約であるため，取引先が1つの銀行の複数の支店との間で融資取引をしている場合であっても，銀行取引約定書が1つ締結されていればそれが個々の融資取引においても適用されることになる。例えば，A銀行甲支店で銀行取引約定書を取引先との間で締結しているような場合であっても，この銀行取引約定書は，A銀行乙支店と当該取引先との融資取引にも適用されることになる。

(4) 銀行取引約定書締結にあたっての説明義務

　銀行は取引先との間で契約を締結するにあたり，取引先に対し，契約内容の説明や情報提供をしなければならない（説明義務，情報提供義務）。具体的には，銀行法12条の2，同法施行規則13条の7において，銀行の業務にかかる重要な事項の顧客への説明など健全かつ適切な運営を確保するための措置を構ずることが求められている。また，主要行監督指針や中小監督指針等においても，顧客や利用者保護のための情報提供として，説明義務の問題が詳細に記載されており，例えば，主要行監督指針では，「顧客から説明を求められたときは，事後の紛争等を未然に防止するため，契約締結の客観的合理的理由についても，顧客の知識，経験等に応じ，その理解と納得を得ることを目的とした説明を行う態勢が整備されているか」が着眼点として示されており（Ⅲ－3－3－1－2(2)②），銀行取引約定書についても，原則として説明義務があると考えられている（注22）。

4．銀行取引約定書をめぐる状況

　平成10年の銀行法改正において，銀行の顧客に対する重要事項の説明義務等を含む業務の健全適切な運営を確保する措置の構築義務が設けられた

（注22）畑中龍太郎ほか監修『銀行窓口の法務対策4500講(3)』52頁（金融財政事情研究会・2013年）。

（銀行法12条の2）。また，私法上においては，平成13年4月施行の消費者契約法では，消費者契約の内容の明確平易化の配慮が求められ（同法3条1項），いわゆる不当条項規制（同法8条，10条）が設けられた。

　新しい銀行取引約定書についても，実質的に取引先には交渉によりその内容を修正する余地がなく，約款一般に共通して議論されている点に加え，銀行の融資者としての優位な立場に基づいた銀行に有利な内容とする批判が引き続きある。しかしながら，実際に個々の約定について交渉によりその内容を修正確定したうえで取引を行うということは非常に困難であり，取引先・銀行双方にとって負担が大きく，定型的な約定書を用いることは取引先と銀行双方にとって有益なものである。また，その内容についても，定型的な約定書を用いられることにより，各規定の解釈や問題点について広く議論がなされ，内容の適切性が担保され，さらに予測可能性も高まるという側面も否定できない。実際，ひな型制定時から今日に至るまでの様々な議論を踏まえて改正がなされ，また，判例や学説により，その内容と限界が明確にされてきている。形式面のみからの批判は必ずしも合理的なものではないと思われるが，他方，最近の社会経済，金融状況を踏まえ，個々の規定の内容について，今後もさらに議論が深めることが求められている。

（中原利明）

第2章
銀行取引約定書の対外効

1．銀行取引約定書の拘束力の相対性

　銀行取引約定書は，銀行と取引先との間で繰り返し行われる与信取引に関する約定のうち，共通の基本的事項について定めている。最近ではシンジケートローンのように銀行取引約定書の適用を受けない旨の条項を備える与信取引も存在するが，そのような例外的な場合を除き，銀行取引約定書は銀行が行うすべての与信取引の共通約定書であり，基本約定書である。

　したがって，金銭消費貸借契約証書等の個別取引約定書に特段の定めがない事項については，基本約定書である銀行取引約定書の定めが契約の内容を補充するから，銀行取引約定書の規定が契約当事者である銀行と取引先を拘束することは当然である。

　一方で，銀行取引約定書の効力が銀行と取引先以外の第三者との関係にどのような影響を及ぼすかについては，様々な議論が行われてきた。

　もちろん，銀行取引約定書が銀行と取引先の間の契約である以上，銀行取引約定書の拘束力は契約当事者である銀行と取引先にのみ及ぶのであり，銀行取引約定書の効力が第三者を拘束することは原則としてない。

　したがって，銀行取引約定書の「対外効」の議論とは，第三者が銀行取引約定書に法的に拘束されるかという議論ではなく，様々な制度との関係において，銀行取引約定書により銀行が出現させようとする法律状態が保護され得るのかという問題と捉えるべきである。

ここでは，銀行取引約定書の「対外効」の問題として，古くから議論されている，差押えと銀行取引約定書の相殺予約規定との関係について概観するとともに，その他の対外的な影響の議論についても検討したい。

2．期限の利益喪失規定・相殺予約規定の対外効

銀行取引約定書による期限の利益喪失規定および相殺予約規定（以下，両者をあわせて「相殺予約規定」という）による相殺が銀行預金等に対する差押えに優先するかという点については，古くから銀行取引約定書の「対外効」が議論されてきた。

すなわち，銀行は，ひな型第5条1項3号において，取引先の銀行に対する預金等の債権に対して差押命令が発せられたときには，取引先は銀行に対する債務の期限の利益を当然に喪失する旨を定めている。さらに，第7条1項では，取引先が期限の利益の喪失等によって債務を履行しなければならない場合には，銀行はその債務と取引先の預金等を期限にかかわらず相殺することができると定めている。

これは次のような法的な効果を狙った定めである。すなわち，期限の利益の喪失事由を定める民法137条は任意規定であるから，さらに期限の利益の喪失事由を追加する特約は有効である。そして，相殺の効力は相殺適状に遡るから（民法506条2項），取引先の銀行に対する預金等の債権について差押命令が発送された場合に銀行が取引先に対して相殺の意思表示をしたときは，差押命令発令時に遡及して取引先の銀行に対する預金等の債権も消滅することとなる。したがって，銀行取引約定書の相殺予約規定が有効だとすれば，銀行の行う預金等の相殺は差押債権者に対して常に優先することになる。

これについては，第三債務者が差押え後に取得した債権による相殺は差押債権者に対抗し得ない旨を定める民法511条の解釈とも関連して，戦後3度にわたる最高裁判例の変遷があり，その都度相殺が差押えに優先する場合が拡大されてきた。

3．判例の変遷と銀行界の対応

⑴　**最高裁昭和32年7月19日判決の河村大助裁判官補足意見**

　昭和37年8月にひな型が制定された頃，差押えと相殺の優劣の議論は，昭和32年の最高裁判決（最判昭和32・7・19民集11巻7号1297頁，金判529号39頁）の影響下にあった。同判決は，差押転付命令と相殺の優劣について，「債権の譲渡または転付当時債務者が債権者に対して反対債権を有し，しかもその弁済期がすでに到来している場合には，少くとも債務者は自己の債務につき譲渡または転付がなされるにかかわらず，なおこれと右反対債権との相殺をもつて譲受または転付債権者に対抗しうる」と判示した事案である。すなわち，差押当時に銀行の貸金債権等の自働債権の弁済期が到来していれば，銀行は預金等の受働債権の弁済期が到来しているかどうかにかかわらず，相殺をもって対抗することができるというのである。

　この判例を前提とするならば，銀行が差し押さえられた預金等との相殺をもって差押えに対抗するには，差押当時弁済期の到来した貸金債権を有している必要があるので，相殺予約規定が設けられたのである。もっとも，この判例は，相殺予約規定の対外効を正面から判断したものではないため，取引先の信用不安にあたっては，銀行は差押えがある前に償還請求をして貸金債権の期限を到来させる処理をするのが一般的であった。

　一方，河村大助裁判官の補足意見は，「債務者は，受働債権の弁済期到来により直ちに弁済する義務を生じ，債権譲受人もまた，無条件にこれを請求し得べきものであるから，債務者は自働債権の弁済期到来をまつて，これと相殺する自由をもたないものである，即ち此の場合は債務者が自己の有する債権を以て相殺をなし得ることが通常期待される場合に当らないから，債務者は相殺を以て債権譲受人に対抗することはできない」と述べ，自働債権の弁済期が受働債権の弁済期よりも先に到来する場合には，相殺の期待利益があるとしていたが，これは次に述べる昭和39年の大法廷判決の多数意見にも通じるものであった。

⑵　**最高裁昭和39年12月23日大法廷判決の「誠実な債務者論」**

　次いで，昭和39年の最高裁大法廷判決（最大判昭和39・12・23民集18巻

10号2217頁）の多数意見は，差押えと相殺の優劣について，自働債権と受働債権の弁済期の先後が問題となるかについて正面から判断した。まず，相殺と差押えの優劣に関しては，「反対債権の弁済期が被差押債権の弁済期より後に到来する場合は，相殺を以つて差押債権者に対抗できないものと解するのが相当である。けだし，かかる場合に被差押債権の弁済期が到来して第三債務者に対し履行の請求をすることができるに至つたときには，第三債務者は自己の反対債権の弁済期が到来していないから，相殺を主張し得ないのであり，従つて差押当時自己の反対債権を以つて被差押債権と相殺し自己の債務を免れ得るという正当な期待を有していたものとはいえないのみならず，既に弁済期の到来した被差押債権の弁済を拒否しつつ，自己の自働債権の弁済期の到来をまつて相殺を主張するが如きは誠実な債務者とはいいがたく，かかる第三債務者を特に保護すべき必要がないからである」と述べる。

そのうえで，相殺予約規定について，「債権者債務者間に生じた相対立する債権債務につき将来差押を受ける等の一定の条件が発生した場合に，右双方の債権債務の弁済期如何を問わず，直ちに相殺適状を生ずるものとし，相殺予約完結の意思表示により相殺を為し得るという原判示の如き相殺の予約は，差押当時現存していた債権につき，差押を契機として，当時相殺適状に達していないのに拘らず，また，両債権の弁済期の前後を問わず，直ちに相殺適状が発生したものとして相殺により被差押債権を消滅せしめんとするものであるが，かかる特約は前示民法五一一条の反対解釈上相殺の対抗を許される場合に該当するものに限つてその効力を認むべきである。すなわち，差押前第三債務者が取得した反対債権につき，その弁済期が受働債権である被差押債権の弁済期より先に到来する関係にある自働債権と受働債権との間においては，前記の如き相殺予約は，第三債務者の将来の相殺に関する期待を正当に保護するものであるから，かかる場合に限り，前記相殺予約は有効に差押債権者に対抗し得るものと解するのが相当であるが，然らざる場合，すなわち，民法五一一条の反対解釈を以つてしても相殺の対抗が許されない場合に該当する相殺予約は，差押債権者に対抗し得ないものといわなければならない。けだし，後者の場合にも右相殺予約の効力を認めることは，私人間の特約のみによつて差押の効力を排除するものであつて，契約自由の原則を

以つてしても許されないといわねばならない。従つて、自働債権の弁済期が受働債権のそれと同じであるかまたはその以前に到来する関係にある債権相互についての右相殺予約は差押債権者に対抗し得るものであるが、然らざる債権相互についての右相殺予約に基づく相殺は差押債権者に対抗し得ないものといわなければならない」としたのである。

この判例によれば、自働債権の弁済期が受働債権の弁済期よりも先に到来する場合には、相殺予約規定は差押債権者との関係でも有効と取り扱われることになる。すなわち、最高裁は、限定的ではあるが、相殺予約規定の「対外効」を正面から認めたのである。

なお、この判例は、多数意見が判事7名によるものであるのに対し、6名の判事がこれに反対する僅差によるものであった。山田作之助裁判官の反対意見は、「特約に基づき、預金者が、銀行に負担している借入金等の債務の支払を怠ったときは、即時、これと同人の預金とを相殺することにより、貸付金の決済をする方法がとられていることは、今日一般に公知とされているところであり、本件もまたその一例で」あり、「銀行の貸付金と預金とを相殺するという、銀行と預金者間に予め締結されている所謂相殺に関する特約は、取引の実際の便宜からするも、契約自由の原則からするも、はたまた、互に対立関係にある債権者債務者を双方公平に保護する見地からするも、これを無効とすべき理由は一つもないといわなくてはならない」とし、銀行取引約定書の対外効を自働債権と受働債権の弁済期の先後にかかわらず認めようとするものであるが、与信取引の実態と相殺予約条項の公知性からすれば、そのような意見は充分な説得力を有するものであった。

(3) 最高裁昭和45年6月24日大法廷判決による「対外効」の全面的承認

続く昭和45年の最高裁大法廷判決（最大判昭和45・6・24民集24巻6号487頁）は、昭和39年判決を覆し、相殺予約規定の有効性を全面的に認めるに至った。

まず、差押えと相殺の優劣に関して多数意見は、「民法511条は、一方において、債権を差し押えた債権者の利益をも考慮し、第三債務者が差押後に取得した債権による相殺は差押債権者に対抗しえない旨を規定している。しかしながら、同条の文言および前示相殺制度の本質に鑑みれば、同条は、第三

債務者が債務者に対して有する債権をもつて差押債権者に対し相殺をなしうることを当然の前提としたうえ，差押後に発生した債権または差押後に他から取得した債権を自働債権とする相殺のみを例外的に禁止することによって，その限度において，差押債権者と第三債務者の間の利益の調節を図つたものと解するのが相当である。したがつて，第三債務者は，その債権が差押後に取得されたものでないかぎり，自働債権および受働債権の弁済期の前後を問わず，相殺適状に達しさえすれば，差押後においても，これを自働債権として相殺をなしうるものと解すべきであ」るとし，いわゆる無制限説に立つことを明らかにした。

さらに，相殺予約規定については，取引先について「信用を悪化させる一定の客観的事情が発生した場合においては，被上告銀行の訴外会社に対する貸付金債権について，訴外会社のために存する期限の利益を喪失せしめ，一方，同人らの被上告銀行に対する預金等の債権については，被上告銀行において期限の利益を放棄し，直ちに相殺適状を生ぜしめる旨の合意と解することができるのであつて，かかる合意が契約自由の原則上有効であることは論をまたないから，本件各債権は，遅くとも，差押の時に全部相殺適状が生じたものといわなければならない」として，正面からその有効性を認めた。

これにより，民法511条を文言のとおりに解釈する無制限説を前提として，銀行取引約定書の定める相殺予約規定は有効であり，これに基づき銀行が行う相殺が預金等の差押えに優先するという判例が確立したといってよい。相殺予約規定の「対外的効力」が完全に認められたのである。

4．相殺予約規定の対外効への批判

以上の議論は，結局のところ，差し押さえられた預金等の債権に相殺予約規定に基づく抗弁が有効であるのかという問題であり，その本質は，相殺予約規定が当初から差押えに相殺を優先させるために「仕組まれた」ものであることについて，どのような評価を与えるのかの問題であったと考えることができる。

しかし，相殺予約規定（特に期限の利益喪失規定）は貸借型の契約である消費貸借契約の要素をなす弁済期に関する重要な付款であるが，そもそも契

約により生じる債権の内容は契約内容により定まり，相殺予約規定のような付款も契約により自由に付することができるとするのが民法の大原則である以上，当事者間の契約の付款が無効となる場合こそが例外に属するのであり，付款が無効であると主張する側にその相当の根拠が求められなければならないのである。

　この点について，昭和45年判決は，相殺予約規定は「契約自由の原則上有効であることは論をまたない」としている。これは，法定相殺について無制限説を前提とし，銀行の債権の弁済期が預金等の弁済期よりも先に到来することを要求しない以上，弁済期を前倒しする付款である期限の利益の喪失規定は差押制度と相殺制度のバランスを破壊するとはいえず，契約当事者間の合意に基づく相殺予約規定の効力を覆すには足りる根拠がないことをいうものであると考えられる。

　さらに実質的に考えても，銀行は取引先の預金の残高や動きを勘案しながら相殺可能性を前提として継続的な与信取引を行うのであり，銀行の相殺期待が保護されることは与信取引の不可欠な前提であるのだから，銀行取引約定書が相殺予約規定を定めることは合理的な必要性に基づくものであるといえる。そして，物的担保によらずに与信を行う必要性が強調される昨今の金融実務からすれば，より一層その必要性は高まっているといってよい。そうだとすれば，相殺予約規定が「仕組まれた」ものであることについて否定的な評価をすることは妥当ではない。むしろ，相殺予約規定が物的担保に過剰に依存することなく与信取引を継続・促進する機能を有することについて，肯定的に評価されるべきものである。

5．相殺禁止規定についての訴訟法からの検討

　相殺予約規定の対外効に関する実体法上の議論は前記のとおりであるが，対外効を制限的に解する立場については，訴訟法上の問題もあるように思われる。

　昭和45年の最高裁判例は，旧国税徴収法に基づく滞納処分による差押えと法定取立権の制度は強制執行による差押えとその取立命令の制度と実質において異なることはないとしている。少なくとも，差押債権者が銀行に対し

て提起する取立訴訟は第三者の訴訟担当の一種であり、取立訴訟の訴訟物は取引先の銀行に対する預金払戻請求権等の債権なのであって差押債権者の有する独自の権利ではないとするのが通説による理解であるから（注）、銀行は取引先に主張し得る抗弁をすべて差押債権者に訴訟上主張することができるのが原則である。

　そして、銀行取引約定が附合契約であるとしても、取引先はこれに従う意思をもって約定書を銀行に差し入れるのであり、その内容にも合理性が認められる以上、取引先がこれに拘束されるのは当然であるから、銀行と取引先との間で相殺予約規定の効力が否定されることは原則としてないといってよい。取引先は預金等への差押後に銀行に対して預金払戻請求訴訟を提起することもできると解されるが（大阪高判昭和57・11・24金判667号3頁）、少なくとも当該訴訟において銀行は取引先に対し、有効な相殺予約規定に基づく相殺の抗弁を主張することができると考えられる。

　したがって、仮に差押債権者との関係でのみ相殺予約規定の効力を否定するならば、同一の訴訟物に関する争いであるにもかかわらず、差押債権者と取引先のいずれが訴求するかによって相殺予約規定による相殺の効力の有無について判断が分かれ得ることになる。

　このような相対的な結論は、差押命令の弁済禁止効と手続相対効等を理由として説明がつくものかもしれない。しかし、現在までのところ、差押えと相殺の優劣の議論は民法511条という実体法の解釈の問題とされてきたのであり、少なくとも手続法の観点からはこのような相対的結論を認める法律上の根拠が充分に論証されているとはいえないと思われる。

　また、仮にこのような相対的な抗弁を認めるのならば、差押債権者・債権者・第三債務者間の実体法上・訴訟法上の法律関係はいたずらに錯綜することになり、金融取引の円滑を著しく阻害することは明らかである。

　そうだとすれば、銀行と取引先との間において銀行取引約定書の効力を認めつつ、差押えを不当に害する相殺を排除するために差押債権者が主張するにふさわしいのは、銀行の相殺の抗弁に対する信義則違反の再抗弁であると

（注）中野貞一郎『民事執行法〔増補新訂6版〕』700頁（青林書院・2010年）。

思われる。しかし，そもそも銀行が取引先と銀行取引約定書を締結して与信取引を開始する場合には，少なくとも当面は（そして願わくば取引が継続する限り）当該取引先について期限の利益の喪失事由が生じない蓋然性が高いことを前提としているのであり，その時点で具体的な差押債権者は想定されていないのだから，差押債権者に対して信義則に反するかたちで相殺予約をするということは通常考えられないことは強調しておかなければならない。

6．弁済充当規定の対外効

　以上のように，相殺予約規定の「対外的」の議論も，銀行取引約定書が第三者を拘束するかという問題ではなく，相殺制度との関係で，相殺予約規定の有効性が認められるか，差押債権者に対してどのような影響を与えるかという議論であった。そのような意味での「対外効」の議論は他にも存在する。例えば約束手形の取立金の弁済充当規定の問題などもその一例であるといえる。

　すなわち，銀行は取引先から取立委任を受けた約束手形につき商事留置権を有し，当該取引先について破産（再生）手続が開始した場合であっても，取立手形および取立金を留置することができる。銀行取引約定書は，この取立金を法定の手続によらず債務の弁済に充当できる旨定めている（以下，「弁済充当規定」という）。

　もちろん，弁済充当規定も相殺予約規定と同様，与信取引の前提をなし，これを維持・促進するものであるから，かかる定めが銀行と取引先の間で有効なものであることはいうまでもない。では，破産（民事再生）の制度との関係においても，弁済充当規定の有効性は認められるであろうか。

　この点，管財人（再生会社）は，第三者性が問題とならない法律関係については債務者が有していた契約当事者としての地位を承継することから，債務者が締結した銀行取引約定書が定める弁済充当規定が破産（再生）手続上も有効である以上，これに拘束されるのは当然である。一方で，破産（再生）手続は総債権者のために財団について差押えがされている場合と同視し得る面があり，各債権者は財団に関する訴訟の追行権限を失い，執行等の手続を行うこともできなくなるのだから，総債権者の利益は管財人（再生会

社）によって代表されていると考えられ，弁済充当規定との関係で管財人（再生会社）が純粋な契約当事者としての地位を有するとはいえない。

そうだとすれば，弁済充当規定が管財人（再生会社）やひいては総債権者との関係で有効性が認められるのかについては，議論の余地がある。

この点について，判例は，弁済充当規定は民事再生法の各規定の趣旨や，法の目的に反するものではなく，別除権の行使に付随する合意として破産（民事再生）法上も有効であり，取引先から取立委任を受けた約束手形につき商事留置権を有する銀行は，当該取引先の破産（再生）手続開始後の取立てにかかる取立金を，法定の手続によらずに弁済に充当できる旨を定める銀行取引約定に基づき，債務の弁済に充当することができるとしている（民事再生について最判平成23・12・15民集65巻9号3511頁，金判1387号25頁。破産について東京高判平成21・2・24金判1323号42頁）。よって，前記のように取立委任を受けた約束手形の取立金の返還を求める管財人（再生会社）が銀行に対して本訴を提起した場合であっても，銀行取引約定書に基づく取立処分権の規定に基づく弁済充当に法律上の原因がないとはいえず，銀行は管財人（再生会社）に対して不当利得返還債務を負わないのである。

また，この場合に各債権者が独自に銀行に対して取立金の充当について不当利得返還請求訴訟を提起する適格を有するかについては議論の余地があると考えられるが，総債権者の利益を代表する管財人（再生会社）との関係でも弁済充当規定は有効と認められるのであるから，仮に各債権者に独自の不当利得返還請求訴訟の適格が認められたとしても，やはり銀行の取立充当には法律上の原因があると考えられるべきである。このようにして，他の債権者も銀行取引約定による取立金の法定の手続によらない充当の規定の拘束力を法律上あるいは事実上受け入れざるを得ないと考えられるのである。

7．おわりに

以上に述べたとおり，銀行取引約定書の効力が第三者に対して影響を与える場合は多いが，銀行が意図する法的状態が契約当事者以外の第三者との関係でも認められるかは，結局個別の法制度との関係における解釈により定まることになる。

しかし，個別の制度との関係において銀行取引約定書が定める各規定の有効性を検討するにあたっては，銀行取引約定書が与信取引を維持・促進する機能を果たしている点が正当に評価される必要があることが今一度確認されなければならない。相殺予約規定に関する判例の変遷は，まさに銀行取引約定書の機能が正当に評価されていく過程を示すものであったといえる。一方で，今後も銀行取引約定書についての正当な評価を得ていく必要があることからすれば，銀行界としても，その内容が常に与信取引の実態を反映した合理的なものであり続けられるよう，努力を継続していく必要があることはいうまでもない。

（青山正博）

第3章
銀行取引約定書と債権法改正

　最初にお断りしておくと，本稿を執筆している平成25年12月時点で，債権法改正は第三読会の中間点であり，多くの論点が審議未了であるので，以下に述べることは本書が発刊される時点ではすでに修正が必要となっている可能性がある。また，銀行取引約定書のひな型は平成12年に廃止となり，弊行を含め独自の銀行取引約定書を使用している銀行も多いうえ，いわゆる暴排条項や電子記録債権関連の改正等，もしひな型が存続していれば改正されたと考えられる部分もある。本稿では，銀行取引約定書のひな型と中間試案を前提とし，見解はすべて筆者の個人的なものであることをご了解いただきたい。

1．総　論

(1)　銀行取引約定書と約款規制

　約款規制（中間試案第30）は，その導入の是非も含めて債権法改正審議の中で最も大きな山場の1つである。中間試案にて提案されている約款規制の枠組みは，①約款の定義，②組入要件，③不意打ち条項規制，④約款の変更，⑤不当条項規制の5つである（注1）。まず，①で約款の定義を「多数の相手方との契約の締結を予定してあらかじめ準備される契約条項の総体であって，それらの契約の内容を画一的に定めることを目的として使用するもの」として広く網をかけ，②契約当事者が約款を用いることを合意している場合には，相手方が合理的行動をとればその内容を知ることができる機会が

確保されているだけで契約内容とする合意があったと緩やかに認定する（組入れ）。そして，「組入れ」によって契約の内容となった条項については，その代替として，③や⑤の規制がかかるというものである。これらの要素が中間試案でセットメニューとして提示されている（誤解を恐れずにいえば，②と④をアメ，③と⑤をムチとする併せ呑み案）。これが法制審議会を通しての筆者の理解である。ただし，⑤については「前記2（筆者注：組入要件）によって契約の内容となった契約条項は」という部分でこの趣旨が明確であるが，③と④については明らかではない（注2）。

　銀行取引約定書は，過去も現在も「銀行取引約款」の代名詞である（注3）。中間試案の定義で約款と契約ひな型を区分する説明などはされているが，おそらく銀行取引約定書がこの定義に当てはまらないという解釈は難しいと思われる。しかし，ひな型は差入れ方式ではあるが，相手方はその内容をすべて見たうえで署名することが予定されており，最近では当行ほか，自前の銀行取引約定書を採用している銀行の多くは甲乙署名，双方一部保管方式になっているうえ，契約時にその内容を説明し，条項解説の記載のある冊子等を交付する銀行も多い。さらには，以前は超大手優良企業か外資系（主に米国）くらいだった銀行取引約定書条項の変更要請は，手形条項等「使用しない」ものを中心に一般の事業会社にも拡大していて，もはや「不磨の大典」というわけでもない。したがって，約款の定義に該当するにしても，②の組入要件によって契約の内容になったものではないといえるので⑤の不当条項規制はかからないし，③の不意打ち条項も事前に説明があれば不意打ちにはなり得ないわけで，結局改正債権法に約款規制が導入されたとしても，

（注1）不当条項規制について，筆者は一貫して「契約条項に共通の問題であり，約款にのみ規制がかかるのはおかしい。約款故に制限があるのは，合意認定が『緩い』ためであり，それに対応する規制は③の不意打ち条項規制に尽きるはずである」と主張したが容れられなかった。特段の反論もなかったという記憶で，「不当条項規制が新民法に入った（残った）」というウリ以上の理由は見出し難く，いまだに納得していない。法制審議会第50回会議，第67回会議事録等参照。

（注2）筆者は法制審議会（第71回会議）でこの点を明確にすべきと主張したが容れられなかった。

（注3）銀行取引約定書は新版の注釈民法（注釈民法⑰286頁以下）に，約款の典型として旧版以来唯一残存した。

銀行取引約定書に影響はないと思われる。

なお,「民法(債権関係)の改正に関する中間的な論点整理」の段階では,不当条項規制にブラックリストやグレーリストを載せる提案なども示されていたが(第31,5),それらはすべて中間試案では見送られている。しかし,ひな型には,第3条(利息等の変更権)や第10条(危険負担,免責条項)など,今の目からみて,明文がなくてもそのまま有効といい切れない条項が含まれている。自前の銀行取引約定書を用意した銀行では,削除したり銀行側に過失があった場合の制限などを設けている部分であり,今回の債権法改正にあわせて銀行取引約定書を見直す際には,何らかの手当てをしておかなければ見識を問われる懸念がある。

(2) 銀取面保証と個人保証規制

銀行取引約定書の主債務者に併記する形での保証,いわゆる銀取面保証が今でも利用されているのかは疑問である。なぜなら,銀取面保証は原則主債務者である法人の社長等代表者個人による包括根保証であるが,個人との貸金等根保証契約は平成16年の民法改正で大幅に制限され,銀取面保証のような期限や極度額のない保証はすでに確定・失効済みか,別の書面により更新された新保証に移行済みと推定されるからである。新規に取引を開始する場合も,極度額の設定等の必要性を考えた場合,当初から銀行取引約定書とは独立した保証書を利用するほうが便利である。そういう意味で,銀取面保証は実質存在意義を喪失しているといってしまってよいであろう。

なお,法人を主債務者とする貸金等債務に対する個人保証については,個別(ひも付き)保証も含めて,「いわゆる経営者」の保証を除いて全面的に禁止する方向で債権法改正の議論が進んでいる(中間試案第17,6(1))。経営者については,引き続き包括根保証も民法レベルでは許容され,「経営者」の定義とその保護施策が大きな論点として残っている段階であるが,実務レベルではすでに金融庁・中小企業庁の主導により,日本商工会議所・全国銀行協会が共同で策定した「経営者保証に関するガイドライン」が公表され,本年2月から運用も開始されることが,銀行側からの自主的な表明という格好で決まっている(注4)。その内容は債権法改正の先を行くもので,銀行界にとって保証の論点はもはや過去のものになりつつある。この点からも,銀取

面保証は廃止すべきである。

2．各 論

(1) 相殺に関する見直しと期限利益喪失事由（第5条，第6条）

　期限利益喪失事由，なかんずく当然喪失事由が意図したものは，端的にいえば，相殺における自働債権の弁済期を差押えなどの前に持ってくることであった。ひな型が起案された昭和37年当時は，相殺適状説（最判昭和32・7・19民集11巻7号1297頁，金判529号39頁）が前提としてあったが，その後判例は制限説（最大判昭和39・12・23民集18巻10号2217頁，金判395号46頁）から無制限説（最大判昭和45・6・24民集24巻6号587頁，金判215号2頁）へと変遷し，判例法上は差押え等の時点で相殺適状にある必要も，自働債権の弁済期を受働債権のそれよりも先に到来させる必要もなくなった。

　また，手形買戻請求権や保証履行（支払承諾）の（事前）求償権などについては，差押え等よりも前にこれら反対債権（受働債権）を確実に発生させておく必要があるが，支払承諾約定書やひな型第6条（第5条の引用という貌を修正する必要があるが）などの約定上の手当てでの対応は可能である。したがって，「相殺に関する無制限説が今後もゆるぎなく存続するということを前提とすれば」，現行法上の解釈でも，当然喪失事由は第1項3号のみならず，すべて請求喪失事由に変更することは可能だったといえる（注5）。

　中間試案（第23，4）では，相殺の差押えとの関係において無制限説を

（注4）ガイドラインの内容についての論評はここでは避けたい。ただ，その方向性は，「自主的にここまで保証人を保護するので，経営者以外の個人保証の全面禁止も含めて，強行法規で入口を硬直的に締めることには慎重であるべき」というものであり，その点に限っては手放しで賛同したい。
　本稿脱稿後に接した民法（債権法）部会資料70Ａ5頁（第1，2(1)ウ）では，「保証人（法人を除く。）が自発的に保証する意思を有することを確認する手段を講じた上で，自発的に保証する意思を有することが確認された者による保証契約」有効とする素案が示されており，前記方向へと修正が図られているようである。ただし，確認手段は公正証書等の厳格な手段によることが示唆されている。
（注5）拙稿「期限利益喪失条項と喪失事由」塩崎勤ほか編『新・裁判実務大系（29）』155頁以下（青林書院・2007年）。

明文化するのみならず,「差押えの前に生じた原因に基づいて取得した債権」による相殺も可能とされている。後者の具体例として,まさに(委託を受けた)保証の(事後)求償権や手形買戻請求権が補足説明で挙げられており(注6),その意味では銀行取引約定書の条項の「追認」であって,相殺に関する改正は銀行取引約定書には影響しないといえる。

一方で,これまで「強すぎる」銀行取引約定書の象徴として批判の強かった当然喪失事由をすべて請求喪失事由に変更するなどの見直しをするよい機会でもある。実際には,第1項の第1号や第2号は当然喪失事由でも「当然」といえる内容であるし,預金債権の差押・転付命令や譲渡通知(注7)を受けての第三者からの逆相殺(注8)に劣後する懸念もあるので,現実的な提案ではないのかもしれないが,少なくともこれまで批判が強かった仮差押えについては当然喪失事由から外す手当てはしておくべきであろう。

(2) **消費寄託契約規律の見直しと差引計算(第7条,第7条の2)**

消費寄託に関する中間試案(第43,11)では,現行法の消費貸借規定の全面的な準用を改め,寄託に関する規定を多く準用する提案がなされている。つまり,消費寄託契約が「消費貸借契約的なもの」から「寄託契約的なもの」へと大きく改める提案となっている。これは,銀行にとってはかなり影響のある変更である。なぜなら,これまで「消費寄託契約(預金契約)の期限利益は受寄者(銀行)側にある」から「寄託者(預金者)側にある」

(注6) 商事法務編「民法(債権関係)の改正に関する中間試案の補足説明」309頁(商事法務・2013年)。ただし,手形買戻請求権の「前に生じた原因」該当性については,なお慎重な見解もある。辻岡将基=石川晃啓「第6条,第7条」金法1980号128頁(2013年)。
(注7) 現行法でも,まれとはいえるが譲渡禁止特約について善意の第三者の可能性は残るし,中間試案では譲渡禁止特約の効力を制限する方向の提案がなされている(第181)。
(注8) 筆者は逆相殺の最高裁判例(最判昭和54・7・10民集33巻5号533頁,金判582号3頁)の考え方を改めるべきという主張を法制審議会の場(第8回会議,第45回会議,第47回会議,第66回会議,第3分科会第4回会議など)も含めて繰り返してきたが(拙稿「相殺」山本和彦=事業再生研究機構編『事業再生と金融実務からの債権法改正』74頁(商事法務・2013年)),民法(債権関係)部会資料39第2,1(65頁)で多少考慮されたにとどまった。むしろ第三読会の部会資料69A(30頁)には逆相殺について肯定的な記述がある。

へ,「(受寄者＝) 借主 (銀行) は,いつでも返還をすることができる」(民法591条2項) から「返還の時期の定めがあるときは (＝定期預金等),受寄者 (銀行) は,やむを得ない事由がなければ,その期限前に返還をすることができない」(民法663条2項) へという変更になるからである。

ひな型第7条1項は「(期限利益喪失時等には) 預金その他の債権とを,その債権の期限のいかんにかかわらず,いつでも貴行は相殺することができます」と規定しており,これは既往実務の確認規定であり,それほど積極的な意味合いは持たないと考えられてきたが,このまま債権法が改正となれば,本規定は期限利益喪失等が「やむを得ない事由」に該当することを当事者間で合意するという重要な条項となる。

また,中間試案では外国通貨債権に関し,現行法 (民法403条) を180度逆転させて,「別段の意思表示」がなければ指定の外国通貨でのみ請求・履行しなければならないとされている (第8, 3)。

ひな型第7条3項は,異なる通貨間で相殺できることを前提に,その際に適用される外国為替相場につき規定しているが,これについても,改正後は期限利益喪失時等における外貨預金や外貨建貸金との相殺時における「別段の意思表示」にかかる合意の規定という積極的な意味合いを新たに持つこととなる。

どちらの規定 (第7条の2も含む) も,改正法の具体的な条項の文案にあわせて,より明確な規定とするほうがよいのではないかと考えている (注9)。

(3) 弁済の充当に関する規律の見直しと充当の指定 (第9条,第9条の2)

法定充当について,中間試案では,当事者間の充当合意がある場合には民法の規定にかかわらず,その合意に従って充当される旨の明文化が挙げられている (第22, 7(1))。現行法の規律も任意規定であり,ひな型の第9条,第9条の2はその修正合意なので,本提案そのものには確認的な意味しかないが,この明文化により民事執行手続における配当の「法定充当」の優先順位にまず「当事者間の合意」が入ってくることがミソである (同(2))。現行実務 (最判昭和62・12・18民集41巻8号1592頁,金判788号3頁の通説的

(注9) 辻岡＝石川・前掲 (注6) 129頁。

解釈を前提とするもの）では，2本の100万円の債権A，Bにつき強制執行があって100万円の配当を得た場合，A債権には物上保証人がいて全額カバーされていて，B債権は無担保・無保証であれば，金融機関としてはB債権に全額を充当したいところであるが，法定充当によりA，B各債権に50万円づつ充当され，A債権の担保がひも付きであったり，後順位担保権者がいた場合には50万円の回収漏れが発生してしまう。これが，配当実務において合意充当が認められれば，全額を回収できる計算となる。

　しかし，この点については，民事執行実務への重大な影響を懸念する法務省・裁判所サイドから強い異論が呈されており（注10），改正につながるかは不明である。ただ，ひな型（また独自に制定されている銀行取引約定書のほとんどにおいても）の充当規定は「貴行が適当と認める順序方法により」（第9条），「担保，保証の有無，軽重，処分の難易，弁済期の長短，割引手形の決済見込みなどを考慮して」（第9条の2第3項）といった抽象的な表現にとどまっており，おそらくこのままでは民事執行実務における「合意」としては不十分であると思われる。よって，本改正が実現した場合には，(銀行取引約定書レベルで行うかどうかは別として）より具体的な充当順序に関する合意条項を設けることが考えられる。

⑷　意思表示の受領擬制とみなし送達（第11条2項）

　中間試案では，意思表示の相手方が正当な理由なく到達のために必要な行為をしなかったなどの一定の場合に，意思表示の到達を擬制する提案がなされている（第3，4⑶）。ひな型のみなし送達条項は，理由は不明であるが届出事項（第11条1項）の変更懈怠の場合に限定するような書き方になっている。みなし送達が必要な場合はこれに限られないし（注11），中間試案で想定されている場合よりも狭いものである。債権法改正時にはみなし送達適用範囲の拡充を検討すべきであろう。

(注10)　理屈で考える限り，合意充当を優先しても民事執行実務上特段支障は起こらないと考えられるが，執行実務サイドからの抵抗には根強い事情があるようである。詳しくは第1分科会第4回会議および法制審議会第47回会議議事録での議論を参照。
(注11)　ちなみに併行の銀行取引約定書では「前項の届出を怠るなど甲（＝顧客）の責めに帰すべき事由により〜」としている。

3．おわりに～債権法改正と銀行取引約定書の抜本見直し

　いまだにひな型（と，暴排条項や電子記録債権等に関する最低限の手直しをしたもの）を利用している金融機関がどれほど存在するのかはわからないが，ひな型廃止に至る事情を考えると，今般の債権法改正はその抜本見直しをするよい機会であるといえる。上に挙げた最低限の改正点や，多数公表されている各銀行の独自の銀行取引約定書が見直した諸点（注12）以外にもいくつか考えられる。

　①　いわゆる表明・保証条項（Representations and Warranties＝レプワラ条項）や先行条項（Condition Precedent＝貸出前提条件）の共通条項（ひな型に即していえば第11条1項や第12条，暴排条項）の充実。

　②　消費貸借予約の諾成契約化（第37，1(1)）に対応した，融資契約の効力発生時点に関する取決め（合意による「原則」要物契約化）。すなわち，金銭消費貸借契約証書を差し入れた／受け取った場合でも，融資契約成立時を実際の融資金の顧客口座への入金時と定めるなど，実行前の融資義務の有無（融資予約の成否）に関する紛争を銀行取引約定書レベルで予防しておくこと。この点は現行法下でも諾成的消費貸借は解釈上認められているので，「今そこにある問題」であるが，現状実務においてかなり曖昧で危険な運用がなされている。この際に明確にしておくべきと考える。

　③　手形取引の減少に伴い，修正要望の多い手形取引関連条項（第2条，第6条，第8条，第10条等）や，いたずらに銀行取引約定書を読みにくいものにしていると個人的に感じる電子記録債権関連条項の独立した別約定化。

　④　消滅時効の停止事由に「協議を行う旨の合意」（第7，7(6)）が入った場合の，合意書提出義務その他の成案にあわせた手当。　　　　　（三上　徹）

（注12）本書本文各所で触れられているが，弊行のものは拙稿「住友銀行における新銀行取引約定書の提案」銀法562号4頁（1999年），本書264頁。その他は，辻岡将基＝石川晃啓「総論，第1条①」金法1975号74頁下注2（2013年）の諸論稿参照。

第4章
銀行取引約定書に関する裁判例の概観

1．はじめに

　銀行取引約定書は，銀行が取引先との間で与信取引を行う場合の基本契約書である。平成12年以前は，各銀行において全銀協（当時全国銀行協会連合会）制定にかかるひな型（以下，条項数のみ表示する場合は，特に断りのない限り，ひな型のそれを指す）が用いられている場合がほとんどであり，同年のひな型廃止後も，各銀行が独自の約定書を制定・使用するようになったとはいえ，その内容はひな型のそれと大きく変わるものではないと思われる（信用金庫や信用組合等，その他の金融機関における状況も同様である）。

　取引基本契約書という性質からは当然の帰結ともいえるが，銀行と取引先との間で紛争が発生した場合には，まずは銀行取引約定書の各条項に沿って当事者間の権利義務関係を検討することとなるから，各条項の解釈や適用範囲等が問題となることは少なくなく，これらについて判示した裁判例も蓄積している。この点，銀行取引約定書も約款の一種であり，その各条項も，今後，民法の債権法改正により一定の影響を受ける可能性も予想されるものの，中間試案で効力の制限が検討されているような不当条項に該当するものがあるとは思われず，過去に蓄積された裁判例は引き続き参照されるべきものであると考えられる。

　そこで，以下においては，銀行取引約定書の各条項に関連する裁判例を概観することとする。

2．第1条（適用範囲）についての裁判例

　当事者間で適切に締結された銀行取引約定書の一般的な有効性が争われることは少ないが，その適用範囲については，過去，議論があった。すなわち，銀行取引約定書では，冒頭において，その適用範囲が，当事者間の手形貸付，手形割引，証書貸付，当座貸越，支払承諾，外国為替，その他取引先が銀行に対して債務を負担することとなるいっさいの「銀行取引」に関して共通に適用されるものである旨が規定されているのが通例である（第1条1項参照）。そして，その規定内容からは，銀行取引約定書の適用される範囲は，一般に与信取引であるとされている。

　そこで，かつて，第三者が銀行に対して負担する債務を保証する保証取引は，銀行と債務者との間の与信取引には該当しないのではないかという点から，銀行取引約定書の適用範囲とされる「銀行取引」に含まれるかは争いがあった。この点，最判平成5・1・19民集47巻1号41頁，金判918号3頁は，信用金庫を当事者とする事案において，「信用金庫取引」とは「一般に，法定された信用金庫の業務に関する取引を意味する」ものであるから，保証債権も「信用金庫取引による債権」に含まれる旨判示した。同最判は，根抵当権設定契約書上の「信用金庫取引」の解釈について判断したものではあるが，信用金庫取引約定書の適用範囲となる「信用金庫取引」，あるいは銀行取引約定書の適用範囲となる「銀行取引」を，これとあえて別異に解すべき理由はないように思われる。

　さらに，信託銀行が委託者たる会社の解散を理由に信託契約を解除し信託財産を換価処分・貸付債権に弁済充当することが許されるかが争われた事案では，大阪高判平成13・11・6金判1130号26頁が，銀行取引約定書にいう銀行取引は銀行法所定の業務を意味し，信託取引は銀行取引約定書が適用される銀行取引には含まれないとした第1審判決（神戸地判平成12・1・27金判1097号42頁）を覆し，銀行取引約定書第1条1項には「手形貸付…（略）…その他いっさいの取引に関して生じた債務の履行」について同約定書に従う旨が定められていて，その適用範囲に信託取引も含まれるような文言になっている一方，信託取引について同約定書の適用を排除するような趣旨

の条項が見当たらないことから、契約当事者の意思解釈として、信託取引についても同約定書が適用されることを前提としていると解し得る余地があること等を理由に、信託取引にも（信託法の強行規定ないしその趣旨に違反しない限度で）同約定書が適用されるとしており、最判平成16・12・16金法1744号56頁もこれを是認（上告棄却・不受理）した。すなわち、判例上、銀行取引約定書の適用範囲も、当事者の合理的意思解釈の問題に帰することが確認されていると解することができる。

3．第4条（担保）についての裁判例

(1) 占有物の任意処分

銀行取引約定書には、銀行が占有する取引先の動産、手形その他の有価証券につき、銀行が、一般に適当と認められる方法、時期、価格等により取立てまたは処分のうえ、債務の弁済に充当することができる旨の定めが置かれている（第4条4項参照）。銀行としては、債務不履行に陥っている取引先からは可能な限りの回収を試みたいところであるが、同条項に基づく銀行の権利の範囲（限界）については、特に、法的整理手続に入った取引先からの預かり手形の取立金の弁済充当の可否という争点との関係で、長く議論がなされてきた。

この点、最判平成10・7・14民集52巻5号1261頁、金判1057号19頁は、銀行が取引先から手形割引の依頼を受けて約束手形を預かっていたところ、当該取引先が破産手続に入ったため、当該銀行が当該手形を取り立てて当該取引先の債務の弁済に充当したという事案において、当該銀行が当該手形について商事留置権（商法521条）を有することを前提に、破産法下において商事留置権は特別の先取特権とみなされる（平成17年改正前破産法93条1項。現行破産法66条1項も、同内容を定める）結果として当該銀行が優先弁済権を有すること等から、前記銀行取引約定書の条項の合理性を認め、同条項に基づく弁済充当を有効と判示した。一方、民事再生法には商事留置権を特別の先取特権とみなす旨の規定は存在しないが、最判平成23・12・15民集65巻9号3511頁、金判1387号25頁は、「会社から取立委任を受けた約束手形につき商事留置権を有する銀行は、同会社の再生手続開始後に、これ

を取り立てた場合であっても，民事再生法53条2項の定める別除権の行使として，その取立金を留置することができることになるから，これについては，その額が被担保債権の額を上回るものでない限り，通常，再生計画の弁済原資や再生債務者の事業原資に充てることを予定し得ない」こと等を根拠に，銀行による前記条項に基づく取立金の弁済充当を認めている。

近時の裁判例では，振替投資信託受益権につき，前記条項に基づく任意処分の可否が争われたものもある。すなわち，大阪地判平成23・1・28金法1923号108頁は，販売会社たる銀行には振替投資信託受益権の準占有が認められること等を前提に，銀行が前記条項に基づく任意処分権の行使として行った振替投資信託受益権の解約手続は，債務消滅行為そのものではなく，再生債務者等に属する再生財団の管理処分権を不当に制限するものではないとして，銀行は，当該解約手続を理由とする不法行為責任を負わない旨判示している。

(2) 増担保条項

銀行取引約定書の担保にかかる条項としては，前記条項のほか，債権保全を必要とする相当の事由が生じたときに銀行が債務者に対して増担保の差入れ等を請求し得るという，いわゆる増担保条項がある（第4条1項参照）。この増担保条項の効力については，「銀行が取引先の所有する不動産のうち適当なものを指示して担保に提供することを請求し，相手方がこれに応じない場合に，取引先の担保権設定の意思表示に代わる判決を求めて，本項による担保権設定義務の履行を強制することはできない」と一般に解されている（注1）。

この点，銀行取引約定書の条項の解釈について争われたものではないが，東京高判平成19・1・30金判1260号11頁は，法人間の金銭消費貸借契約書上の同趣旨の条項につき，「本件約定のような，具体的な増担保等の対象となる物件，設定すべき担保の種類，内容等設定される増担保等を特定する事項が何ら定められていない状況で，本件約定をもって，債権者が…(略)…増担保等の設定を請求する意思表示をするのみで…(略)…そのとおりの内容の増

（注1） 全銀協・ひな型解説67頁。

担保等が設定される形成権を債権者に与えたものと解することはできない」旨判示している。

なお，増担保条項の意義は，前記東京高判があわせて「要件が具備したときに，債権者が債務者に対し，同項に挙げられた行為をするように求めて交渉をする根拠となるものであり，かつ，債権者の請求する行為に応ずることが債務者にとって可能であるのに債務者がこれに応じないときは，債務不履行となり，期限の利益喪失の事由…(略)…に該当する」としているように，債務者に任意に増担保の差入れ等に応じるよう交渉する際の材料となり，また，債務者がこれに応じない場合に期限の利益の喪失が可能となるという機能にある。同様の機能を有すると思われる銀行取引約定書の他の条項としては，報告や調査に関する義務を定める条項（第12条参照）等がある。

4．第5条（期限の利益の喪失）についての裁判例

(1) **債権保全を必要とする相当の事由**

銀行取引約定書の期限の利益喪失条項（第5条参照）に関する裁判例としては，特に，同条項に定める請求喪失事由中の「債権保全を必要とする相当の事由が生じたとき」への該当性が争われたものが多い。前記相当事由とは，債権保全の客観的必要性がある事由を意味するものと解されるところ(注2)，いかなる場合にかかる必要性が認められるかは，容易には判断し難いことがあるためである。

大阪高判昭和45・6・16金法589号32頁は，債務者振出しの約束手形が預金不足で不渡りとなった場合に，その原因が，債権者銀行が弁済期到来の連帯保証人名義の定期預金の払戻しを拒絶したことにあったとしても，当該定期預金が連帯保証債務にかかる見返り担保として預入されたものであることから，当該不渡りの発生をもって当該債務者に対する債権保全の必要性が認められる旨判示している。また，仙台高判平成4・9・30金判908号3頁は，経営不振に陥った債務者が，「事業継続並びに負債の整理のためには，誠に遺憾ながら債権者の皆様のご協力を仰がなければならない事態となってお

(注2) 全銀協・ひな型解説87頁。

ります」等記載した書面をもって債権者集会開催の通知をしたこと等の事情から，債権保全を必要とする相当事由の発生を認めている。

　近時は，いわゆる預金拘束（債務者の信用不安時に，後の預金相殺に備え，債務者預金の払戻しを拒絶すること）の適法性とあわせ，その前後に行われた期限の利益の請求喪失の有効性が争われる事案も多くみられる。東京地判平成19・3・29金判1279号48頁は，世間の耳目を集めた耐震偽装問題に関与した旨の報道がなされた債務者につき，当該債務者が将来的に建設工事を受注することができることが信用供与の前提であった等の理由により，債権者銀行が行った，債権保全を必要とする相当事由の発生を根拠とする期限の利益の請求喪失の有効性，およびその後の預金拘束の適法性を認めている。また，東京高判平成24・4・26金判1408号46頁は，債務者が再建計画書の提出期限を徒過するとともに，借入れの返済原資とするはずであった取引先からの入金を，従業員への給料等に充てたい旨債権者銀行に要請して，返済に向けた積極的姿勢を示さなかったことが，債権保全を必要とする相当事由に該当する旨判示し，期限の利益の請求喪失の有効性およびその後の預金拘束の適法性を認めている。

(2)　その他

　期限の利益喪失条項に関するその他の裁判例としては，保証人の預金にかかる差押命令の発送を期限の利益の当然喪失事由とする条項につき，「代表者個人の信用不安が往々にして法人自体の信用不安に直結することも十分肯認し得るのであって，かかる場合にそなえる右のごとき約定はそれなりの取引上の合理性を有する」旨判示し，債務者側の当該条項の無効主張を排斥した東京地判昭和55・3・27金判603号9頁や，（信用組合取引契約の解釈に関するものではあるが）異議申立預託金に対する手形債権者の仮差押えも，債務者の有する債権に対する仮差押命令の発送という期限の利益の当然喪失事由に該当する旨判示した東京地判昭和56・9・10判時1043号89頁等がある。

　なお，実際の裁判においては，債務者は，銀行取引約定書の規定上は期限の利益が当然にまたは請求により喪失している場合にも，銀行が再建に理解を示していたなどとして，信義則または権利の濫用を理由に期限の利益を主

張し，債権者からの（即時の）貸金返還請求について争う事案も多い。しかしながら，場合によっては認められそうにも思われる債務者の前記主張は，（銀行が真に再建に協力していたのであればそもそも裁判に至らないであろうということもあるが）これが認められた裁判例は，筆者が調べた限りでは見当たらない（債務者が再建案の協議中であるとして期限の利益の存在確認を求めて訴えを提起したが認められなかったものとして，東京地判平成18・3・27公刊物未登載がある）。

5．第6条（割引手形の買戻し）についての裁判例

　手形割引に関し，銀行取引約定書には，割引依頼人または割引手形の振出人に期限の利益喪失事由が生じたとき，割引手形にかかる買戻請求権が（その事由により当然にまたは請求により）銀行に発生する旨の定めが置かれている（第6条1項，2項参照）。銀行が預金の差押債権者に対しかかる買戻請求権による相殺をもって対抗し得ることは，最判昭和51・11・25民集30巻10号939頁，金判512号7頁が認めている。

　また，割引手形の買戻請求権については，（銀行ではなく信用組合または信用金庫を当事者とするものではあるが）時効消滅が問題となった裁判例がある。大阪高判昭和54・9・5金判587号3頁は，信用組合が，振出人に対する手形金請求権の時効期間3年が経過した割引手形の買戻しを求めた事案において，「手形割引依頼人の割引手形買戻義務は手形法上の義務ではなく，手形再売買に基づく代金支払義務であるから，右割引手形の振出人に対する請求権が時効消滅しても，これにより消滅しないと解するを相当とする」旨判示している。さらに，横浜地判昭和60・5・8金判725号37頁は，信用金庫が，裏書人に対する遡求権が時効消滅した後に，裏書人に対して割引手形の買戻しを求めた事案において，「手形の買戻請求権の発生は，被告に対する同手形の遡求権の有無とは関わりなく，…（略）…特約に基づくものであることが明らかである」ため，買戻請求権の行使を認めても，時効の利益はあらかじめ放棄することができない旨定める民法146条の趣旨に違反するとまではいえない旨判示している。

6．第7条（差引計算）についての裁判例

　銀行取引約定書上，銀行が相殺または払戻充当を行う場合に，利息，割引料，損害金等の計算については，その期間を銀行による計算実行の日までとする旨の定めが置かれるのが通常である（第7条3項参照）。民法上の原則に従うのであれば，利息等の計算期間は，(例えば相殺では）相殺通知が取引先に到達したとき，あるいは，それ以前の相殺適状時までとなるはずであるところ，実務上，相殺通知送達時や相殺適状時がいつになるのかが判定し難く，利息等の計算が困難になる場合があるためにかかる条項が設けられており（注3），東京高判昭和43・5・29金判115号15頁も同条項の有効性を認めている。

　この点，前記条項と同趣旨の，信用組合取引約定書の条項に関して判示したものとして，最判平成2・7・20金法1270号26頁，およびその差戻審判決である高松高判平成4・3・31金判900号3頁がある。これらは，信用組合が，相殺適状時から2年半余を経過した後に，前記信用組合取引約定書の条項に基づき，増大した遅延損害金を自働債権として相殺を行ったという事案に関するものであったが，前記高松高判は，同条項には「もともと相殺適状の時から著しく遅滞した時期における相殺の意思表示は含まれていないというべき」であり，当該信用組合のした相殺の意思表示は，同条項に基づく相殺の意思表示ということはできず，したがって，「結局民法の規定による相殺の意思表示であるというべきである」旨判示した。きわめて特殊な事案についての判断ではあるが，銀行取引約定書の前記条項の効力の限界を考えるうえで，参考になり得るものと思われる。

7．第9条，第9条の2（充当の指定）についての裁判例

　銀行取引約定書には，弁済または相殺等に際し，債務者の債務全額を消滅させるに足りないときに，銀行が適当と認める順序方法により弁済充当をす

（注3）全銀協・ひな型解説110頁。

ることができる旨の定め（第9条，第9条の2参照）があり，すでに貸倒引当処理等がなされている同一の債権の内訳であれば法定の順序にかかわらず利息・損害金に先立って元本から充当することが多いと思われるが，異なる複数の債権への充当をする場合には，特に，法的手続との関係でその効力が問題となり得る。

　この点，最判昭和62・12・18民集41巻8号1592頁，金判788号3頁は，農業協同組合の貸付けに関し，前記銀行取引約定書上の定めと同趣旨の充当の指定にかかる特約がなされていたところ，債務者が担保に供していた不動産につき，競売手続が開始されたという事案において，「不動産競売手続は執行機関がその職責において遂行するものであつて，配当による弁済に債務者又は債権者の意思表示を予定しないものであり，同一債権者が数個の債権について配当を受ける場合には，画一的に最も公平，妥当な充当方法である法定充当によることが右競売制度の趣旨に合致するものと解される」として，前記特約に基づく農業協同組合の充当指定権の行使を否定した。

　また，最判平成22・3・16金判1344号25頁は，旧中小企業金融公庫が複数の保証債務履行請求権を有する保証人の破産手続が開始した後，主債務者および物上保証人により一部の債権についてその全額が弁済されたという事案において，同公庫の充当指定権の行使を否定した。同最判は，判断の理由につき，「本件各弁済を受けてから1年以上が経過した時期において初めて…（略）…充当指定権を行使することは，法的安定性を著しく害する」としており，充当指定権の行使時期のみを問題にしているが，田原睦夫裁判官は，補足意見として，「破産手続開始決定後も，弁済充当合意の効力が存し，破産債権者において自由に充当指定できるとすると，他の一般破産債権者との関係で極めて不均衡な結果が生じ得る」ため，「破産債権者は，破産手続開始決定後，弁済充当合意の効力を破産手続上主張することはできないものというべきである」旨述べている。

8．第10条（危険負担，免責条項等）についての裁判例

(1) 手形上の権利の不成立または消滅

　銀行取引約定書には，取引先が振出し，または裏書した手形につき，手形

要件の不備もしくは手形を無効にする記載によって手形上の権利が成立しない場合，または権利保全手続の不備によって手形上の権利が消滅した場合でも，当該取引先が手形面記載の金額の責任を負う旨の定めが置かれているが（第10条3項参照），「要件不備，無効手形等が一見明瞭で，その取得について銀行に重大な過失があったり，保全手続の不備が銀行の故意・過失による場合には，本項の適用のない」ものと一般に解されている（注4）。

　この点，大阪高判昭和41・5・20金法446号7頁，および前記**5**記載の昭和60年横浜地判（いずれも信用金庫を当事者とするもの）は，前記条項の適用を否定してはいないが，金融機関の責に帰すべき事由により権利保全措置が講じられなかった場合に，金融機関が取引先に対し損害賠償義務を負うことがあり得る旨判示している。

(2) **印鑑照合による免責と回り手形**

　銀行取引約定書には，銀行が手形，証書の印影を，取引先の届け出た印鑑と相当の注意をもって照合し，相違ないと認めて取引したときは，当該手形等につき偽造等の事故があってもこれによって生じた損害は取引先の負担とする旨の定めも置かれている（第10条4項参照）。

　もっとも，最高裁判決では，銀行が第三者との間の取引によって取得した手形（いわゆる回り手形）には，前記条項は適用されないものとされている。すなわち，最判昭和62・7・17民集41巻5号1359頁，金判776号18頁は，前記条項は「そもそも銀行が多量の与信取引の事務を簡易迅速に処理する必要上設けられたものと解せざるをえないが，与信取引は，当座勘定取引における手形小切手の支払事務と異なり，銀行がその事務処理を特に簡易迅速に行わなければならないものではなく…(略)…ことに，本件のように，銀行が第三者との間で手形割引などの与信取引によって取引先振出名義の手形を取得する場合には，銀行は，一経済人として，当該与信取引によって得る経済的な利益，当該第三者の資産・営業状態，振出人である取引先の資力及び裏書人があればその資力などを総合的に判断して，慎重に当該与信取引の諸条件のみならず取引自体をするか否かを決することができるのであるか

（注4）全銀協・ひな型解説172頁。

ら，右規定が適用されるべき合理的な必要性を認めることができないことは明らかである」旨判示している。

9．第11条（届け出事項の変更）についての裁判例

銀行取引約定書を締結している取引先は，その印章，名称，商号，代表者，住所その他銀行に届け出た事項に変更があったときは，直ちに書面により銀行に届け出るべきものとされ，取引先が当該届出を怠ったために銀行からの通知等が延着し，または到達しなかった場合には，当該通知等は，通常到達すべき時に到達したものとみなされる（第11条参照）。かかるみなし送達にかかる条項が，実務上特に有用視されるのは相殺通知であり，取引先が行方不明になり相殺通知が不着となった場合等にも，同条項により相殺の意思表示が到達したものとみなして，銀行は相殺処理を行うことができる。

もっとも，前記条項の効力は，第三者には対抗し得ないと解するのが通説とされる（注5）。裁判例においても，東京高判昭和53・1・25金判546号17頁（信用金庫を当事者とするもの）は，前記条項は「信用金庫取引約定に規定され，公知の事実であるといつても，特約当事者以外の第三者，殊に本件預金債権の差押をし転付をうけた被控訴人がその効力を受容しなければならないいわれはないというべきである」と判示し，また，東京高判昭和58・1・25金判681号6頁も，「相殺の意思表示が到達したものと擬制する特約…（略）…は，すくなくとも第三者には対抗しえないと解するを相当とする」と明言したうえで，「このように解しても，相手方が所在不明の場合には民法97条の2の公示による意思表示をすることができるのであるから難きを強いるものではなく，また，たまたま不在の場合にまで右特約によることは相当ではない」としている。

10．第14条（合意管轄）についての裁判例

銀行取引約定書には，裁判管轄に関する合意として，銀行の本店または取引店の所在地を管轄する裁判所を管轄裁判所とする旨の規定が置かれている

（注5）全銀協・ひな型解説180頁。

(第14条参照)。このような合意管轄にかかる条項は，裁判に至った場合に備えるものであり，契約書において一般的に定められるものであって，取引基本契約書である銀行取引約定書においても欠かせないものである。また，管轄の合意には，専属（排他）的合意管轄と競合（付加）的合意管轄があり，前者は他の管轄を全部排除して合意した裁判所のみに管轄を限定するもの，後者は既存の管轄を排除せず合意した裁判所の管轄との併存を認めるものであるが，銀行取引約定書上の管轄の合意は，付加的な管轄合意であるとする裁判例がある（東京高決平成15・5・22判タ1136号256頁）。

なお，前記東京高裁決定の事案は，銀行がその債権を債権回収会社に譲渡したところ，譲り受けた債権回収会社が自己の住所地に提起した裁判の管轄が争われたというものであるが，同決定は，銀行取引約定書上の当該管轄の合意はその権利関係と不可分一体のものであり，いわば債権の属性をなすものであって，譲渡の際にもそのまま譲受人に引き継がれるとしている。同決定は，取引基本契約である銀行取引約定書の条項が，同約定書に基づいて成立した債権の属性となる場合には，債権譲渡によってもなお効力を維持する旨を示唆するものと考えられる。

（島田邦雄・福谷賢典）

第2編
本　論

第2編

◼ はじめに

　私儀貴行との取引に関し左の各項を契約致します。

　筆者の手許には，この一文を前文とする約定書のひな型がある（本書64頁）。これは，全銀協（当時全国銀行協会連合会）がひな型を制定する前に銀行実務で用いられていた与信取引における基本約定書の1つである（注1）。

　全銀協（前同）は，昭和35年4月に試案を，昭和37年8月にひな型を発表した。これは，昭和52年の一部改正を経て，約40年にわたり，銀行のほか，信用金庫や信用組合，農業協同組合等の金融機関でも基本約定書として採用されてきた。そして平成12年4月，全銀協は，「各銀行の自己責任に基づく創意工夫の発揮」と「顧客のより自由な選択を可能」にすることを目的にひな型を廃止し，以後，各銀行が独自に銀行取引約定書を制定し，使用している（注2）。

　ひな型の廃止は，バブル経済崩壊後の銀行の融資姿勢に対する批判や直接金融手法等の発達による銀行と取引先との取引関係の変化などに加え，ひな型が「銀行間の横並びを助長するおそれがある」と公正取引委員会から指摘されたことも原因の1つだったようである（注3）。

　筆者はその当時，営業店で融資係として勤務していたのであるが，基本約定書としての銀行取引約定書の重要性は理解していたつもりだったので，内部の事務マニュアルのほか，銀行取引約定書の解説書を常日頃から手許に置

（注1）高橋勝好『銀行取引の法律問題』13頁（税務経理協会・1964年）。「各種約定書のひな型は，判例などに現れたそれを借用することにした。従ってここに掲げたものであるから，それは優秀なものであり，模範にするに足るということを意味するものではない。ただ本書において言及ないし検討する便宜のためそのひな型を掲げたに止まる」という記載がある。
（注2）関沢正彦＝中原利明『融資契約（新金融実務手引シリーズ）〔第2版〕』50頁（金融財政事情研究会・2008年）。
（注3）畑中龍太郎ほか監修『銀行窓口の法務対策4500講(3)』43頁（金融財政事情研究会・2013年）。

いて参考にしていた。銀行取引約定書の各条項の内容は概ね理解していたものの、法的にどのような意味を持ち、どのような場面で適用されるのか、完璧に理解していたとまではいえず、都度、解説書に頼ることが多かったと記憶している。銀行取引約定書の重要性は今も変わらず、融資係には銀行取引約定書の十分な理解が求められているが、ひな型が廃止されて各銀行独自の銀行取引約定書が使用されようになって以降、銀行取引約定書の解説書を書店等で見かけなくなってきたという印象があり、個人的な自己啓発の教材が不足しているように感じていた。

筆者は銀行で債権管理の実務経験を有するものの、それが十分なものともいえず、研究者でもないので法的な解釈には限界がある。それを補完すべく、研究者や法律実務家に意見を聞きながら、現行の実務を踏まえて銀行取引約定書の各条項を解説している。

解説にあたっては、融資係としての基礎研修を終えた程度の銀行員が理解できるような難易度を意識しつつ、融資業務に習熟した銀行員が今さら聞けないような内容や様々な論点を盛り込むことに留意して、できるだけ平易な文章にすることを目指した。

なお、以下全般にわたり、意見に関する部分については筆者の個人的見解によるものであり、所属する組織とは何ら関係のないことをあらかじめ申し添える。

1. 解説の対象となる銀行取引約定書

前述のとおり、各銀行は現在、それぞれ独自に制定した銀行取引約定書を使用している。つまり、銀行の数だけ銀行取引約定書が存在しているともいえる。

平成12年頃の公刊物等に登載された都市銀行や地域銀行の銀行取引約定書（注4）を比較したところ、細かな相違点を除けば概ね一致していること

(注4)「〈特集〉当会案『銀行取引約定書』の作成」銀法582号4頁（2000年）。「〈特集〉新しい『銀行取引約定書』への試み」銀法584号4頁（2000年）。

から、それらを整理して解説用のモデルを作成した。以下、これに沿って解説を進める。

2. 民法（債権法）改正について

　法務省が平成25年2月26日に公表した中間試案では、「約款」を「多数の相手方との契約の締結を予定してあらかじめ準備される契約条項の総体であって、それらの契約の内容を画一的に定めることを目的として使用するもの」と定義することや（第30、1）、不当な条項は無効にすることが提案されている（不当条項規制、第30、5）。そのとおりに改正された場合、銀行取引約定書は約款とみなされる可能性があり、不当条項規制に抵触すると考えられる条項は改正を免れない運命にあるといえる。
　法務省での審議状況を見極めながら銀行取引約定書の改正を検討していくべきであるが、現時点では、各条項の有する意味や適用場面について理解を深めておくことが必要である。

3. 銀行取引約定書の役割

　銀行取引約定書はよく「融資取引の基本契約書」と説明されるが、これについては銀行と取引先が締結すると同時に、融資義務が銀行に、融資を受ける権利が取引先に、それぞれ発生するものではない。古くからの一般的な銀行と取引先との融資形態の進展の状況をみてみると、手形割引や手形貸付といった短期資金によるものから始まり、証書貸付によって設備資金や長期運転資金等の長期資金によるものにシフトされてきたようである。そういった意味で、銀行取引約定書は、取引を開始するために必ず締結しなければならないものといわれるとともに、銀行取引約定書は取引先との融資にかかる基本契約書であると説明されてきたのである。
　銀行取引約定書を締結する利点として、まず、そこであらかじめ取引先と基本的な取決めをしておくことで、融資の申出があるたびに契約し直す必要がなくなる点が挙げられる。また、銀行は数多くの取引先と融資取引をして

いるが，そのすべてに共通に適用されるルールをあらかじめ定めておくことで，個別に契約書を作成する事務負担を軽減できる。基本的な取決めだけで対応できない場合には，特別な条項が加えられた金銭消費貸借契約証書や当座勘定貸越約定書等の約定書を別途締結することになるが，取引先との取決めは銀行取引約定書だけで十分と考えられる一般の手形貸付や手形割引では，金利や返済方法等において特別な条件を定める場合を除き，取引ごとに約定書を締結することはない（保全のために保証人を立てる必要がある場合の保証約定書や担保権を設定する場合の（根）抵当権設定契約証書等を締結することはあるが，個々の融資内容とは分けて考えたほうが理解しやすいであろう。なお，借入申込書については個々の案件ごとに提出を受けることになるものの，権利行使のための債権書類とは違う性質のものである）。そのほか，融資取引から生じる問題に民法や商法といった法律だけでは対応できないことから，その補完的な役割を担っている。例えば，期限の利益の喪失事由は民法137条に定められているが，同条には３つの規定しかなく，銀行が債権保全を図るためには不十分だといわざるを得ない。損害金についても，民法や商法による法定利率や利息制限法等の規定だけでは具体的なルールとして運用するには無理があると思われる。

　時代の経過とともに融資取引は高度化し，融資の目的や形態ごとの約定書が整備されているため，銀行取引約定書を締結しない取引先も増えている。例えば，信用保証協会による保証付きの制度融資のみの取引先や消費者ローンの取引先などは，金銭消費貸借契約証書による証書貸付のみである場合も多いと思われるが，企業に対して円滑に資金を供給するという銀行の使命を考えたときに，資金使途によって様々な融資形態が発生するのは当然であり，長期的に取引を継続していく取引先ほど銀行取引約定書を締結し，様々な事態に備えておく必要があろう。

4．説明義務

　取引先と銀行取引約定書を締結する際，その内容を説明する義務が銀行に生じると考えられるが，その根拠として，民法上の信義則（１条２項）や銀

行法などが挙げられる。

　例えば銀行法には，「その業務に係る重要な事項の顧客への説明…(略)…の健全かつ適切な運営を確保するための措置を講じなければならない」と（12条の2第2項），同法施行規則には「銀行は，その営む業務の内容及び方法に応じ，顧客の知識，経験，財産の状況及び取引を行う目的を踏まえた重要な事項の顧客に対する説明その他の健全かつ適切な業務の運営を確保するための措置（書面の交付その他の適切な方法による商品又は取引の内容及びリスク並びに当該銀行が講ずる法第十二条の三〔筆者注：指定紛争解決機関との契約締結義務等〕第一項に定める措置の内容の説明並びに犯罪を防止するための措置を含む。）に関する社内規則等（社内規則その他これに準ずるものをいう。以下同じ。）を定めるとともに，従業員に対する研修その他の当該社内規則等に基づいて業務が運営されるための十分な体制を整備しなければならない」と定められている（13条の7）。

　また，金融検査マニュアルには，検証ポイントとして「与信取引（貸付契約及びこれに伴う担保・保証契約），預金等の受入れ，商品の販売，仲介，募集等及びその他顧客との間で業として行われる取引…(略)…に関し顧客に対する説明が適切かつ十分に行われることの確保（経営相談・経営指導等をはじめとした金融円滑化の観点から顧客説明が適切かつ十分に行われることの確保を含む。）」が挙げられ（顧客保護等管理態勢の確認検査要チェックリストⅠ.【検証ポイント】①），また「顧客から新規融資や貸付条件の変更等の相談・申込みを受けた場合に，迅速な検討・回答に努めているか。また，謝絶又は資金回収を行う場合には，可能な限り根拠を示して顧客の理解と納得を得るための説明に努めているか…(略)…さらに，これらの説明においては，顧客の事情をきめ細かく把握して迅速に対応するとともに，これまでの取引関係や顧客の知識，経験及び財産の状況に応じて対応しているか」とある（同Ⅲ.2.(2)③(ⅱ)）。

　さらに，中小監督指針にも，「顧客から説明を求められたときは，事後の紛争等を未然に防止するため，契約締結の客観的合理的理由についても，顧客の知識，経験等に応じ，その理解と納得を得ることを目的とした説明を行う態勢が整備されているか」が，主な着眼点の1つとされていることからも

(Ⅱ－3－2－1－2(2)②)，銀行取引約定書について一定の説明義務が銀行にあると考えられる。

　銀行に説明義務がある以上，説明する銀行員がその内容について一定程度の理解をしておかなければならないのは当然である。しかも，取引先の知識の有無や経験に合わせて説明しなければならないとなると，説明の技術も十分に磨いておかなければならない。そのため，銀行員は，銀行取引約定書の内容や効力を十分に理解しておくことが必要になる。

　従前の学説や裁判例では，銀行取引約定書の拘束力の根拠は商慣習であり，取引先はその内容を知らなくても銀行取引約定書に拘束され，契約当事者が各条項を具体的に認識しなくてもこれをすべて承認したものと認められるから，当事者の一方が相手方にその内容を説明しなければならないものではなく，説明しなくとも信義則違反にはならないと考えられていたようであるが（注5），現行の実務には馴染まないといってよいのではないだろうか。「取引を開始するにあたって，相手方（とくに，個人，中小企業における企業者）は，記載された契約条項をすべて理解しているわけではなく，決して合理的に行動できる存在ではないことをかんがみると，情報力・交渉力・経済力において優位に立っている銀行側は，相手方（顧客）に対して各契約条項の内容について説明義務を厳格に果たすとともに，公平性・対等性に反する不当な契約条項についてはその効力を有しない旨の定めを置くことも検討されるべき時期である」という見解もあり（注6），社会通念上も銀行に説明責任があることに特段違和感は感じられない。

　求められたのに説明しなかった，あるいは誤った説明をした場合に加え，説明義務を尽くしても，取引先の属性次第では，銀行取引約定書の条項が適用されない場合があり得るのではないかと考える。

（注5）畑中ほか監修・前掲（注3）52頁，最判昭和60・7・16金法1103号47頁。
（注6）片岡宏一郎「銀行取引約定書の今日的課題（下）」金法1847号57頁（2008年）。

第2編

【資料】約定書（高橋勝好『銀行取引の法律問題』（税務経理協会・1964年）より）

約定書

私儀貴行との取引に関し左の各項を契約致します。

一、私から貴行に現在差入れ並びに将来差入れるべきすべての担保（根置担保を含む、以下同じ）は、その従属する債務を担保するほか、該担保差入の前後にかかわらず私の振出、裏書又は引受に係る約束手形、為替手形及び当座借越その他一切の債務に対する共通担保たること。

二、私の貴行に対するすべての債務中何れの債務でも履行を怠ったものがある場合勿論、貴行において債権全のため必要と御認めの場合は、諸預け金その他貴行に対する私の債権は、すべて私の貴行に対する一切の債務に対し、右債権債務の期如何にかかわらず、また私へ通知せず、差引計算下さるまして異議なきこと。

三、私が割引を依頼した手形の支払人その他の手形関係人へ支払停止又は停止せらるることある御認めの場合は、御請求次第手形の買戻致すべく、もし私がこれに応じないときは、手形期日前であっても右に準じて御取扱いになって異議なきこと。

四、私が貴行に対し現在負担し又は将来負担することあるべき一切の債務について、貴行において必要と御認めの場合は、御請求次第直ちに担保を差入れ或は増加し又は保証人を立てること。

五、私から差入れた担保品が天災、変質、消耗等のため滅失、毀損致しましても、その損失は私において負担すること。

六、私の振出又は裏書した諸手形について引受又は支払の拒絶があるときも、拒絶証書の作成を免除すること。

七、私の振出、引受又は裏書した手形が万一手形要件に欠けるため手形として効力が無い場合でも、該手形面記載の金額及び利息等の支払の責任を負担すること。

八、私が貴行に対して負担するすべての債務中、何れの債務でも履行を怠ったもの若しくは不履行のおそれあると御認めのときは、他の一切の債務について期限の利益を失うものとしそれも異議なきこと。

九、私の債務不履行による延滞利息は、貴行指定の利率により支払うこと。

十、諸手形その他書面の署名又は振出予め差出しておいた職又は印鑑に符合し相違ないことを御認めの上御取扱いになった以上は、印章盗用その他何なる場合においても、それにより生ずる損害は私において負担しいさか も貴行へ御迷惑をかけないこと。

昭和　年　月　日

住　所

何　某　㊞

株式会社〇〇銀行御中

◻ 前　文

> 甲と乙は，甲乙間の銀行取引について，以下のとおり合意しました。

甲は融資先（以下，「取引先」ともいう）を，乙は銀行を指す。

1．趣　旨

　ひな型が廃止された当時は，取引先が銀行取引約定書に署名（記名）・押印して銀行に提出するという差入方式とする取扱いが大部分であったようである（銀行と取引先双方が銀行取引約定書を保有しない場合には，銀行は写しを交付するなどしていたと思われる）。このような契約方法を「付合契約」といい，一方には，相手方が提示した契約条件にそのまま合意するか，あるいは契約しないかの選択肢しかない（注 7）。

　銀行が差入方式を採用していたのは，ひな型は取引先の義務を定めることに終始し，銀行の義務は定めていないため，銀行が確約，あるいは署名する必要はないという考え方に依拠するもので，学界からはこれをほぼ一致して非難されていたようである（注 8）。確かに，筆者ら現行の銀行実務に携わっている者が旧約定書やひな型を読んでも，銀行が優位な立場であるように感じられる。事業継続を目的とした金融機関からの間接金融や投資家からの直接金融といった資金調達が当然のように行われている現状からは考えにくいが，当時は社会通念上，お金を借りることに後ろめたさが感じられ，金融機関にへりくだった態度で申し込んでいたという背景があったのではないかといった印象さえ受けるところである。

　経済的にも法整備的にも高度化した現代社会においては，契約自由の原則のもと，契約当事者が対等の立場で契約することは当然のことになっている。ひな型が廃止された当時も，そうした銀行の姿勢は是正すべきであると

（注 7 ）内田・民法②17頁。
（注 8 ）注釈民法⑰291頁。

いう批判や社会的な説明義務の要請もあって，多くの銀行は，契約形態として双方調印方式（契約当事者双方が署名（記名）・押印したうえで一通ずつ保管するという契約形態）を採用する傾向にあり，それに伴って前文もこのような表現になったと考えられる。

2．交付義務

　中小監督指針では，「銀行取引約定書は，双方署名方式を採用するか，又はその写しを交付することとしているか」（Ⅱ－3－2－1－2(2)④イ），また「貸付契約書，担保設定契約書及び保証契約書については，その写しを交付すること等により顧客が契約内容をいつでも確認できるようになっているか」（同ロ）が主な着眼点に挙げられていることから，銀行には銀行取引約定書の交付義務があると考えられる。

　また，金融検査マニュアルでは，「顧客からの問い合わせ，相談，要望，苦情及び紛争…(略)…への対処が適切に処理されることの確保」（顧客保護等管理態勢の確認検査用チェックリストⅠ.【検証ポイント】②）や「その他金融機関の業務に関し顧客保護や利便の向上のために必要であると金融機関において判断した業務の管理が適切になされることの確保」（同⑥）が検証ポイントに挙げられていることからも，銀行取引約定書を交付することは必要である。

　銀行取引約定書を交付することには，顧客の保護や利便を図るだけでなく，銀行にとっても，契約後の苦情・トラブルの発生を防止する意義があるので，銀行も印紙税を負担しなければならないものの（注9），総合的に判断して，双方署名各自保管方式を採用するのが望ましいであろう。

（注9）印紙税法8条（銀行取引約定書は別表番号7に該当するので，現在の印紙税額は4000円）。

3．契約自由の原則

　これは民法が前提としている原則で，契約を締結しようとする当事者には，①契約を締結するかしないかを選択する自由，②契約の相手方を選択する自由，③契約の内容決定の自由，④契約の方式の自由があり（注10），市場経済の基盤になっていると考えられている。前述の差入方式では，①②の自由を奪い，取引先の自由な経済活動を制限しかねない印象がある。

　契約自由の原則については，その明文化が法務省の民法改正に向けた審議においても議論されており，今後においても相手方の契約の自由を制約するようなことがないように注意する必要がある。

　実務的には，前文がなぜこのような表現かを理解しておけば十分であり，これが取引先との間で問題になることはないであろう。

（注10）法務省民事局参事官室「民法（債権関係）の改正に関する中間的な論点整理」176頁（2011年）。

第1条（適用範囲）

第1条（適用範囲）
① 本約定書の各条項は，別に甲乙間で合意した場合を除き，甲乙間の手形貸付，手形割引，証書貸付，当座貸越，支払承諾，外国為替，有価証券の貸付，デリバティブ取引，その他甲が乙に対して債務を負担することとなるいっさいの銀行取引に関して共通に適用されるものとします。
② 乙と第三者との銀行取引を甲が保証した場合の保証取引は，前項の銀行取引に含まれるものとします。
③ 甲が振出，裏書，引受，参加引受または保証した手形を，乙が第三者との取引によって取得したときも，甲の債務の履行について本約定書の各条項が適用されるものとします。

1．第1項（いっさいの銀行取引）

(1) 適用範囲

　本項には，銀行取引約定書の各条項の適用範囲として，「手形貸付」「手形割引」「証書貸付」「当座貸越」「支払承諾」「外国為替」「有価証券の貸付」「デリバティブ取引」という典型的な与信にかかる取引が列挙されている。続いて「甲が乙に対して債務を負担することとなるいっさいの」とある。このように，いくつかの事項を羅列したうえ，最後に「その他云々」というような包括的文言があるときは，先行の事項と同一種類の他の事項に限定される（同一種類の原則）(注11)。したがって，本項は取引先の与信取引（銀行が相手方に直接信用を供与すること（融資すること）や銀行の信用を取引先に与えること（銀行が行う債務保証等のこと））全般を銀行取引約定書の適用範囲としていることになる。

(注11) 石原全「免責条項に関する問題」銀法583号14頁（2000年）。

第1条（適用範囲）

　営業店ではあまり見かけることはないであろうが，貸付有価証券（銀行が所有している国債等の有価証券を一定の手数料を徴収したうえで取引先に貸与する取引）も，取引先が万一債務不履行に陥った場合に取引先の債権者に処分されるリスクがあることから，与信取引に含まれる。

(2) デリバティブ取引の追加

　デリバティブ取引は，金融派生商品とも呼ばれ，フューチャー（先物），フォワード（先渡），スワップ，オプションなどの様々な金融取引のことを指す。手形貸付や証書貸付等の金銭消費貸借契約が片務契約であるのに対し，双務的な性質が濃く，内容を個々に詳しく契約しておくことが慣行になっている。

　デリバティブ取引が本項に追加されたのは，ひな型の廃止後，各銀行で銀行取引約定書が改正された際に，デリバティブ取引でもひな型が補完的な役割を果たしてきたことが理由で，適用範囲を明確にする（取引先にわかりやすくする）ことが目的だと考えられる。また，ひな型の廃止と同時に全銀協が発表した「銀行取引約定書に関する留意事項」（全銀協平成12年4月18日全業会第18号）に「『その他いっさいの取引』という包括的表現に含まれると解されるものであっても，適用範囲にある取引の例示として明記するなどの工夫をすることが考えられる」とあることから追加されたものともいえる。

(3) 当座過振・代理貸付は適用範囲か

　当座過振とは，当座契約先が振り出した手形や小切手について，銀行が自身に契約上の，あるいは法的な義務がないにもかかわらず，便宜的に，その裁量で，当座残高あるいは当座貸越契約の契約極度を超えて支払いをするというものである。これは，第1項に明記されていないが，銀行取引の1つである当座勘定取引から生じることが一般的であると考えられるので，「その他甲が乙に対して債務を負担することとなるいっさいの銀行取引」に含まれる。そのため，当座過振先のうち，銀行取引約定書を締結している取引先には銀行取引約定書および当座勘定規定の条項が，そうでない取引先には当座

勘定規定の条項が適用されることになる。

　代理貸付とは，公的金融機関などから委託を受けてその代理人として銀行がする貸付のことで，債権者は銀行ではないので，銀行取引約定書は適用されない。ただし，銀行が代理貸付金額の5割や8割といった部分を保証（支払承諾と同様）するもの（代理貸付債務保証）もあるので，この場合は保証契約（支払承諾契約）の部分について銀行取引約定書の各条項が適用されることになる。

2．第2項（保証取引）

(1) 規定の経緯

　本項には，銀行取引約定書を締結した取引先が銀行に対して他の取引先の債務を保証する保証取引は，第1項の「その他甲が乙に対して債務を負担することとなるいっさいの銀行取引」に含まれると定められている。

　本項は，ひな型が廃止された後に，保証取引と支払承諾（これは銀行が取引先を保証する関係にある）との区別がわかりにくいという批判に対応するために，第1項とは別に設けられたものである。

　かつて，銀行が，根抵当債務者である取引先と保証契約を締結した場合，その保証取引は銀行取引に含まれるか，すなわち，銀行の保証債権は当該根抵当権によって担保されるかという問題があり，これについては判例や学説で争いがあった。根抵当権によって担保される債権の範囲について定めた民法398条の2第2項には「抵当権…(略)…の担保すべき不特定の債権の範囲は，債務者との特定の継続的取引契約によって生ずるものその他債務者との一定の種類の取引によって生ずるものに限定して，定めなければならない」とある。「債務者との特定の継続的取引契約によって生ずるもの」とは，当座貸越契約や継続的手形割引契約，電気製品供給契約などの特定の契約（基本契約）から継続的に生じる債権のことで，「〇年△月□日 当座貸越契約」，「〇年△月□日 手形割引（あるいは手形貸付）」などのように登記される。また「債務者との一定の種類の取引によって生ずるもの」とは，銀行取引や電気

製品売買取引，石油供給取引など，取引の種類が限定されている債権で，「〇年△月□日付電気製品供給契約」あるいは単に「銀行取引」「売買取引」などと登記される(注12)。「債務者との特定の継続的取引契約によって生ずるもの」は「債務者との一定の種類の取引によって生ずるもの」に包摂されると考えてよいであろう。

　このように「一定の種類の取引」に「銀行取引」が含まれると考えることについて争いはなかったものの，民法398条の2第2項に「債務者との」という文言があることから，一部では，保証取引は債務者との与信取引に基づいて発生したものではないので銀行取引に含まれない，と考えられていたところ（東京地判平成2・7・10金判882号22頁），最高裁は次のように判示し，実務上の決着が図られた。すなわち「被担保債権の範囲を『信用金庫取引による債権』として設定された根抵当権の被担保債権には，信用金庫の根抵当債務者（筆者注：根抵当権設定契約上の債務者）に対する保証債権も含まれるものと解するのが相当である…（略）…信用金庫と根抵当債務者との間の取引により生じた債権は，当該取引が信用金庫の業務に関連してされたものと認められる限り，すべて当該根抵当権によって担保されるというべきところ，信用金庫が債権者として根抵当債務者と保証契約を締結することは，信用金庫法53条3項に規定する『当該業務に付随する…その他の業務』に当たるものと解され〔る〕」，「信用金庫取引とは，一般に，法定された信用金庫の業務に関する取引を意味するもので，根抵当権設定契約において合意された『信用金庫取引』の意味をこれと異なる趣旨に解すべき理由はな〔い〕」と判示したのである（最判平成5・1・19民集47巻1号41頁，金判918号3頁）。判決文中の「信用金庫」を「銀行」に置き換えて考えると，保証取引は「銀行取引」に含まれるだけでなく，銀行の保証債権は根抵当権によって担保されることになる。

　その他，銀行の為替取引，手数料が発生する貸金庫・保護預かり，残高証明書の発行，印紙等の立替払いも，前記判例の趣旨から，銀行取引に含まれると考えてよいであろう。つまり，これらによる銀行の債権も，根抵当権に

(注12) 内田・民法③477頁。

よって担保される。

また，根抵当権と性質が類似しているものとして根保証があるが，両者の相違点として，元本確定前の被担保（保証）債権について，根抵当権の場合は，非担保債権の譲渡を受けた債権者はその行使をすることができない（民法398条の7第1項）のに対し，根保証の場合は，元本確定前であっても被保証債権の譲渡を受けた債権者はその行使をすることができる（最判平成24・12・14民集66巻12号3539頁，金判1415号10頁）点を確認しておきたい。

(2) 保証人との契約上の留意点

銀行の保証債権を被担保債権として根抵当権を設定する場合，被担保債権の範囲を①銀行取引による債権（外貨建表示債権も含む），②民法398条の2第3項による手形・小切手上の請求権とすることになるが，前述の最判平成5・1・19等によれば，これだけでも保証債権は根抵当権によって担保されると考えられる。しかし，手形貸付や手形割引において保証人との間で保証契約書しか締結していない場合，保証人は銀行取引約定書の各条項について間接的にしか合意していない状況（一般的な保証契約書では,「主債務者との間で締結した銀行取引約定書の内容を承認したうえで契約を締結する」というような文言が盛り込まれていることが多いであろう）で債務者として登記されることになるので，たとえ，根抵当権設定契約書の裏面に銀行取引約定書の写し等が印刷されていても，銀行に有利ととられかねない。事後の苦情・トラブルに備えるために，保証人を根抵当債務者として根抵当権を設定する場合には，保証人とも銀行取引約定書を締結しておくことが望ましいと考える。

なお，ひな型にあった「保証条項」(銀行取引約定書に保証人が署名・押印することにより，銀行取引約定書上の債務者にかかる債務を包括根保証するというもの）については，平成16年の民法改正によって，もはや銀行取引約定書の条項として存在することはあり得ないといえよう。

3．第3項（回り手形）

　本項にいう「参加引受」とは，手形所持人が満期前に遡求権を行使する原因が生じた場合（手形法43条）に，遡求権の行使を阻止するために引受人以外の第三者が引受人と同一の義務を負担して引き受けることである（同法55〜63条，77条）。次に「保証した手形」（手形保証）とは，手形面に署名（記名）・押印して手形上の債務を保証することであり（同法30〜32条，77条），いずれも取引先が手形上の債務者となる手形のことである。そして「第三者との取引によって取得したとき」とは，銀行取引約定書を締結した取引先が振り出した（または裏書譲渡した）手形を，銀行が手形割引や担保の対象として第三者から取得したときのことを指し，このように，取引先が振り出した手形を他から取得することを「回り手形」といい，これによる債権の行使について銀行取引約定書の各条項が適用されることが第3項で規定されている。

　「回り手形」に含まれるかどうか問題になったものとして「民事保証手形」「指名債権」「回り小切手」がある。「民事保証手形」とは，別札保証書で，取引先が支払いを保証している手形である。これは，銀行が手形上の請求権を取引先に対して有するわけではないので，銀行取引約定書の適用範囲外であるとされている。債権者が特定されているが，その成立・行使に証書の存在を必要としない「指名債権」も「手形」ではないので同様である。また「回り小切手」も，第3項には，「甲が振出…(略)…した手形」とあるとおり，「小切手」の文言はないことから，適用範囲に含まれないと考えられている（注13）。しかし，回り小切手については，本項に文言を追加することで適用範囲にさせることは可能だと考える（例えば「甲が振出…(略)…した手形（振出，裏書をした小切手を含む）」とするなどである）。

(注13) 大平・約定書読み方12頁。

4．電子記録債権への対応

　電子記録債権制度は中小企業金融の円滑化を目的として平成20年12月に導入されたもので，電子記録債権は手形や売掛債権等に代わる決済手段としての「新たな金銭債権」と位置付けられている（注14）。

　電子記録債権は，それを発生させる原因となった法律関係に基づく債権とは別個の金銭債権であり，当事者の意思表示に加えて，電子債権記録機関が作成する記録原簿に記録しなければ発生または譲渡の効力が生じず，指名債権や手形債権などの既存の債権とは異なる類型の債権であると説明されている（注15）。

　電子記録債権の性質は，取引の安全を保護するため，善意取得（電子記録債権法19条，手形法16条2項），人的抗弁の切断（電子記録債権法20条，手形法17条），支払免責（電子記録債権法21条，手形法40条3項），電子記録保証の独立性（電子記録債権法33条，手形法32条2項）が認められること，意思表示が無効または取り消された場合に第三者を保護すること（電子記録債権法12条，手形法7条），相手方に悪意または重大な過失がない限り無権代理人は責任を免れないとすること（電子記録債権法13条，手形法8条），債務者が電子記録債権を取得しても原則として混同によって消滅しないこと（電子記録債権法22条1項，手形法11条3項後段），3年で時効消滅すること（電子記録債権法23条，手形法70条）などの点において，手形と同様である（注16）。

　取引先が債務者で，譲渡担保等によって第三者から取得した電子記録債権に銀行取引約定書の各条項を適用させるためには，本条に追加するなどの手当てが必要になる。

（注14）全銀電子債権ネットワーク「〈連載〉1からわかる『でんさい』入門」銀法737～743号を参照。
（注15）池田真朗＝大田穣『解説 電子記録債権法』6頁（弘文堂・2010年）。
（注16）栗原さやか「電子記録債権と根抵当権の被担保債権」銀行実務629号90頁（2011年）。

ところで、民法398条の2第3項には「特定の原因に基づいて債務者との間に継続して生ずる債権又は手形上若しくは小切手上の請求権は、前項の規定にかかわらず、根抵当権の担保すべき債権とすることができる」とあり、「電子記録債権」の文言はない。これを電子記録債権にも類推適用できるかどうかについては、登記上の手当がされることを条件に、肯定する考えも示されている（注17）。しかし、根抵当権は物権なので物権法定主義（民法175条）が働くことや、手形法の立法時も手形債権を被担保債権に含めることに批判的な意見が強かったことに留意しなければならない。銀行界は民法改正の議論のなかで民法398条の2第3項に電子記録債権を追加するように要請していくことが報道されており（注18）、今後の動向を注視する必要がある。

5．適用範囲外のもの

　これを一言でいえば、「銀行と取引先との取引によらないで発生した債権」となる。具体的には、前述の指名債権のほか、取引先が銀行の器物を破損した場合等の不法行為による損害賠償請求権などがある。
　銀行取引約定書の条項だけでは対応し切れない証書貸付や当座貸越などについては個別に契約書（金銭消費貸借契約書や当座貸越契約書など）を締結して銀行取引約定書を補完しておくことが必要になる。

(注17) 栗原・前掲（注16）92頁、佐藤哲治「電子記録債権の法的位置づけ」NBL918号32頁（2009年）。
(注18) 平成23年6月3日付けニッキン参照。

第2条（手形と借入金債務）

> **第2条（手形と借入金債務）**
> 甲が乙から手形によって貸付を受けた場合には，乙は手形または貸金債権のいずれによっても請求することができるものとします。

1．手形貸付の性質

　手形貸付とは，貸付額と同じ金額を額面とし，取引先を振出人，銀行を受取人とした約束手形を取引先が借用書の代わりに差し入れて借り入れる方法で，法的性質は消費貸借（民法587条）の一種である金銭消費貸借である。

　同時に証書を差し入れる方法（手形併用証書貸付）と手形のみを差し入れる方法があるが，実務では後者を手形貸付というのが一般的であろうから，以下ではこれを前提とする。

　手形には返済方法や利息は記載されていない。これを記載することは一括払いを旨とする手形の性質に反すること（手形法77条1項2号，33条2項）や金利に関する文言を確定日払手形に記載しても無効とみなされることがその理由である（手形法77条2項，5条1項）。したがって，返済方法や利息については，銀行取引約定書とは別に弁済約定書を締結する，あるいは合意を得ることになる。

　一覧払手形を差し入れる方法もあるが，中小企業向け融資ではあまり一般的とはいえないと思うので，ここでは省略している。

　手形の振出を伴って融資することで，銀行には，手形債権と金銭消費貸借による貸金債権が生じることになる。まず手形債権の場合，取引先は約束手形（「単名手形」という）を振り出すことになるので，手形法に基づくことになる。特徴は，手形満期日から3年で時効消滅すること（手形法77条1項8号，70条），手形行為は絶対的商行為に当たるので（商法501条4号），支払期日経過後の損害金は商事法定利率により年6％になること（商法514条），支払いを請求するときに手形の呈示が必要になること（手形法77条1項3号，38条），手形債権による支払請求訴訟を提起することができること

(民事訴訟法350〜366条。ただし，同法5条2号により支払地を管轄する地方裁判所か簡易裁判所に提起することが必要）などである。一方，貸金債権は，返済方法は特約で定めることができ，利息・損害金も利息制限法等の法律の範囲内で自由に合意できる。また，消滅時効は商事消滅時効である5年で（商法522条），どこの裁判所に訴訟を提起するかを合意によって定めることも可能である（合意管轄，民事訴訟法11条）。以上のような違いから，銀行は状況に応じて使い分けしている。

このように，手形貸付にかかる法律関係がやや特殊なものであるため，本条では，銀行の手形債権と貸金債権のどちらを先に行使してもよい旨を定め，無用なトラブルを防止している（後記3参照）。

なお，手形債権は時効等によって消滅してもその原因債権である貸金債権は消滅しないのに対し，貸金債権が消滅すれば手形金の支払いを拒絶され得るので，債権管理上，注意が必要である。実務的には，双方の時効期間を二重に管理すべきである。もっとも，両債権が併存する間に手形債権による訴訟提起等によって時効が中断した場合には貸金債権にもその効力が生じるので（最判昭和62・10・16民集41巻7号1497頁，金判784号3頁），満期までの期間が短い手形債権の時効を管理しておけばそれで足りるであろう。

そのほか，本条は，後述する相殺のための伏線としても規定されているとも考えられる。

2．手形割引には適用されるか

銀行界に銀行取引約定書を整備する必要性を痛感させた国と銀行の訴訟（後記京都地判昭和32・12・11，大阪高判昭和37・2・28。詳細は**第6条**）では，手形割引の法的性質も主要な争点であった。ひな型が最初に発表される直前のこの訴訟において，銀行側は「手形割引の法的性質は金銭消費貸借である」と主張した。しかし，裁判所は売買説を支持し，その後の判例や議論の積み重ねによって，現在ではそれが通説となり，ひな型でも売買説の立場をとっている（注19）。

売買説によると，銀行が手形割引によって取得するのは手形債権のみであ

り，その原因債権まで取得するわけではないので，手形割引には本条が適用されない。

なお，手形割引に類似しているものに商業手形担保貸付（「商担手貸」とも称される）がある。これは商業手形を譲渡担保としてする手形貸付のことで，これについては本条が適用される。

3．債権を行使する順序

本条には「手形または貸金債権のいずれによっても」とあるが，なぜこのような書きぶりなのであろうか。

銀行は債権保全上，手形の呈示・交付（手形の「呈示」とは，手形所持人が支払いを受けるために支払人に手形を示すことで（手形法77条1項3号，38条），手形の「交付」とは，手形所持人が支払いと引換えに支払人に手形を受け戻す（手形法77条1項3号，39条）ことである）が不要な貸金債権での権利行使をまず考えたいところ，手形債権と貸金債権とが併存し，かつ当事者の意思が不明な場合，いずれの債権を先に行使すべきかについて，学説の多くが手形上の権利をまず行使すべきものとしていたのに対し，判例は，手形を交付するのが「支払いのために」（既存債務の支払いの確保のために）する場合（手形貸付はこれに当たる）と「支払いに代えて」（既存債務の取立てのために）する場合（手形の交付による代物弁済のことと解されている）に分けて考えていた。そのうえで，前者の場合は債権者の任意によるとし，後者の場合は手形上の権利を行使すべきものとしていたのである（注20）。

債権を行使する順序については，ひな型がまだ制定されていなかった昭和23年に裁判で争われた。ここで債務者側は，当時の多数説の立場から，次のように主張した。すなわち，手形の授受が原因関係である既存の法律関係にいかなる影響を及ぼすかについて，手形の交付によって既存債務は当然に

（注19）全銀協・ひな型解説55頁。
（注20）田中・銀行取引法321頁。

消滅するという「更改説」と既存債務と手形債務がともに存在するという「併存説」があり，後者を採用した場合でも，手形債権と貸金債権のいずれを行使するかは当事者の意思解釈によるべきであり，当事者の意思が不明の場合にはまず貸金債権を行使すべきである，と。最高裁はこれに対し，以下のとおり判示して実務上の決着がついた（最判昭和23・10・14民集2巻376頁，金判529号1頁）。

① 手形が既存債務の支払確保のために振り出された場合，当事者間に別段の意思表示がなく，かつ債務者自身が手形上の唯一の義務者であるときは，手形の授受は既存債務の担保のためになされたと推定するのが相当である。
② 手形が既存債務の担保のために授受された場合，債権者は既存の債権と手形上の権利のいずれをも任意に選択して行使することができる。
③ 手形が既存の貸金債務の担保のために授受された場合，その手形につき臨時財産調査令による財産申告を怠ったため，手形上の権利の行使ができなくなっても，既存の貸金債権を行使することは妨げない。

③について補足すると，この裁判があった当時は戦後間もなく，戦時利得の没収を目的とした預金封鎖や「臨時財産調査令」という法令等によって金融資産を強制的に申告させて課税額を決定していたという事情があった。手形や小切手もこれによる所定の申告手続をしたうえでなければ手形上の権利を行使することができなかったところ，本件訴訟の債権者はそれを怠っていたようである。

いずれにしても，この最高裁判決により，手形貸付のために振り出された手形は支払いを確保するためのものであると推定され，銀行は手形債権と貸金債権のどちらから先に行使してもよいことが明らかになった。この最高裁判決を読めば，手形上の権利を，手続の不備や法的な問題で行使できない場合でも，原因債権である貸金債権はそれによって影響を受けることなく行使できるということがわかる。

なお，電子記録債権の導入によって開始されている電子記録債権貸付への

対応として，電子記録債権は，その発生原因となった法律関係に基づく債権とは別個の金銭債権であり，指名債権や手形債権などの既存の債権と異なる類型の債権と説明されていることから（**第1条4**参照），本条を修正し，手形債権や電子記録債権，あるいは貸金債権のいずれによっても請求できる旨を明記しておくべきである。

4．預金相殺時の留意点

手形貸付による貸金債権を預金と相殺する際，相殺通知書には，自働債権を，「手形債権」ではなく，「手形貸付金」や「貸金債権」などと明記すべきである。つまり，貸金債権を自働債権として相殺すべきなのである。なぜなら，自働債権を「手形債権」とすると，第9条3項各号で例示している以外の場合には，手形の呈示が必要となるからである。満期後の手形は当該手形の主債務者の営業所または住所地で呈示しなければならないというのが多数説・判例（注21）の立場なので，実務もそれに従うべきである。ところが，相殺を実行する局面ともなれば，相手方との交渉が決裂していて，あるいは所在が不明になっているなどして，必ずしも容易に手形を呈示できる状況とは限らない。そこで，貸金債権を自働債権として相殺しておけば，手形の呈示・交付が不要となるだけでなく，第9条1・2項により，相殺実行後に返却すべき手形がある場合でも，取引先が取りに来るのを待てばよいことになる。日常業務で何気なく行っている相殺通知の文言には，実はそのような意味があるのである。

このように，相殺の円滑な実行という観点からも，本項の意義がある。

(注21) 畑中龍太郎ほか監修『銀行窓口の法務対策4500講(2)』401頁（金融財政事情研究会・2013年）。

5．銀行が手形債権を譲渡した場合

　銀行が手形債権を譲渡するとどうなるだろうか。これはいわゆるバルクセールなどの債権売却による債権譲渡の場合とは異なる（バルクセールなどによる債権売却の場合は原因債権である貸金債権も譲渡することになり，手形については譲渡後に遡求されないように無担保裏書をしたうえで譲渡するのが一般的であると考えられる）。つまり，再割引やその他の事由によって銀行が手形債権のみを第三者に譲渡する場合にどうなるかということである。

　手形には無因性（原因関係の無効・取消しによって振出の効力が影響を受けることはなく，またこれによって生じた権利を行使する場合に原因関係の法律上有効な存在を証明する必要がないという性質）(注22)があるので，原因関係と切り離して手形債権のみを譲渡することは可能である。一方で，手形貸付の場合，貸金債権が弁済されると手形債権も消滅する関係にあるため，手形貸付をした後，手形債権のみを第三者に譲渡していた場合（この場合，その第三者に手形も交付している），何らかの理由で貸金債権が弁済されると手形債権も消滅することになるので，銀行は債権を譲渡した（手形も交付した）第三者から手形を取り戻して融資先に返還する必要がある。

　このように，手形の返還と引換えでないと支払いを拒絶することができる権利を手形の受戻証券性（手形法77条1項3号，39条1項）とか手形引換給付の同時履行の抗弁権（民法533条を基礎とした信義衡平の原則を根拠とするもの）といい，取引先が手形の返還を受けていなければ，借入金を弁済しても手形所持人から二重に請求されるおそれがあることから認められている権利である。ただし，この権利は契約自由の原則によって自ら放棄できるところ，第7条による相殺（あるいは払戻充当）の場合は第9条1項で放棄されていることになっている。ということは，他の場合には手形の返還が必要になるので，取引先から同時履行の抗弁権を主張されることを念頭に置いて交渉しなければならない。

(注22) 大塚・商法③7頁。

第2編

　このような取扱いを実務で見かけることはあまりないであろうが，手形貸付をした後，何らかの理由で手形債権のみを譲渡し，かつ貸金債権の履行を請求しなければならなくなったような場合には注意が必要である。

第3条（利息・損害金等）

> **第3条（利息・損害金等）**
> ① 甲乙間で定めた利息，割引料，保証料，手数料，清算金，これらの戻しについての割合および支払の時期，方法についての約定は，金融情勢の変化その他相当の事由がある場合には，甲または乙は相手方に対し，これらを一般に行われる程度のものに変更することについて協議を求めることができるものとします。
> ② 甲の財務状況の変化，担保価値の増減等により，乙の債権の保全状況に変動が生じた場合には，前項と同様とします。
> ③ 甲は，乙に対する債務を履行しなかった場合には，支払うべき金額に対し，年14％の割合の損害金を支払うものとします。この場合の計算方法は，年365日の日割計算とします。

1．規定の経緯

　利息，保証料，割引料等は貴行所定の時期，利率及び計算方法に従い御指示通り支払います。
　期限前弁済の場合戻利息を支払うと否と又支払う場合に於ても利率支払方法等は一切貴行の自由と致します。
　期日に支払を怠ったとき又は期限の利益を失ったときは其の翌日から完済に至る迄金百金につき一日金五銭の割合で損害金を支払います。

　以上はひな型制定前に使用されていた約定書の本条に相当する部分であるが，見るからに銀行に優位な内容である。このような条項を振りかざし，気に入らなければ取引しないという態度では「相手方の契約の自由を制限している」と指摘されるのも無理はないであろう。そこでひな型では，銀行と取引先との関係は対等であることを前提に，金利・割引料等の「戻し」があることを明らかにすると同時に，金利等が変更されるのは「金融情勢の変化その他相当の事由がある場合」と，変更できるのは「一般に行われる程度」と

している。本条でもこれを引き継ぐとともに，ひな型第3条1項における「同意します」という文言が，銀行側から取引先への意思表示によって一方的に変更できるものなのか（形成権），あるいは銀行の変更申込みに対して取引先が同意する義務を負うのか（請求権）明白でないという批判を踏まえ，「変更することについて協議を求めることができるものとします」と改めている。実際には，ひな型第3条1項を盾に銀行が取引先に対して一方的に金利等を変更することは考え難く，取引先との個別協議によってなされていることも反映している。

2．第1項（金融情勢の変化等がある場合の利息等）

(1) 用語説明

① 利息・保証料

「利息」とは，銀行からの融資金等に対する利息のことで，預金に対するもの（**第7条5**参照）は含まない。以下では，手形貸付や手形割引，あるいは当座貸越には短期の利率が適用されていることを前提とする。

一般的に，事業性資金融資で，短期の場合は満期（手形貸付や割引手形等）までの利息を，長期の場合（証書貸付等）は約定の利息支払日から次回約定利息支払日までの利息を一定期間ごと（1か月ごと，3か月ごと等）に前取することとしている。短期の場合の利息の計算方法は実行日から支払期日までの両端計算をすることとなっている。

支払承諾の場合の「保証料」も，保証内容によって期日までの一括払いとするか，約定利払日ごとの分割払いとするか使い分けられている。

手形貸付の手形書替時に書替前の手形の支払期日と書替後の手形の実行日が同一になることによって1日分の利息が重複することになる，いわゆる「おどり利息」は，これを徴求していた時代もあったが，現在では徴求していないのが一般的であろう。

利息・保証料等は，預金金利や市場から調達してくる資金に対する金利や

第3条（利息・損害金等）

費用といった調達コストに加え，個々の取引に対する信用格付や保全状況による信用リスク，さらには取引先ごとに対する役務費用等を総合的に勘案して基準を設定したのち，融資の種類や形態，期間，営業戦略等に応じて決定されるが，銀行ごとに取引先の要望や実状に応じて柔軟に対応していると思われる。

② **手数料**

銀行取引約定書が与信取引に関する基本約定書であることから，融資に関するもの（例えば割引手形の取立手数料や融資証明手数料等）を指す。

③ **清算金**

第1条1項に「デリバティブ取引」が追加されたことに対応するもので，スワップ取引やオプション取引などのいわゆるデリバティブ取引において，期限前終了時に発生する解約清算金などを指す。

④ **戻 し**

銀行が利息を前取している融資金について，銀行が支払期日前に回収する場合や融資先が繰上返済する場合に，回収日（繰上返済日）の翌日から支払期日までの利息相当分を取引先に返戻することで，手形割引や支払承諾の場合も同様である。

⑤ **支払の方法**

現金払い，振替払い，持参払いなどのことである。

⑥ **一般に行われる程度**

これは具体的にはどのような程度と考えるべきであろうか。堅苦しい言葉を使えば，商慣習に照らして客観的に合理的と認められ，かつ常識の範囲内，という説明になるであろう。

ひな型にこの文言が採用された理由は，「債権者側に一方的に無限定に有利な約款は，借地契約もしくは借家契約等の場合に裁判所により例文としてその法的有効性を認められなかったこともあったから，このようなことが生じないようにとの用心」のためといわれている (注23)。銀行取引約定書の有効性を確保するための防衛手段ともいえそうだが，この考え方は，取引先は

(注23) 田中・銀行取引法326頁。

銀行から変更を請求された場合は応じる義務があるという「請求権説」や，銀行の請求によって金利変更の効果が生じるという「形成権説」が議論されていた時代のものであり，現在では馴染まないものと考える。銀行が自らの利益を擁護しているといった指摘等を受けないように，金融情勢の変化，すなわち基準割引率および基準貸付利率（公定歩合）や短期プライムレート，あるいはLIBOR（注24）などの市場金利（現状ではこの市場金利の変動に基づく場合も多いと思われる）の変化に基づいて客観的・合理的な説明ができる範囲（程度）で変更を求めることが必要といえる。合理性のない一方的な変更まで認める条項は，取引先が個人の場合，消費者契約法10条に抵触する可能性があるので注意が必要である。

⑦ 日　歩

現在の実務ではほとんど使われなくなっているが，古い根抵当権の設定契約等には今でも登記として残っていたり，取引先がまれに用いるのを耳にすることがある。すなわち，金100円についての1日当たりの利息・損害金のことである。冒頭のかつての約定書では，1日当たり金100円について金5銭の損害金が生じることになる。これを1年当たりの利率に換算すると，金5銭は金0.05円なので，（0.05÷100×365日×100＝）18.25％になる。

(2) 金利の制限

金利は原則，銀行と取引先との合意によって自由に設定できる。とはいえそれに制限がないわけではなく，以下のような法律によって一定の制限がされている。

（注24）LIBOR（London InterBank Offered Rate）とは，国際的な金融取引において代表的な基準金利として広く知られているもので，正式名称は「ロンドン銀行間取引金利」である。ドル，円，ポンドなど10種類の通貨にそれぞれ15の貸出金利が設定されており，通貨によって6～18の銀行が，午前11時時点でまとまった金額を借りられると考えられる金利水準を英国銀行協会に申告し，そのうち上下4分の1を除いたものの平均がLIBORとして発表されている。また，国内では日本版LIBORともいえる「東京銀行間取引金利」（TIBOR＝Tokyo InterBank Offered Rate）が使われており，これらはいずれも銀行が資金調達する際の金利に当たり，いわば銀行にとっての仕入価格ともいえるものである。

① 臨時金利調整法

　この法律により，内閣総理大臣および財務大臣が，当分の間，経済一般の状況に照らして必要があると認めるときは，日本銀行政策委員会をして銀行等の金融機関の金利の最高限度を定めさせることができる（2条）。そのようにして金利の最高限度が定められたときは，それを超えた契約や支払い，または受領をすることができない（5条）。

② 利息制限法

　これは金銭消費貸借における利息を制限する法律で，以下の利率によって計算された金額を超過する部分は無効になる（1条）。

・元本の額が10万円未満の場合…年2割
・元本の額が10万円以上100万円未満の場合…年1割8分
・元本の額が100万円以上の場合…年1割5分

　この法律により，金銭を目的とする消費貸借に関し，銀行が受け取る元本以外の金銭は，礼金，割引金，手数料，調査料その他いかなる名義をもってするかを問わず，利息とみなされる（3条）。

　損害金は，前記の利率の1.46倍が限度である（4条）。

③ 出資法（出資の受入れ，預り金及び金利等の取締りに関する法律）

　これは①②の法律とは違って刑罰規定があり，内容は概略，以下のとおりである。

・金銭の貸付を行う者が年109.5％（閏年は109.8％，1日当たり0.3％）を超える割合による利息（債務不履行にかかる損害金を含む。以下同じ）の契約をしたときは，5年以下の懲役もしくは1000万円以下の罰金に処し，またはこれを併科する（5条1項）。
・業として金銭の貸付を行う者は，年20％を超える割合による利息の契約をしたときは，5年以下の懲役もしくは1000万円以下の罰金に処し，またはこれを併科する（5条2項）。
・以上にかかわらず，業として金銭の貸付を行う者が，年109.5％（閏年については109.8％，1日当たり0.3％）を超える割合による利息の契約をしたときは，10年以下の懲役もしくは3000万円以下の罰金に処し，またはこれを併科する（5条3項）。

①から③をあわせて「貸金3法」というが，必ずこれらに抵触することがないようにしなければならない。

(3) 適用場面

本項にいう「金融情勢の変化その他相当の事由がある場合」とは，具体的にどのような場合のことであろうか。「金融情勢の変化」という文言はひな型を踏襲したもので，当時は何が想定されていたかというと，公定歩合の変動が例に挙げられることが多い（注25）。しかし，公定歩合はひな型制定当時の銀行の資金調達方法を反映したものであり，銀行の資金調達手段が多様化している現在とは状況が異なることから，もはや実務とかけ離れているといわざるを得ない。銀行は市場からも多くの資金を調達しており，ここでは譲渡性預金（CD）やTIBOR等の市場レートの変動を想定するほうが実務に馴染むのではないだろうか。外部格付機関が実施する信用格付等によって銀行の調達条件が変わることもあるので，一口に「金融情勢の変化」といっても，それが何を表しているかは議論を呼びそうである。

請求権説による場合，銀行からの変更申込みに取引先が同意する義務を負うのはその変更が客観的に合理的と認められる場合で，かつ合理的と一般に認められる限度に止まることから，銀行の都合による一方的な請求は認められにくいと考えられる。必要があれば「事情変更の原則」を主張することも考えられるが，これが認められるのは極めて限定的と考えられるので，取引先との協議の場を持ち，真摯に話し合っていくことが必要である。ちなみに「事情変更の原則」とは，当事者が予見できない，または当事者の責めに帰さない事由によって契約した目的が達成できない場合や経済的に達成できなくなった場合等に，契約通り履行を強制することが不公平になるようであれば，契約の改定や解除が認められるというものである。下級裁判所でこの主張が認められた例はあるものの，特に契約改定について最高裁が認めた例はないようである（注26）。

(注25) 注釈民法⑰305頁，田中・銀行取引法326頁ほか。
(注26) 内田・民法②76頁。

取引先からの変更申出についてひな型に規定されていないのは、それが自明の理であると考えられていたからである。本項では、取引先からの申出にも当然に類推適用されると考えられていたことも考慮し（注27）、取引先も変更の協議を請求することができることを明示している。取引先からの変更の申出はよくあることなので、融資実務に携わっている者としては違和感のないところである。

なお、円スワップ貸付等の固定金利融資は、第1条1項にいう「別に甲乙間で合意した場合」に当たり、本項の適用外である。

(4) その他相当の事由

(3)のとおり、本項を適用して銀行から利息等の変更の協議を求めるときには、その変更は客観的に合理的と認められる場合で、かつ合理的と一般に認められる限度に止まることはもちろんのこと、さらに以下の原則も考慮しなくてはならない（注28）。

① 作成者不利の原則

契約条項の意味が不明確ないしは疑わしい文言がある場合、約定書の作成者（銀行）に不利益に、相手方（取引先）に有利に解釈しなければならないという原則である。

② 制限的解釈の原則

銀行にとって有利な条項で、その内容がはっきりしない場合には、厳密かつ制限的に解釈しなければならないという原則である。

③ 合理的解釈の原則

約定書の作成者（銀行）が、自己の権利を確保したり、免責を受けられるという有利な条項について、銀行の解釈が恣意的であると認められるときは、その効果を、契約目的に対して合理的な範囲に制限して解釈せよという原則である。

(注27) 田中・銀行取引法326頁。
(注28) 注釈民法⑰277頁。

本項にいう「その他相当の事由」は，先ほど公定歩合の変更等を例に挙げたものの，現在は銀行が金利を決定していることからして本当に客観的に合理的かと問われれば疑問があり，取引先にとってもわかりにくい文言であると感じられる。そこで③を当てはめた場合，銀行が恣意的に適用したと判断される可能性も否めないので，そうならないように銀行が変更を求める理由を客観的・合理的に説明することができるという状況で適用の要否を判断する必要がある。

(5) 金利に関するその他の論点

　以下は，直接的には金利に関係しないものの，銀行が権利を濫用していると批判されかねないと考えられるものである。

① 実効金利（実質金利）

　銀行が，融資金の原資として，預金だけでなく，市場から多様な方法で資金を調達している現在，あまり意識しなくなっているのではないかと感じているが，この意味を知ることは，後記②と同様，なぜ銀行が預金を重要視してきたかを理解するうえで有用である。

　これは言葉通り，実質的に取引先が負担している金利（逆にいえば，銀行が受け取っている金利）のことである。例えば，取引先に1000万円を年利2％で融資する場合，銀行が受け取る利息は（1000万円×2％＝）年20万円になる。他方，この取引先から定期預金として200万円を年1％で預かるとすると，取引先に支払う利息は（200万円×1％＝）年2万円になる。これを取引先の立場で考えると，取引先は200万円を返済できるにもかかわらず預金している。これは結局，800万円の融資を受けているのと同じ経済効果になっている。銀行に支払うのは，受取利息2万円を控除すれば18万円になり，実際の金利負担は（18万円÷800万円＝）2.25％となり，表面金利である2％を上回って負担していることになる。これが実効金利（実質金利）である。銀行からみれば，表面的には2％の融資だが，実際は2.25％の利息収入が得られるのと同等の効果が得られるわけである。

　取引先との入金パイプが太くなり，預金の滞留が増えていけば，債権保全というだけでなく，場合によっては後記②と同様に批判されるおそれがある

ので，これには注意が必要である。

② **歩積・両建預金**

「歩積預金」とは，手形割引（手形貸付を含む）をする際に，取引先に支払うべき割引代わり金の全部または一部を預金させたうえでこれを銀行が実質的に拘束することで，「両建預金」とは，手形割引および手形貸付以外の融資金について，融資代わり金を預金させたうえで銀行が実質的に拘束することである。

歩積・両建預金は，終戦後の復興期に，絶対的な資金不足にもかかわらず，自己資本の蓄積に乏しい企業の復興のために巨額の資金需要の手当てをしなければならなかったという事情のもと，リスクに見合うだけの安全確実な預金を担保にその数倍の額を融資することが銀行と取引先双方の目的に適ったこと，および銀行は集めた預金で融資するだけでなく，融資金を預金として集めるという自転車操業を余儀なくされていて，それも自然の成り行きと考えられていたなどと説明されることがあるが，やはり債権保全の一環と考えていたのではないだろうか。

歩積・両建預金は，独占禁止法（私的独占の禁止及び公正取引の確保に関する法律）で禁止されている「自己の取引上の地位が相手方に優越していることを利用して，正常な商慣習に照らして不当」（2条9項5号）な行為に該当することが考えられる。

かつて金融機関に歩積・両建預金の自粛を要請していた旧大蔵省の通達（注29）は平成10年6月に廃止されているが，金融検査マニュアルにおいて「過当な歩積預金及び両建預金の防止」がチェック項目に挙げられていることからも（オペレーショナル・リスク管理態勢の確認検査用チェックリスト（別紙1）Ⅲ．3．項目3．(2)①），その通達の精神は引き継がれているといってよいであろう。

(注29)「歩積・両建預金の自粛について（大蔵省昭54・7・2蔵銀1509号銀行局長通達）」銀法289号16頁（1979年）。

3．第2項（債権の保全状況に変動が生じた場合の利息等）

　本項はひな型が廃止された後に導入されたものである。

　ひな型では，第1項の「その他相当の事由」の中に取引先の財務状況の変化や担保価値の増減という要因も含まれると考えられていたようであるが，実際にそのように読み取ることは困難であると同時に不親切であるというべきであろう（ひな型の廃止と同時に全銀協から発表された「銀行取引約定書に関する留意事項」に対応して追加されたという点は，**第1条1．(2)を参照**）。

　ひな型では銀行に利息等の変更権があるように解されていたが，実際には銀行が一方的に金利を引き上げることは極めてまれで，むしろ双方の協議と合意によって引上げが決定されることがほとんどだったようである。そこで慣行にあわせて，現在では本項のように改められている。

　本項にいう「財務状況の変化」とは取引先の業績の悪化，「担保価値の増減」とは担保不動産の地価の下落等による価値の減少を含んでおり，それらは銀行にとってリスクが高まることを意味することから，適正なリスクテイクという観点から銀行が金利の引上げを求めるにあたり，本項が適用される。

　近時はコンプライアンス態勢の整備に対する社会的な要請の強まりが見られているところ，コンプライアンス違反に関するレピュテーションリスクが取引先に発生した場合なども本項の適用場面に含まれると考えてよいであろう。

　財務内容が悪化した取引先は銀行からの金利引上げの協議の要請を拒否しづらいと考えられるので，銀行の都合による一方的な要請ととられるような言動は控えるべきである。取引先の状況を十分勘案し，取引先の立場に立って，権利の濫用とならないよう客観的に合理的であることを十分説明するなどして，取引先の理解を得ることを心がけるべきである。

4．第3項（損害金）

　本項にいう「損害金」とは，取引先が当初約定した約定日に債務の弁済ができず，約定に違反した場合に支払う損害賠償金のことである。

　民法419条1項に，金銭債務の特則として「金銭の給付を目的とする債務の不履行については，その損害賠償の額は，法定利率によって定める。ただし，約定利率が法定利率を超えるときは，約定利率による」と定められている。この約定は，裁判所が増減することはできない（民法420条1項）。

　銀行は商人なので，銀行取引約定書を締結していない場合，損害金は年6％になるが（商法514条），本項により，年14％の損害金を請求できることになっている。

　例えば，銀行取引約定書を締結していない手形の支払人にかかる手形割引の場合に当該支払人が破産手続開始決定を受けたとき，手形債権を破産債権として裁判所に届け出ることになるが，届出書には，損害金は年6％と記載することになる。

　筆者が入手した銀行取引約定書における損害金の利率はすべて14％となっていたので本項も同様にしたが，これはあくまでも上限である。

　実際の計算方法は以下に示すとおりで，積数の基となる日数は閏年でも関係ない。銀行によっては付利単位が100円の場合や1000円といった場合があり得るので，実際の計算にあたっては注意が必要である。

積数（元金×日数）×年利率÷365（円未満切捨）

　なお，抵当権の設定登記において「年365日の日割計算」と登記されていない場合，競売などの申立ての際はこの計算方法が認められないため，閏年は年366日として計算することになるので，設定登記後は必ず登記事項証明書でこの約定が登記されているか確認しておく必要がある。

第4条（担保）

第4条（担保）

① 乙に提供されている担保について乙の責めに帰すことのできない事由により毀損、滅失または価値の減少が生じたとき、または甲もしくは甲の保証人の信用不安が生じたとき等、乙の債権保全を必要とする相当の事由が生じた場合において、乙が相当の期間を定めて請求したときは、甲は乙が適当と認める担保もしくは増担保を提供し、または保証人をたて、あるいはこれを追加するものとします。

② 甲が乙に対する債務を履行しなかった場合には、乙は、法定の手続を含めて、一般に適当と認められる方法、時期、価格等により担保を取立または処分のうえ、その取得金から諸費用を差し引いた残額を法定の順序にかかわらず甲の債務の弁済に充当できるものとします。

　取得金を甲の債務の弁済に充当した後に、なお甲の債務が残っているときは甲は直ちに乙に弁済するものとし、取得金に余剰が生じたときは乙はこれを権利者に返還するものとします。

③ 甲が乙に対する債務を履行しなかった場合には、乙は、その占有している甲の動産、手形その他の有価証券についても、前項と同様に取扱うことができるものとします。

④ 本条の担保には留置権、先取特権などの法定担保権も含むものとします。

1．第1項（増担保）

(1) 趣　旨

　増担保とは、すでに提供された担保に追加して他の担保を提供することや担保権の設定額を増額することなどをいい、この場合の担保には保証契約（「人的担保」と称される）も含む。

　本項の趣旨は、融資した当初は担保が十分であったのに、地価の下落や株

第4条（担保）

安，円高の進行等によって事情が変わり，担保力に不安が生じたときや，取引先の業績悪化による信用不安等によって債権回収に不安が生じたときなどに，銀行が増担保や保証人の追加を取引先に要求し，債権保全に支障を生じさせないようにするというものである。

本項は第3条に類似している。異なるのは，双方から「協議を求めることができる」のではなく，取引先が担保や保証人を追加する義務を負う点である。融資における最も重要な原則の1つに「安全性の原則」があるが，預金者の大切な預金を運用している銀行にとって，「安全性」は預金者の信認を得る1つの生命線でもあることから，それがこのような差異として表れているのではないだろうか。

銀行の代表取締役にかかる特別背任罪が問われた裁判で，最高裁は次のように判示している。すなわち，「銀行業が広く預金者から資金を集め，これを原資として企業等に融資することを本質とする免許事業であること，銀行の取締役は金融取引の専門家であり，その知識経験を活用して融資業務を行うことが期待されていること，万一銀行経営が破たんし，あるいは危機にひんした場合には預金者及び融資先を始めとして社会一般に広範かつ深刻な混乱を生じさせること等を考慮すれば，融資業務に際して要求される銀行の取締役の注意義務の程度は一般の株式会社取締役の場合に比べ高い水準のものであると解され…(略)…したがって，銀行の取締役は，融資業務の実施に当たっては，元利金の回収不能という事態が生じないよう，債権保全のため，融資先の経営状況，資産状態等を調査し，その安全性を確認して貸付を決定し，原則として確実な担保を徴求する等，相当の措置をとるべき義務を有する」と（最判平成21・11・9刑集63巻9号1117頁）。これはまさに，社会一般から銀行に求められている融資業務の本質であると考えられる。

とはいえ，追加担保交渉は必ずしも容易なことではない。業績が悪化したから，あるいは担保価値が下落したからといって追加担保の提供を依頼しても，すぐに応諾を得られるような取引先はまれであろう。逆に，容易に応諾を得られるということは，銀行が把握している以上に何か別の要因がないか疑う余地があるかもしれない。難しい交渉ではあるが，銀行の責務としても，誠意をもって客観的に合理的な理由を粘り強く説明していくほかない。

(2) リスクテイクと保全のバランス

　担保は，抵当権や質権といった担保権を取引先や第三者が所有する不動産や債権等に設定し，万一返済が不能となった場合にその担保物を処分し，代価をもって債務の弁済に充当することを目的とするものである。債権回収の最終手段といえそうだが，あくまでも取引先が返済できない場合に備えたものであり，担保で保全できないからといって融資していけないことはない。銀行の融資は，その資金使途を十分に確認したうえで，事業計画やそれによる企業の今後の収支・返済計画の妥当性を吟味するなど，返済財源を検討して行われるものであり，担保物の処分によって債務の弁済に充当することを目的とするものではない。そのような融資は「質屋融資」などといわれていたようで，成長過程にあって十分な担保が提供できない企業にとっては成長の阻害要因になりかねず，また，中小企業に対する金融の円滑化といった観点からも問題になる場合がある。一方で，良質な融資金の獲得といった営業推進の観点からは，担保不足を軽視しがちになりかねないことも理解できるところである。以上を考えあわせると，「安全性」や「収益性」のバランスは，個々の融資案件ごとに検討せざるを得ないことになる。

　ただし，バブル期に「安全性」が軽視され，「公共性」を顧みず，「収益性」や，時には「一過性」の収益メリットが強調されて，金融機関が融資拡大に邁進した結果，その損失によって深手を負ったという過去の失敗があることを忘れてはならない。適正なリスクテイクは社会における資金供給者としての銀行の使命ではあるが，かといってそれすなわち「担保を徴求しない」ということではないことを十分認識しなければならない。

(3) 適用場面

　融資金は，「安全性の原則」に従い，安全かつ確実に回収できるものでなければならない。とはいえ，(2)のとおり，担保価値の減少や保証人の信用不安といっても，価値観や見解の相違等で取引先との認識が一致するとは限らず，「債権保全を必要とする相当の事由」が生じたというだけでは具体性に欠ける。本項の適用場面としては，担保価値として把握している不動産の地価

第4条（担保）

の下落や株安，円高の進行による担保有価証券や質権を設定している外貨建債権の下落といった状況が考えられるが，これも具体的で客観的なものであることが必要であり，銀行側の主観的で一方的な判断だけでは適用は困難であろう。中小監督指針にも「契約締結の客観的合理的理由についても，顧客の知識，経験等に応じ，その理解と納得を得ることを目的とした説明を行う態勢が整備されているか」が着眼点とされており（Ⅱ－3－2－1－2(2)②イ），担保設定契約については「極度額等の契約内容について，債務者との取引状況や今後の取引見通し，担保提供者の財産の状況を踏まえた契約締結の客観的合理的理由」を説明できることが必要である（同ロ）。以上から，金利の場合と同様，銀行からの変更の申込みに取引先が同意する義務を負うのは，その変更が客観的に合理的と認められる場合で，かつ一般に合理的と認められている限度に止まり，銀行の都合による一方的な請求は認められないと考えてよいであろう。

　銀行が本項のような申込みをするのは取引先の財務状況が悪化している場合が多いと考えられるので，取引先の立場に立って対応することは，金利変更の場合と同様である。

　本項にいう「相当の期間」がどれくらいの期間を指すのかは，個々の取引先に応じた対応が必要であることを考えると，ケースバイケースであるといわざるを得ない。つまり，取引先ごとに資金繰り状況や財務状況，あるいは他の金融機関との取引状況等を勘案し，総合的に検討したうえで合理的で客観的な期間を設定する必要がある。

　なお，ひな型では，「直ちに」という文言が示すとおり，取引先に時間的余裕を与えておらず，かつ取引先にとって義務的な内容であったのに対し，本項は，取引先の負担に配意して改正されていることに注意が必要である。ただし，真に債権保全が必要であるというように事態が窮迫している場合など，本項をもって強力に交渉することが必要な場合もあるので，そうした場合には，本部業務所管部などと十分に協議しながら迅速に対応しなければならない。

(4) 第三者保証人への対応

　保証人といっても，銀行取引ではほとんどの場合，「連帯保証」として保証契約を締結している。

　地域金融機関の取引先の大部分は個人事業主を含む中小企業であり，それらに対しては，家計と資本が未分離であるとか，財務諸表の信頼性が必ずしも十分でないなどの指摘があるため，企業の信用補完や経営に対する規律付けの観点から，経営者による個人保証を徴求することが多いのが実状ではないだろうか（注30）。また，中小企業の多くは，十分な担保価値を有する資産を有しているとはいい難く，借入れによる資金調達の際に，経営者以外の第三者が連帯保証人になっていることもあるのではないだろうか。第三者に保証を求めることには，債権保全のほか，経営者のモラル確保といった効果も見逃せない。一方で，事業に関係なく，場合によっては経営内容すら把握していない第三者が保証人になっている場合があるが，それらの多くは経営者との人的つながりに依存したいわゆる情義的な保証といえる場合もあるであろう。そのような場合，保証を受けている中小企業が破綻することにより，実際には経営に関係のない第三者保証人にまで主債務者同様の重い負担を背負わせることになり，それがはたして適当なのかとかねてから疑問を呈されていたところである。

　民法（債権法）改正の議論では経営者保証にも否定的な見解が表明されていることから，いわゆるコベナンツを付した停止条件や解除条件付きの連帯保証が提唱されていることにも注目しておく必要がある（注31）。

　信用保証協会ではすでに第三者保証人の徴求を以下のような特別な事情がある場合を除いて原則禁止しているほか，現在，「経営者保証に関するガイド

（注30）詳しくは，中小企業の再生を促す個人保証等の在り方研究会＝経済産業省中小企業庁事業環境部金融課「中小企業の再生を促す個人保証等の在り方研究会報告書」18頁（2011年）参照。なお，平成26年2月1日から「経営者保証に関するガイドライン」が適用されることになっており，銀行ごとに，ガイドラインの内容に沿って規定の改正がなされていると思われるので，これに基づいた対応を行うことが必要である。

（注31）中小企業の再生を促す個人保証等の在り方研究会＝経済産業省中小企業庁事業環境部金融課・前掲（注30）21頁。

ライン」に沿うべく対応がなされているところであるので、今後の取扱いについては、各保証協会や本部業務所管部からの示達に基づいた対応が必要である。

① 実質的な経営権を有している者、営業許可名義人または経営者本人の配偶者（当該経営者本人とともに当該事業に従事する配偶者に限る）が連帯保証人となる場合
② 経営者本人の健康上の理由のため、事業承継予定者が連帯保証人となる場合
③ 財務内容その他の経営の状況を総合的に判断して、通常考えられる保証のリスク許容額を超える保証依頼がある場合であって、当該事業の協力者や支援者から積極的に連帯保証の申出があった場合（ただし、協力者等が自発的に連帯保証の申出を行ったことが客観的に認められる場合に限る）

以上と同様の姿勢が銀行にも必要であると考えられるので、本項に基づいて交渉にあたる際には十分留意しておかなければならない。特に③のような場合には、協力者等が自発的に連帯保証の申出をしたことやその理由・背景等が客観的にわかる状況を記録しておくとともに、協力者等の積極的な連帯保証意思について、書面での表明を求め、それを保存しておくべきである。

2．第2項（弁済への充当）

(1) 趣　旨

本項は、取引先が債務不履行となった場合、必ずしも法定の手続によることなく、銀行が適当と認める方法によって担保を取り立てまたは処分をし、債務の弁済に充当できることを規定したものである。同様の規定は「(根)抵当権設定契約書」や「担保差入証書」などにもある。

「法定の手続」とは、例えば不動産担保権については民事執行法181条か

ら188条に，動産質権については民法354条および民事執行法190条から192条に定められている。法定の手続によることは，費用の負担が生じるだけでなく，その煩雑さから時間や労力を要することが多く，場合によっては買受人が現れないとか，予想よりも低額でしか処分できないという事態が想定され，必ずしも銀行や取引先にとって有利な処分ができるとは限らない。それよりも，不動産担保の場合，経験則からも任意売却によるほうが有利に処分できることが多いのではないだろうか。また，有価証券担保の場合は，売却時期を逸することによる価格の下落もあり得る。有価証券などの取引相場のある担保物については，特段の事情がない限り，速やかに担保権を実行すべきであろう。というのも，相場は水物ともいわれ，将来的な価格の推移は誰にもわからないし，仮に相場の値上がりを期待して処分を遅らせ，その思惑通りにいかなかった場合，処分を遅らせたことについて取引先や担保提供者等から非難を受けかねない。処分した後で相場が値上がりしても，銀行が早期に債務の弁済に充当したことによって取引先の損害金の負担は減少するので，速やかな担保権の実行という行為自体の合理性をもって正当性を主張することが可能であると考えている。

以上から，本項は，双方の不利益を排除する目的で規定されたものと考えることもできる。

(2) 前　段

本項は一見，取引先が債務不履行となった場合，担保の取立てまたは処分の「方法，時期，価格等」は銀行の自由な選択に委ねられているようにみえる。しかし，それは「一般に適当と認められる」限りにおいてであり，この範囲を逸脱して取立てまたは処分をし，第三者（譲受人等）の存在によって回復不可能になった場合，銀行は取引先に損害賠償義務を負い，それ以外の場合，銀行のした処分等が取引先に対して無効になるという見解もあるので（注32），本項の運用にあたっては注意が必要である。

① 法定充当

(注32) 注釈民法⑰322頁。

第4条（担保）

　本項に「法定の順序にかかわらず」とあるが，法定の順序は民法489条と491条に定められている。これに従ってなされる弁済の充当を「法定充当」という。
　まず，民法489条によれば，債権者と債務者の間で弁済の充当の指定がないときは，以下の順に充当することになっている。

(i)　債務の中に弁済期にあるものとないものとがあるときは前者から（1号）
(ii)　すべての債務が弁済期にあるとき，または弁済期にないときは，債務者のために弁済の利益が多いものから（2号）
(iii)　債務者のために弁済の利益が等しいときは，弁済期が先に到来したものまたは先に到来すべきものから（3号）
(iv)　(ii)(iii)の事項が等しい債務の弁済は，各債務の額に応じて（4号）

　(ii)の「弁済の利益が多いもの」とは，例えば，利息・損害金が高率である債務や，担保が提供されていて弁済によって担保解除が見込まれる債務などが考えられる。しかし，これについては，「債務者のために弁済の利益が多いものを決める場合，利息の有無や担保の有無で判断するだけでは足りず，担保契約の内容等諸般の事情を考慮しなければならない」という判例があり（最判昭和29・7・16民集8巻7号1350頁），必ずしも画一的に判断できるとはいえないことから，事案ごとに検討する必要がある。
　次に，民法491条に従い，費用，利息，そして元本の順に充当することになる（詳しくは**第10条**，**第11条**参照）。

② **指定充当**
　①の法定充当によらず，本項によって銀行が順序を指定して充当することを「指定充当」あるいは「任意充当」という。実務では，期限の利益を喪失した取引先に対し，指定充当により，元本を優先して回収することが一般的であろう。これは，不良債権の圧縮が図れるという理由に加え，取引先にとっても，元本が早く減少したほうが債務の早期弁済につながると考えられるからだと思われる。

銀行が順序を指定して充当する充当指定権については,「完全に銀行の恣意に委ねられていると解されるべきではなく,客観的に適当と認めうる範囲内でのみ銀行に裁量権が与えられ,この範囲を逸脱した充当は,これを無効と解すべきである」という見解があり (注33),最高裁も近時,担保不動産を任意に処分し,債権者（中小企業金融公庫）がこの充当指定権を主張した破産事件において,「中小企業金融公庫は,本件各弁済を受けてから１年以上が経過した時期において初めて,本件弁済充当特約に基づく充当指定権を行使する旨を主張するに至ったことが明らかであり,上記の時期に本件弁済充当特約に基づく充当指定権を行使することは,法的安定性を著しく害するものとして,許されないというべきである」と判示し,田原睦夫裁判官はその補足意見で「弁済充当合意は,不動産競売手続における配当手続では,その効力を有せず,配当金は民法489条ないし491条の規定に従って数個の債権に充当されるとするのが判例である（最高裁昭和62年…(略)…12月18日第二小法廷判決・民集41巻８号1592頁)。この理は,破産手続における担保権消滅請求手続において実施される配当手続についてもそのまま妥当するものと解される。このように,弁済充当合意は,法定の換価手続における配当手続においては,その効力を主張し得ないものであるところ,破産管財人によって別除権の目的財産の受戻しがなされて,その際に別除権者に弁済がなされる場合も,同手続は,一般執行手続たる破産手続の一環として行われるものである以上,やはり同様に,弁済充当合意の効力を主張することはできないものというべきである」と述べている（最判平成22・３・16金判1344号25頁)。つまり,法的安定性を害するほど長期にわたって本項による充当指定権が行使されない場合や,破産事件における担保不動産の処分によって弁済を受ける場合には,法定充当せざるを得ないケースもあるであろう。法的倒産手続における債権の届出の際も,法定充当を意識した対応が必要である。法定充当によらなければならないからといって債権回収上,重大な不都合が生じるとは考えにくいが,前述のようなメリットが双方とも享受できなくなるということには留意しておかなければならない。

(注33)　注釈民法⑰324頁。

(3) 後　段

　本項後段には，担保物の処分による取得金が債権額に不足あるいは余剰が生じた場合の取扱いが定められている。具体的には，担保権の実行によって銀行が受けた弁済が貸金債権の総額に足りないときに，取引先がその不足分を直ちに弁済する義務を負うというものである。これは当然のことを定めたものであるが，担保物の処分による取得金が債権の総額を下回っていた場合にも代物弁済のように被担保債権全額が消滅するものではないことを明示する意義があるという見解もある（注34）。

　ひな型にはなかった「取得金に余剰が生じたときは乙はこれを権利者に返還するものとします」という文言は，取引先と銀行との対等性の向上を図ったものといえる。債務の弁済に充当したあとで取得金に余剰が生じた場合，根抵当権設定者（所有者）等に返還することになる。

(4) 担保不動産の任意売却時における留意点

　有価証券担保や動産譲渡担保の担保権の実行と違い，銀行は，担保不動産の任意売却の場合，主体的に権利を行使するのではなく，担保不動産の売却による取得金を債務の弁済に充当し，その弁済額に一定の合理性があれば担保権の解除に応じるかどうかを判断する立場に過ぎない。つまり，当該不動産の管理処分権者は銀行ではなく，あくまでも所有権者や破産管財人（所有権者が破産手続開始決定を受けた場合）等である。不良債権の早期圧縮という命題のもと，担保不動産の任意売却の際につい肩に力が入ってしまい，不動産の売り手側の立場に近づいた行動をとることもないとはいえない。そこでよく起こり得るのが，購入希望者との価格交渉等に干渉し過ぎてしまい，銀行が相手方の購入希望価額に応諾したととられ，後に所有権者や管理処分権者から応諾が得られなかったことから発生するトラブルである。不動産取引では，高度に専門的かつ法的な知見が必要であり，一般の銀行員では対応し切れない部分も多い。また，担保不動産を売却しなければならない状況は

（注34）注釈民法⑰325頁。

売主と買主の利害が対立する最たる場面である。このようなところに銀行員が立ち入るべきではなく，特に価格形成にかかる意思決定の場面で干渉することは，優越的地位の濫用という問題にもなりかねない。不動産の任意売却という局面で購入希望先等に接した場合，速やかに所有権者や破産管財人，あるいは仲介を依頼されている専門の宅地建物取引業者に取り次ぐべきである。

3．第3項（銀行の占有動産）

(1) 適用範囲

　本項には，銀行が占有している（約定による担保ではない）取引先の「動産，手形その他の有価証券」(預金証書はこれに含まれない）も，第2項と同様，任意に処分できると定められている。つまり，本項は，その意味を判例に従って理解すれば，取引先がその債務を履行しない場合，銀行（債権者）に対し，その占有する取引先の「動産，手形その他の有価証券」を取立てまたは処分をする権限を授与したもの，換言すれば，銀行がこれらの取立てまたは処分をする権限を取引先から委任されたものといえる。これは，取引先の債務不履行を停止条件として，銀行の占有物に担保権が設定されるという趣旨ではない（最判昭和63・10・18民集42巻8号575頁，金判810号3頁）。

　占有とは，「自己のためにする意思をもって物を所持すること」(民法180条），すなわち，自己の思い通りに処分ができるよう，その物を自らの支配下に置くということである。代表的なものとして，取立委任手形を例に挙げることができる。そのほか，保護預かり契約で寄託を受けた貴金属（封緘預かりのものを除く）等が該当する（「封緘預り」とは，封緘されているものの寄託を受けることで，封緘された中身にまで占有は及ばない。一方で，貸金庫契約における貸金庫の内容物には銀行の占有が及ばないと古くから解されてきたが，占有を認める判例もあり（最判平成11・11・29民集53巻8号1926頁，金判1081号29頁），本項を適用し得る場面が出てくるのではない

だろうか)。そのうち，本項の適用が多いのは取立委任手形である。取立委任手形とは文字通り，取立ての委任を受けた手形のことで，そのようにして占有している手形について，銀行はどのような権利によって自己のために取り立て，取引先の債務の弁済に充当することができるであろうか。判例や学説における多数説は，本項は契約の債権的権限を銀行に認めただけのものであると解している (注35)。換言すると，取引先が債務を履行しない場合，銀行は，占有している動産や手形などを留め置いたうえで処分し，債務の弁済に充当できるが，これは物権的効力（第三者に対抗できるという排他的効力）よりも弱い債権的効力によるものであるということになる。

(2) 投資信託への適用

投資信託とは，投信法（投資信託及び投資法人に関する法律）に基づく信託のことであり，平成10年に銀行等の登録金融機関で窓口販売が可能となって以来，その販売が積極的に取り組まれてきた。その結果，現在では銀行の取引先にとって重要な金融資産の1つになっていることは周知のとおりである。

平成10年代では積極的な動きがみられなかったが，取引先（受益者）に対して銀行が負担する投資信託の一部解約金返還債務を停止条件付債務とし，この差押えを認めた判例において投資信託における関係当事者間の法律関係が明らかにされて以降（最判平成18・12・14民集60巻10号3914頁，金判1262号33頁），投資信託からの債権回収が積極化してきた。その後，債務の弁済に充当することまでも容認する裁判例も登場しており，確立した債権回収手法とまではいえないまでも，概ね一定の方向性は見えている状況にあると考えている (注36)。

銀行が占有する有価証券は，第2項の約定担保と同様，本項により，銀行が取立てまたは処分のうえ，取引先の債務の弁済に充当できる。つまり，取

(注35) 注釈民法⑰327頁。
(注36) 詳細は，拙稿「8つの裁判例からみた投資信託からの回収」金法1944号13頁（2012年），三井住友信託銀行法務部「投資信託に基づく債権回収」銀法743号4頁（2012年）。

引先が購入した投資信託が有価証券に該当し、これについて銀行の占有が認められれば、銀行は投資信託を解約したうえで貸金債権に充当できることになる。

投資信託の有価証券の該当性については、議論はあるものの、投資信託の受益権が金融商品取引法2条1項、2項や投信法2条5項によって有価証券と解されることなどから、取引先との間で投資信託を有価証券とする旨の合意がなされていると考えられる（商法501条等でいう有価証券の該当性については後記(**4**)参照）。

次に占有についてだが、民法180条がいうところの占有が及ぶ「物」とは、有体物でなければならない（民法85条）。投資信託における受益権は、受益証券をもって取扱いがなされており、これに対する占有や有価証券の該当性について特段争いはなかったところ、平成19年1月4日以降、ペーパーレス化され、受益権の帰属は販売会社である銀行等の登録金融機関に開設された振替口座簿の記載または記録によって定めることとされたことから、現状では、投資信託の受益証券自体は存在しない（もっとも、銀行が販売しているなかで最も一般的であると思われる契約型投資信託のうち、委託者である投資信託委託業者が、信託財産について、受託者に指図して運用を行わせる委託者指図型投資信託では、投資信託委託会社と販売会社、販売会社と受益者（投資家）との関係は基本的に変わらないと考えられている（注37））。そうすると、こうした有体物でもない受益権という権利に銀行の占有が認められるかどうかは、占有の規定がことごとく準用される民法205条の準占有によって解決できると考えられる。同条には、「自己のためにする意思をもって財産権の行使をする場合について準用する」とあり、この「財産権の行使」とは、目的である財産権が事実上、その人に帰属していると認められる外形的関係が成立していることを要件とする見解 (注38) によって検討

(注37) 堂園昇平「投資信託受益証券にかかる解約返戻金に対する差押え」塩崎勤ほか編『新・裁判実務体系 (29)』313頁（青林書院・2007年）、村岡佳紀「投資信託における契約関係」金法1796号15頁（2007年）。
(注38) 我妻榮ほか『我妻・有泉コンメンタール民法（総則・物権・債権）〔第2版追補版〕』417頁（日本評論社・2010年）。

することが有用である。本項の投資信託への適用を認めた裁判例（大阪地判平成23・1・28金法1923号108頁）を参考にすれば，投資信託の販売会社である銀行が，委託者との募集販売契約に基づき，販売会社として，自己の名において投資信託受益権の募集の取扱いおよび販売，一部解約に関する事務ならびに一部解約金・収益分配金および償還金の支払いに関する事務等を行うとともに，受益者（この場合は融資先で販売先でもある取引先）との管理規定に基づき，投資信託受益権の振替機関・口座管理機関として，振替口座にかかる振替口座簿の記録を通じ，自己の名において同権利の振替業務を行っていることをもって準占有の要件としての客観的事情が認められ，販売会社として，また振替機関・口座管理機関として前記業務を自己の名において独立して行っていることから，財産権の行使について自己のためにする意思を有していることをもって，債権者で販売会社でもある銀行に投資信託受益権の準占有を認めることに妥当性はあると考えられる。

　以上から，投資信託受益権について，有価証券に該当することと準占有が認められるのであれば，銀行は，投資信託を解約したうえで，債務の弁済に充当できるといってよいであろう（事務手続についていえば，解約名義を，例えば「○○（取引先名）債権者　株式会社○○銀行」として，銀行自身が解約を請求することが考えられるが，実際には，投資信託の取引別に，個々の投資信託委託会社と協議のうえで手続を進めることになる）。ただし，この解約について現状では慎重な意見もあり（注39），筆者自身，確立した判例理論とまではいい切れない段階であるという認識であるが，口座管理機関である銀行の債権回収については，投資信託受益権に関し，原則，相殺による回収を検討すべきである。

　なお，本項の意味を，(1)のように取引先からの取立てまたは処分をする権限の委任と考えた場合，取引先が破産手続開始決定を受けたときは，法定の要因によってこの権利が消滅すると解されているので（民法656条，653条，

(注39) 古澤陽介「窓口販売投資信託に対する権利行使」事業再生と債権管理116号50頁（2007年）。なお，「占有」を否定するものとして，天野佳洋「振替証券と銀行の債権保全・回収」田原睦夫先生古稀・最高裁判事退官記念論文集『現代民事法の実務と理論（上）』767頁（金融財政事情研究会・2013年）も参照。

前掲最判昭和63・10・18)、注意が必要である。

(3) 債務不履行

「債務を履行しなかった場合」のことを「債務不履行」といい、「履行不能」「履行遅滞」「不完全履行」の3つに分けられている。

「履行不能」とは文字通り、履行が不可能な状態のことである。取引先が破産手続開始の申立てをした場合などは実質的に履行不能の状態であるが、金銭債権について法律上、履行不能はないと解されている。

「履行遅滞」とは、取引先に履行義務があり、履行可能にもかかわらず期限到来後も履行しないことである。これが実務で最も遭遇するものではないだろうか。

「不完全履行」とは、履行されたものの、それが完全でない状況のことである。「本旨に沿った弁済をしないこと」などと説明されることがあるが、一般的には、法律の規定や契約の趣旨、取引慣行、信義誠実の原則等からみて妥当な履行がされていないことを指す。

銀行の有する債権はほとんどが金銭債権なので、取引先が「履行遅滞」や「不完全履行」になった場合、本項を適用して回収を進めることができる。

(4) 商事留置権

(1)で、本項の適用根拠として当事者の契約による債権的効力を挙げたが、その他に商事留置権も重要な効力である。これは法律によって認められるもので、取引先との間で以下の要件を満たした場合に成立する（商法521条）(注40)。

① 当事者双方が商人であること
② 被担保債権が、当事者双方のために商行為（双方的商行為）によって生じたこと

(注40) 弥永真生『リーガルマインド商法総則・商行為法〔第2版〕』95頁（有斐閣・2006年）。

③ 留置権の目的物が債務者（この場合は取引先を指す）の所有に属する物または有価証券であること
④ 債務者との間における商行為によって，債権者の占有に帰したものであること
⑤ 被担保債権の弁済期が到来していること

　以上が満たされて成立した商事留置権により，債務の弁済を受けるまで目的物を取引先に返却しないで留め置くことができる。ただし，法律に「優先的に弁済が受けられる」という定めはなく，占有物を留め置くことのみ可能である。この法定された留置権や本項の債権的効力により，動産や手形等を処分する権限が銀行に認められると考えてよいであろう。

　商事留置権は，取引先が法的倒産手続に進んだ場合に効力を発揮する。というのは，商事留置権は，破産法では別除権として特別の先取特権とみなされ，破産法の手続によらずに処分して債権の回収を図ることができ（破産法2条9項，66条1項），民事再生法でも別除権とされ（民事再生法53条1項），会社更生法では更生担保権とされる（会社更生法2条10項）ことになるからである。

　破産手続の場合，取立委任手形を例に考えると，銀行が占有を開始した原因となる手形の取立ては取引先と銀行（委託者）との委任契約と解されるので，破産手続開始決定によって委任契約は終了する（民法653条2号）。この場合の商事留置権ついて最高裁は，破産財団に属する手形の上に存在する商事留置権を有する者は，破産宣告以後（平成17年法改正前のもの。現在は破産手続開始決定）も同手形を留置する権能を有し，破産管財人からの手形の返還請求を拒むことができるものと解するのが相当であるとし，商事留置権の効力が破産手続開始決定によって消滅しないと判断した（最判平成10・7・14民集52巻5号1261頁，金判1057号19頁）。この判例により，銀行が取立委任のために破産手続開始前から占有した取立委任手形については，破産手続開始決定後も取り立てたうえで債務の弁済に充当することができるのである。

　民事再生手続の場合は，前述のとおり，別除権ではあるものの，特別の先

取特権ではないことから，法律上，商事留置権による留め置き権はあるものの，法定の手続によらずに債務の弁済に充当することができるとまでは解されていなかった。これについて裁判所の判断は分かれており，学説にも対立が見られたことから実務で混乱する可能性があったところ，「会社から取立委任を受けた約束手形につき商事留置権を有する銀行は，同会社の再生手続開始後の取立に係る取立金を，法定の手続によらず同会社の債務の弁済に充当し得る旨を定める銀行取引約定に基づき，同会社の債務の弁済に充当することができる」と判示した最高裁判決の登場により，この問題は決着したものと考えられている（最判平成23・12・15民集65巻9号3511頁，金判1387号25頁）。つまり，破産手続の場合と同様，民事再生手続開始決定後も，銀行が本項に基づいて取り立て，債務の弁済に充当できることが明らかになったのである。

会社更生手続の場合は，商事留置権は更生担保権とみなされることから，更生計画によって弁済を受けることになる（会社更生法168条）。

(5) 投資信託受益権に商事留置権は成立するか

投資信託受益権に商事留置権が成立するのであれば，前述の取引先からの委任による取立てまたは処分をする権限よりも強力な権利として，状況に応じた適用が可能である。

(4)のとおり，任意処分権は破産手続開始決定によって消滅するという側面があるが，商事留置権が認められることによって，破産手続や民事再生手続では別除権の地位が与えられ，優先弁済権も認められることになる。

商事留置権の成立は，要件として挙げた(4)①～⑤に該当するかどうかにかかる。

①については，銀行取引約定書を締結しているような融資先は，株式会社を中心とした法人であるか事業を行っている個人である以上，少なくとも商人に該当する場合がほとんどであると思う。ただし，個人の連帯保証人であれば商人に該当しない場合も少なからずあるであろうし，その場合の保証契約については②の商行為に該当しない場合が多いと考えられるので，この点については注意すべきである。以下では商人あるいは商行為に該当すること

第4条（担保）

を前提とする。

②については、ここでいう被担保債権は事業性の融資金である場合がほとんどであろうから、銀行にとっては営業的商行為（商法502条8号）、取引先にとっては付属的商行為（商法503条）に当たるといえ、この要件も満たすことになる。

③については議論になり得る。というのは、先ほどの投資信託受益権がここでも有価証券といえるかどうかが問題になるからである。有価証券について、取立てまたは処分をする権限を委任する場合、契約自由の原則のもと、取引先と銀行の間で投資信託を有価証券として合意することが可能であると先ほど結論付けたが、商事留置権の成立にあたっては同様ではないと考えられる。というのも、「有価証券とは、財産的価値ある私権を表章する証券であって、権利の発生、移転、行使の全部または一部が証券によってなされるもの」（傍点筆者）と定義されているので（注41）、証券が存在しない投資信託受益権にそのまま適用できるかどうかという問題があるからである。もちろん、有価証券に該当することに十分な合理性を見出すことができると考えられるし、その主張も可能であるとは思うが、これについては反論も予想されるところである。

④は、商行為該当性を検討するものであるが、債権者または債務者のどちらかにとって商行為であれば足りるとする見解、債権者にとって商行為であることを要するとともにそれで足りるとする見解、ならびに双方的商行為でなければならないとする見解がある（注42）。いずれにしても、投資信託受益権の売買は絶対的商行為と解されているので（注43）、銀行と取引先の双方にとって商行為となることから、④の要件を満たすと考えられる。

⑤は文字通りの理解でよいであろう。

③の要件も満たすとして、商事留置権の成立を認める積極的な見解もある（注44）。筆者自身、積極説に立ってはいるものの、確信は持てておらず、今

(注41) 大塚・商法③284頁。
(注42) 弥永・前掲（注40）98頁。
(注43) 服部榮三『商法総則・商行為法講義』188頁（文真堂・1978年）、蓮井良憲編『商法総則・商行為法（現代商法講義1）』299頁（法律文化社・1980年）。

111

後の議論の展開や判例の蓄積，あるいは立法による手当てが望まれる。

4．第4項（法定担保権）

　本項には，「留置権」「先取特権」「法定担保権」という法律用語が登場する。「留置権」とは，取引先の債務が弁済期にあるとき，債権者である銀行が占有している取引先所有の有価証券等を返却せずに留め置く権利のことをいい，「先取特権」とは，各種の法律によって，銀行がある特定の債権者となる場合，債務者である取引先の財産等から優先的に弁済を受ける権利のことをいう。いずれも法律に基づいて一定の事象が生じた場合に当然に発生するもので，これらは「法定担保権」と称される。

　ひな型では，法定担保権が本条の適用範囲かどうかは明確になっておらず，消極説に立つ判例もあった（前記最判平成10・7・14）。そこで，質権・（根）抵当権・譲渡担保権などのような銀行と取引先との間で個別に約定した担保権（法定担保権に対して「約定担保権」と称される）だけでなく，法定担保権も本項の適用範囲であることを明確にするために本項が設けられた。本項により，銀行は，法定担保権が発生した場合には，法定手続によらず，第2項と第3項に従って処分し，債務の弁済に充当できるのである。

（注44）積極的なものとして，中野修「振替投資信託受益権の解約・処分による貸付金債権の回収」金法1837号53頁（2008年），坂本寛「証券投資信託において受益者に破産手続ないし民事再生手続が開始された場合の債権回収を巡る諸問題」判タ1359号22頁（2012年）。なお，有力な否定説として，天野・前掲（注39）767頁も参照。

第5条（期限の利益の喪失）

第5条（期限の利益の喪失）

① 甲について次の各号の事由が一つでも生じた場合には，乙からの通知催告等がなくても，甲は乙に対するいっさいの債務について当然期限の利益を失い，直ちに債務を弁済するものとします。

1．支払の停止または破産，民事再生手続開始，会社更生手続開始もしくは特別清算開始の申立があったとき。
2．手形交換所の取引停止処分を受けたとき。
3．前二号の他，甲が債務整理に関して裁判所の関与する手続を申立てたとき，あるいは自ら営業の廃止を表明したとき等，支払を停止したと認められる事実が発生したとき。
4．甲またはその保証人の預金その他乙に対する債権について仮差押，保全差押または差押の命令，通知が発送されたとき。
　なお，甲の保証人の乙に対する債権の差押等については，乙の承認する担保を提供し，または保証人をたてる旨を甲が遅滞なく乙に書面にて通知したことにより，乙が従来どおり期限の利益を認める場合には，乙は書面にてその旨を甲に通知するものとします。ただし，期限の利益を喪失したことにもとづき既になされた乙の行為については，その効力を妨げないものとします。
5．行方不明となり，乙から甲に宛てた通知が，届出の住所に到達しなくなったとき。

② 甲について次の各号の事由が一つでも生じた場合には，乙からの請求によって，甲は乙に対するいっさいの債務について期限の利益を失い，直ちに債務を弁済するものとします。
　なお，乙の請求に際し，乙に対する債務を全額支払うことにつき支障がない旨を甲が遅滞なく乙に書面にて通知したことにより，乙が従来どおり期限の利益を認める場合には，乙は書面にてその旨を甲に通知するものとします。ただし，期限の利益を喪失したことにもとづき既になされた乙の行為については，その効力を妨げないものとしま

す。
1．乙に対する債務の一部でも履行を遅滞したとき。
2．担保の目的物について差押，または競売手続の開始があったとき。
3．乙の請求する担保もしくは増担保の提供，あるいは保証人の追加を怠ったとき，その他甲が乙とのいっさいの取引約定の一にでも違反したとき。
4．甲の保証人が前項または本項の各号の一にでも該当したとき。
5．前各号のほか乙の債権保全を必要とする相当の事由が生じたとき。
③ 前項の場合において，甲が住所変更の届け出を怠る，あるいは甲が乙からの請求を受領しないなど甲の責めに帰すべき事由により，請求が延着しまたは到達しなかった場合には，通常到達すべき時に期限の利益が失われたものとします。

1．趣　旨

　本条は「失期条項」（あるいは期失条項）とも呼ばれ，期限の利益当然喪失条項と請求喪失条項からなり，銀行取引約定書の中では特に重要なものである。

　期限の利益とは期限が到来しないことによって当事者が受ける利益のことで，期限は債務者の利益のために定めたものと推定されている（民法136条）。例えば融資の場合，取引先にとって，借入金の返済義務はあるものの，返済期限までその返済を求められることはない利益がある。したがって，返済期限が到来しない限り，銀行は，取引先に債務の履行を請求することができない。期限の利益を喪失させるとは，換言すれば，取引先に「一括でご返済ください」と意思表示をすることである。

　取引先の期限の利益を喪失することができない場合，銀行は，自らの権利を行使する場面で支障が生じることが考えられる。例えば，担保不動産の競売申立ては期限の利益喪失後でないとできず（注45），第4条に基づく担保

不動産や占有動産の任意処分も，延滞が発生している状況だけをもってすることはできないと考えるべきである。また，預金相殺も，弁済期にあることが要件とされている（民法505条）。このように，債権回収上，期限の利益の喪失が重要な役割を果たすところ，民法では喪失事由として137条に3項目が掲げられているに過ぎない。それだけでは銀行の債権回収に支障が生じるとして規定されているのがこの失期条項である。

債権回収の初動時には，可能な限り速やかに期限の利益を喪失させておくことが大切である。そうでないと債務不履行を停止条件とする銀行取引約定書の各条項の効力発生に支障が生じ，ひいては速やかな債権回収を困難にすることも考えられる。何より，取引先との交渉を中途半端な姿勢で長引かせることになりかねない。交渉が長期化すれば，取引先はその間の遅延損害金を負担しなければならず，不信感の高まりなどにより，取引先とのトラブルの発生原因にもなりかねないし，決着がつくまでは再生に向けて再出発できないことにもなる。銀行にとっても，いつまでも不良債権として管理することは，財務面と損益面の両方に問題があるといえる。したがって，速やかに回収計画を策定し，実行に移すことが求められる。

なお，本条は，取引先に一定の事由が生じた場合に民法の規定を拡大して適用するというものではないが，後に述べる相殺の担保的機能を確保するうえでも重要な規定である。また，適用にあたっては，他の条項と同様，常にその客観的合理性が必要であることは当然といえる。

2．第1項（期限の利益当然喪失事由）

(1) 第1号（法的整理手続等）

第1項に列挙されている事由を期限の利益当然喪失事由といい，このような事由が生じた場合，取引先は，銀行からの通知催告等がなくても当然に期

(注45) 東京地方裁判所民事執行センター実務研究会『民事執行の実務 不動産執行編（上）〔第3版〕』51頁（金融財政事情研究会・2012年）。

限の利益を喪失し，直ちに債務を弁済しなければならず，債務の履行が遅滞すれば，第3条3項所定の遅延損害金を負担することになる。

「通知催告」とは「通知」と「催告」という用語を組み合わせたもので，「通知」とは事実あるいは概念の表示のことであり（例えば期限の利益喪失請求の通知や相殺通知など），「催告」とは相手方に対する一定の行為の要求のことである。具体的には支払いを請求する催告のほか，後述する公示催告等がある。

① 支払の停止があったとき

本号以外にも，破産法（15条2項，71条1項3号，2項2号等）を始め，他の倒産法や民法（398条の3第2項1号）などの実定法でも登場する文言で，取引先の状況を画する基準として用いられている。

「支払の停止」とは，「支払不能」（債務者が，支払能力を欠くために，その債務のうち弁済期にあるものにつき，一般的かつ継続的に弁済することができない状態（破産法2条11項））である状況を外部に表明したものと解されており，取引先が，事業を停止するなどして債権の全部または大部分の支払いができないことを，銀行や他の仕入先等の債権者に対して明示的に口頭や書面で通告，あるいは閉店や廃業，夜逃げ等によって黙示的に表示した場合などが該当する。

「支払の停止」があったときは，取引先と以後も融資取引を継続することが望めないことは明らかであり，当然に期限の利益は喪失したものとして銀行は債権回収を進めていくことになる。

「支払の停止」の該当性の判断は難しく，以下のように，問題になり得る事象がある。

(i) 事業再生ADR

裁判所の関与のもとで倒産手続が進められるため透明性が高い法的整理に対し，私的整理には，手続が不透明であるとか債権者間の調整に時間がかかるといった批判が多かったところ，内閣府経済対策閣僚会議の「緊急経済対策」（平成13年4月）を受けて発足した私的整理に関するガイドライン研究会が平成13年9月，「企業の私的整理に関する基本的な考え方を整理し，私的整理を行うに至った場合の具体的な関係者間の調整手続き，対象となる企

業の選定基準，再建計画の要件等を予め定めておくことは有益である」として，私的整理ガイドライン（私的整理に関するガイドライン）を策定した。しかし，この私的整理ガイドラインに沿えばメインバンクの果たす役割が大きかったことから，昨今のメインバンク制の後退により，最近では活用事例が見当たらなくなっている。そこで登場したのが「事業再生ADR」である。

ADRとは「裁判外紛争解決手続」（Alternative Dispute Resolution）の略称で，訴訟や法的倒産手続のような裁判所による法的強制力を持った紛争解決の手続を利用することなく，当事者間の話合いを基礎として紛争を解決しようとする手続のことである。平成19年のADR法（裁判外紛争解決手続の利用の促進に関する法律）の施行により，民間の事業者が，法務大臣の認証を受けてADR事業を営めるようになった（現在は「事業再生実務家協会」が認定を受けて活動している）。

事業再生ADRは，正式な申込みを受けた後の手続は私的整理ガイドラインに類似しており，対象となる債権者に「一時停止通知」を発送し，債権回収や担保設定行為を禁止したうえで債務調整の話合いへの参加を呼びかけるのであるが（注46），この「一時停止通知」が「支払の停止」に当たるかどうかが問題となり得る。これについては，「一時停止の要請通知は事業再生の見込みがあり，それが債権者全体の利益保全に資するものであるとの, (事業再生実務家) 協会の判断を表明したという性質を持っているわけであるから，これを支払停止行為とみなすべき理由は存在しない」という見解のとおり（注47），「支払の停止」とみなすべきではないであろう。

(ii) 特定調停手続の申立て

特定債務等の調整の促進のための特定調停に関する法律の目的は「支払不能に陥るおそれのある債務者等の経済的再生に資するため，民事調停法…(略)…の特例として特定調停の手続を定めることにより，このような債務者が負っている金銭債務に係る利害関係の調整を促進すること」である（1条）。このことから，特定調停の申立ての内容が，支払いの免除ではなく，

(注46) 事業再生実務家協会「事業再生ADR活用ガイドブック」8頁（2009年）。
(注47) 伊藤眞「第三極としての事業再生ADR」金法1874号144頁（2009年）。

猶予である場合もあり得る。したがって，特定調停の申立てがあった場合には，取引先からのリスケジュールの要請とも考えられることから，直ちに本号に該当させると問題になる場合が少なくないと思われる。そのため，申立ての内容や取引先の状況を十分確認したうえで対応していく必要がある。

(iii) 第1回不渡り発生

不渡りの発生原因として，取引先の一時的な資金不足や決済期日の失念など，事業継続に問題のない場合もある（これはこれで違う意味で問題があるが）。こうした場合は「支払の停止」に含まれない。なぜなら，不渡りが発生した手形交換日から6か月以内に不渡りが発生しなければ取引停止処分を受けることはなく，場合によっては不渡りについて異議申立てがなされる場合も考えられるからである。

しかし，取引先の業況が悪化して延滞を重ねているとか，資金繰りの様子から，とても第2回不渡り発生が回避できない，あるいは第1回不渡り発生と同時に連絡が取れなくなったというように，もはや事業継続が困難であると認められる場合には，第1回不渡りが発生した時点で「支払の停止」とみなす場合もあり得る。そのような場合，取引先の状況をよく見極めて方針を決定することになるので，取引先から不渡り発生原因や資金繰りの状況，今後の見通し等を十分聴取し，担当者だけで判断するのではなく，本部業務所管部等と十分に協議して対応すべきである。ここでの判断如何で取引先に損害が発生しかねず，銀行に損害賠償が請求される可能性があることを肝に銘じておくべきである。

以上から，第1回不渡り発生を理由に期限の利益を喪失させる場合には，第5条2項の請求喪失とするほうが無難であるといえる。

ちなみに，すでに多額の負債を抱えて支払不能の状態にあるとして第1回不渡りの発生を「支払の停止」に当たるとしたものや（最判平成6・2・10裁判集民171号445頁，東京高判平成元・10・19金法1246号32頁，東京地判平成6・9・26金法1426号94頁，東京地判平成9・4・28金判1038号34頁），債務者が，不渡りが発生することを認識しつつ，決済資金について一切手当てしようとしなかった行為をもって「支払の停止」と判断した裁判例がある（後記東京地判平成19・3・29）。

⒤　受任通知

　取引先が窮境に陥り，自ら債権者と調整することを断念し，弁護士等に事後の債務整理を委ねる場合に，債務整理を受任した弁護士等が，以後の交渉窓口を自らに一本化することを債権者に要請する目的で送ってくるもので，一般に「介入通知」とも呼ばれている。

　受任通知は郵便やファックスで送られてくることが一般的であるが，この場合，送達（あるいは送信）された日時等をできるだけ詳細に記録しておくことが大切である。「支払の停止」はその旨を表明した時点になるので，記録した日時が後々重要になることが多いためである。

　受任通知には弁護士の名前や連絡先等とともに受任内容が記載されているが，その内容によっては「支払の停止」に当たるものなのか単なる条件変更の申出に当たるものなのか判断つきにくい場合がある。例えば「当職は，○○氏から破産申立てを受任した弁護士です」などと記載されていれば「支払の停止」と判断してよいと思うが，これが「当職は，○○氏から債務整理の受任をした弁護士です」と記載されている場合は判断に苦しむ。そのほか「この書面は支払の停止に当たるものではありません」などと記載されているものもある。取引先が給与所得者の場合は，給与所得者である債務者の債務整理を受任した弁護士が，債権者一般に対して債務整理開始通知を送付した行為を破産法162条1項1号イおよび3項でいう「支払の停止」に当たるとした最高裁判決があることから（最判平成24・10・19金判1406号26頁），これに従って判断すればよいであろう。取引先が企業等の法人である場合や個人事業主である場合は，実態に応じて判断する必要があることから，第1回不渡りが発生したときと同様，取引先の状況を総合的に勘案するとともに，受任した弁護士から事情を十分に聴取したうえで慎重に対応すべきである。

② **破産手続開始の申立てがあったとき**

　破産手続は清算型法的整理手続の基本ともいえるもので，個人（自然人）や法人を始め，相続財産をも対象とし，債務者がその財産や信用力，収益力，労働力等をもってしてもその債務の全額を弁済できないような場合に，裁判所の監督のもとで総財産を換価処分し，債権者に公平に配分するもので

ある。

　破産手続開始の申立ては債務者のほかに債権者も申し立てることが可能であるが，銀行が行うのは債務者が悪質な場合などのごく限られた場合といってよいであろう。

　取引先が破産手続開始の申立てをすると，破産管財人が選任される管財事件では，裁判所の監督のもと，破産管財人により，破産法に則って手続が進められていくことになる。

　申立て直前の弁済・内入といった回収行為や担保徴求，あるいは預金負担といった行為には，否認や相殺禁止などのような法的整理手続特有の債権者の権利を制限する規定があるので注意すべきである。

　破産手続開始決定後，破産管財人が選任された場合には，その後の債務者所有財産の管理処分権は原則，すべて破産管財人に移るので，交渉の相手方は破産管財人になる。例えば融資金を取引先名義の預金と相殺する場合でも，破産手続開始決定後は，相殺通知の相手方は破産管財人となるので注意しなければならない。

　取引先が破産手続開始の申立てをした事実を知るのは，申立代理人からの通知によるほか，信用情報会社からの情報，取引先本人からの申出など，様々な場合が考えられる。実務上は，確認のために，裁判所から破産手続開始の申立ての受理証明書等を徴求しておくことも有用である。

　他の法的整理手続でも同様であるが，申立ての事実が判明すれば，自己査定上は取引先の債務者区分を「破綻先」にする必要がある。これは税法上の貸倒引当金の無税引当にかかる法人税法施行令96条1項3号の適用との関係でも重要なので，必ず実施しておかなければならない。なお，取引先の債務者区分は，いくら「支払の停止」（銀行取引停止処分を除く）で法的手続の申立準備中であることが判明しても，その段階では「実質破綻先」であり，「破綻先」とするのは申立て後になる。

③　民事再生手続開始の申立てがあったとき

　民事再生手続は，破産手続と異なり，破産の原因はあるけれど，債権者が一定の債務を免除すること等によって債務者の再建が見込める場合に，債務免除を主たる内容とした再建計画に原則として決議に出席した債権者の過半

数および議決権総額の半数以上の同意を得ることによって債務者の再生を図ることを目的とする再建型の法的整理手続である。和議法に代わって平成12年4月に施行された民事再生法に基づいて進められるもので，すべての法人や個人（自然人）が利用できる。会社更生法に比べて手続が柔軟であること，再生計画案の可決要件が緩和されていることから，破産事件と並んでよく利用されている。

交渉の相手方は通常，引き続き取引先になるので（ほとんどの場合は申立代理人でもある弁護士に委任されているようである），原則として財産等の管理処分権に変更はない。したがって，取引先が法人である場合，代表権を有する者を引き続き相手方として，法に従って対応していくことになる（このように，倒産手続でも引き続き債務者が経営権を維持して経営を行うことを「DIP」（Debtor In Possession）といい，これは民事再生手続の原則とされ（民事再生法38条），最近では会社更生手続でもみられるようになっている）。ただし，管理命令が発令されて管財人が選任された場合は管財人に管理処分権が移り，監督命令が発令されて監督委員が選任された場合には財産の管理処分等において監督委員の同意を要する事項が同時に定められるので，裁判所の決定事項を十分確認しておくことが大切である。

債務者区分や申立時の貸倒引当金繰入れについては破産手続と同様の考え方でよいが，再生計画認可決定にかかる債権放棄が実現する段階になると，法人税法基本通達9－6－1による直接償却とあわせて，法人税法施行令96条1項1号の適用の検討が必要となる場合が多いと考えられる。

また，民事再生法には，小規模個人と給与所得者等を対象としたいわゆる個人再生手続についての特則が設けられている。このうち，住宅資金特別条項には特に注意が必要である。保証会社等が代位弁済を実行した日から6か月を経過するまでの間に民事再生手続開始の申立てがなされた場合はこの住宅資金特別条項を再生計画に定めることが可能で，認可決定となったときは代位弁済自体がなかったことにされてしまうのである（民事再生法198条2項，204条1項。これを「巻き戻し」という）。したがって，住宅ローンがある個人の取引先に対する期限の利益の喪失にあたっては，その取引先の方針等を十分に確認したうえで対応を検討しておく必要があるといえる。取引

先が民事再生手続を選択する可能性がある場合には，本号を適用して拙速に保証会社等に代位弁済を求めるのではなく，例えば延滞の状態にしたまま取引先の動向に注視するという対応をせざるを得ない場合も考えられるので，保証会社等と十分に協議することが肝要である。

④　会社更生手続開始の申立てがあったとき

　会社更生手続は，窮境にはあるものの再建の見込みがある債務者について，更生計画の策定およびその遂行に関する諸手続により，債権者や株主，従業員，取引先等の利害関係者の利害を調整しつつ，その事業の維持更生を図ることを目的とする株式会社のみが利用できる再建型の法的整理手続である。これは，民事再生手続と比べて厳格な手続になっており，裁判所の強力な監督のもと，更生管財人によって手続が進められることになる。例えば破産，民事再生，あるいは特別清算においては，銀行等が債務者の財産に対して有する担保権は法的手続外で行使することができるが，会社更生では，その開始決定が出ると，すべて更生担保権として更生計画に沿った処分しか認められず，更生計画案の決議についても，一般更生債権および更生担保権ならびに株式などに区分されており，民事再生手続の場合と比べてかなり厳しい可決要件になっている。

　裁判所の監督下で会社更生手続を進めていく更生管財人には法律家管財人（弁護士等）と事業家管財人（公認会計士，実務家等）があり，東京地裁の運用ではほとんど双方を選任しているようである（注48）。管理処分権はこの更生管財人に移行し，破産手続と同様，相手方を更生管財人として対応していく必要がある。申立て後から手続開始決定までの間に保全管理命令が発令されることがしばしばあるが，この場合の管理処分権は保全管理人にあるので，裁判所からの通知等を十分に確認しておかなければならない。最近では，DIP型の会社更生といって，更生会社の役員等が引き続き管財人として選任される場合があるようである。手続の厳格さに加え，莫大な数の債権者を相手方とする大企業に利用されることが多かったという過去の利用状況等

（注48）西岡清一郎ほか編・東京地裁会社更生実務研究会『会社更生の実務（上）』306頁（金融財政事情研究会・2005年）。

もあり，現在では民事再生に比べて利用が少ないものの，DIP型での運用や商取引債権の全額支払いを継続的に認める等の柔軟な運用がなされていることから，今後利用されやすくなるのではないだろうか。

債務者区分や申立時の貸倒引当金繰入れについては，破産や民事再生の場合と同様の考え方でよいが，更生計画認可決定にかかる債権放棄が実現する段階になると，民事再生の場合と同様に法人税法基本通達9－6－1による直接償却とあわせて，法人税法施行令96条1項1号の適用の検討が必要になる場合が多いであろう。

⑤　特別清算開始の申立てがあったとき

破産，民事再生，そして会社更生については，それぞれ破産法，民事再生法，会社更生法によって規律されているが，特別清算については会社法の中にその規定がある（会社法510条，574条等）。

特別清算は，清算型の法的整理手続で，株式会社が清算するにあたり，その遂行に著しい支障が生じるような事情や債務超過の疑いがある場合に，裁判所の命令によって開始される。株式会社がこの手続を利用する場合，事前に取締役会で解散の決議をし，清算人を選任する必要があり，特別清算開始後も引き続きこの清算人が清算事務に当たることになる。以上から，裁判所の監督があるとはいえ，他の法的整理手続に比べれば運用に柔軟性があると考えられる。とはいえ法的整理手続なので，法に従って対応する必要があることはいうまでもなく，債務者区分や税務上の処理など，他の法的整理手続と共通した事務処理もあるので，厳正な対応が必要である。

特別清算で特に注意すべきは，債権放棄についてである。会社法の規定に従えば，債務者が作成した協定案（債権放棄の内容が主である）を可決（民事再生手続より要件は厳しい）することによって主債務者に対する債権放棄が決定されても，保証人に対する保証債権には影響を及ぼさない（これは破産や民事再生，会社更生の場合も同様である）。保証債務は，主債務が発生しなければ発生せず，主債務が弁済されたときは，保証債務もその分だけ減額されるという付従性があるが，これは付従性の例外として，倒産法制における特徴の1つである。しかしながら，特別清算，特に対税型のものの多くでは個別和解による債権放棄がされることがあり（注49），これには付従性

があると解されている（付従性を認めなかった裁判例があるが，これは保証人との間で，確約書や念書により，連帯保証について保証債務の存続が確認されていた事案であった（東京地判平成18・6・27金法1796号59頁））。特別清算の場合の個別和解は民法上の和解（民法695条）と解することが妥当と考えられるので，このような場合には，保証人と債務更改契約等の別段の定めをしておくべきである。

(2) 第2号（取引停止処分）

第1回の不渡りが発生し，不渡届が手形交換所に提出されたときは不渡報告に，その交換日から6か月以内に第2回の不渡りが発生し，不渡届が提出されたときは取引停止報告にそれぞれ掲載され（不渡処分），参加銀行に通知される（異議申立てがあった場合を除く）。この掲載は各交換日から4営業日目（交換日を含む）に行われる（東京手形交換所規則64条，65条）。不渡処分を受けた者に対し，参加銀行は，処分日から2年間，当座勘定および貸出の取引が禁止される（東京手形交換所規則62条2項）。したがって，取引先が取引停止処分を受けると，事業活動の生命線ともいえる資金調達に重大な支障が生じ，ほとんどの場合に事業の継続が困難になると考えられることから，取引停止処分が倒産の1つと考えられている。

取引停止処分を受けるまでの流れは，一般的に，売上減少→赤字計上→延滞発生→第1回不渡り発生→第2回不渡り発生→取引停止処分というものであると考えられ，一般的には，第1回不渡り発生時に自己査定上の債務者区分を「実質破綻先」に変更することになり，取引停止処分によって「破綻先」に下方遷移する。ここで注意が必要なのは，第2回不渡りではなく，取引停止処分をもって「破綻先」とするということである。特に決算間際で第2回不渡りが発生した場合，決算に影響があるため，取引停止処分がいつになるか厳重に確認しておく必要がある。仮に期末に取引停止処分となっていない場合，その決算期では法人税法施行令96条1項3号（貸倒引当金勘定

(注49) 金丸和弘『減資・会社整理・清算・特別清算〔第3版補正版〕』203頁（中央経済社・2005年）。

への繰入限度額）の適用はできない。逆に決算間際以外で取引停止処分となった場合には，速やかな債務者区分の変更が必要になる。

(3) 第3号（その他）

　本号は，ひな型が廃止された際に多くの銀行で導入されたものといわれているが，その内容は，第1号の「支払の停止」に「営業の廃止」という具体例を加えるとともに，将来，破産法等に準ずる法的倒産手続が新たに制定された場合を想定して，「債務整理に関して裁判所の関与する手続を申立てたとき」という文言を追加し，取引先がそのような手続の申立てをした場合も，当然に期限の利益を喪失することを明確にしたものといえる。

(4) 第4号（差押え等）

① 趣　旨

　本号は，銀行の権利を守るためというと語弊があるかもしれないが，そのような意味で銀行取引約定書の効力の中心をなす規定ともいえ，第6条1項が銀行取引約定書作成の契機となったのと同様，判例の変遷とともに手当てされてきた重要なものである。

　本号は，取引先またはその保証人の銀行に対する債権（主に預金債権と考えてよいであろう）について仮差押え，保全差押え，または差押えの命令が発送されたときは，融資金の期限の利益は当然に喪失されるというものである。

　差押えとは，債権者（一般的には自行以外の第三者）が，その債務者（取引先・保証人）に対する金銭債権を満足させるために，裁判所の命令により，債務者の財産（預金債権）について債務者による処分（払戻し・弁済充当）を禁止することで，仮差押えとは，後日着手することになるであろう差押えを保全する（差押えを受ける前に払い戻されることなどを防ぐ）ために債務者が財産を処分することを裁判所の命令により仮に禁止することである。保全差押えとは，国税犯則取締法や刑事訴訟法の規定によって強制調査を受け，納税義務があると認められる者が租税の徴収を免れるおそれがある場合，あらかじめその額を定めて差し押さえることである。

本号により，仮差押え，保全差押えまたは差押えの命令が発送された時点で取引先は期限の利益を喪失することになり，銀行は，取引先に対する貸金債権と預金債務を相殺して回収することになる（銀行の取引先に対する貸金債権を自働債権，取引先に対する預金債務（取引先からは預金債権である）を受働債権といい，将来差押えを受ける等の一定の事由が発生した場合に直ちに相殺を可能とする本号のような契約を相殺予約という）。期限の利益は債務者のために定めたものと推定され，自ら放棄することができる（民法136条）ので，銀行は，本号に基づき，預金債務について自ら期限の利益を放棄することによって相殺できるのである。定期預金の場合，銀行は，満期日まではその資金を運用できる利益を有しているが，この利益を放棄することにより，取引先と銀行の双方に弁済期が到来し，相殺できることになる。

本号は，第三者から差押えを受けたときに預金相殺の効力を確保する目的を有しているといえる。

② **相殺の担保的機能**

銀行が預金相殺を重視するのはなぜだろうか。銀行と取引先との間では通常，融資取引だけではなく，預金取引や投資信託・保険販売等の預かり資産営業，各種決済機能サービスならびに貸金庫取引等の付随業務など，様々な取引が行われている。特に預金取引は，資金を預かって利息を支払うというだけでなく，取引が深耕するにつれて取引先の売上代金の受取りや仕入代金の支払いを中心とした決済機能が集中することにより，銀行が資金管理の中心的な役割を果たすようになることが期待される。そうなると，取引先の資金は取引の深耕が図られた主力銀行（「メインバンク」とか「メイン行」という）に集中していくことになる。その資金は，銀行が運用することで収益を得られるものであるうえ，事実上の債権を保全するための担保的機能が期待されるのである。このような預金は担保ではないので，銀行は通常，拘束，あるいは期限未到来の状態で債務の弁済に充当することはできない。しかし，取引先に窮迫の事態が生じ，債権回収を図らなければならない局面では，この担保的機能が効力を発揮する。例えば担保不動産の処分による債権回収の場合，任意売却では相手方の協力が，裁判所を介する競売では費用と時間が必要である。いずれにしても，換価金が銀行の評価通りになるとは限

らない。それに対して預金相殺は、相殺するという意思表示だけで預金額分を回収できるので、いかに簡易で実効性の高い回収方法であるかは自明であり、取引先との融資取引を継続していくなかで、銀行は、この相殺による回収を合理的に期待しているのである。

　本号は、相殺の担保的機能を確保するために設けられ、判例の変遷や社会的な要請にあわせて、債権保全に支障が生じないように慎重に修正されてきたのである。

③　判例の変遷と対応
(i)　ひな型制定当時

　ひな型制定当時に前提としていたのは、3つの判例であると説明されている（注50）。すなわち、受働債権が差し押さえられた後でも、自働債権と受働債権の両債権が相殺適状にあるときは相殺できるとしたもの（大判昭和8・9・8民集12巻2124頁）、自働債権が弁済期にあれば、受働債権の弁済期が到来していなくても、相殺をもって差押債権者に対抗できるとしたもの（大判昭和8・5・30民集12巻1381頁）、弁済期が到来する前に受働債権の譲渡または転付があった場合でも、債務者が譲渡通知または転付命令送達の当時、すでに弁済期が到来している自働債権を有する以上、譲受人または転付債権者に対し、相殺をもって対抗できるとしたもの（最判昭和32・7・19民集11巻7号1297頁、金判529号39頁）である。これらはいずれも、差押えや仮差押えがされる前に銀行が自働債権を取得していることと、その自働債権について期限が到来していることが必要であるとされていた。そうすると、差押えや仮差押え（保全差押えを含む）の効力が発生するのは第三債務者である銀行に差押命令や仮差押命令が送達された時になるので（国税徴収法62条3項、民事執行法145条4項、民事保全法50条5項）、それまでには期限を到来させておく必要がある。そこで昭和32年当時のひな型では、期限の利益の喪失が少しでも早くなるように「仮差押、差押もしくは競売の申請…(略)…があったとき」としていたのである。

(ii)　制限説

（注50）吉田光碩「割引手形の買戻し」銀法583号32頁（2000年）。

最判昭和39・12・23民集18巻10号2217頁は，差押え当時，自働債権と受働債権のいずれにも弁済期が到来していなくても，自働債権の弁済期が差し押さえられた受働債権の弁済期より先に到来する場合に限り，差押え前から債務者に対する自働債権を有していた第三債務者は，相殺をもって差押債権者に対抗できるとした。これがいわゆる「制限説」である。銀行にとって問題なのは，自働債権である銀行の融資金の期限が受働債権である預金より後に到来する場合は相殺できない点である。この判決により，本号が持つ効力が大幅に制限されることになった。

(iii) 無制限説

　最高裁は(ii)の判決から約5年半後，大法廷を開いて判断を変更した（最大判昭和45・6・24民集24巻6号587頁，金判215号2頁）。すなわち，第三債務者（銀行）が債務者（預金者である取引先）に対して反対債権を有している場合，その債権が差押え後に取得されたものでない限り，自働債権と差し押さえられた受働債権の両債権の弁済期の前後を問わず，両債権が相殺適状に達しさえすれば，差押え後も相殺をもって対抗できるとし（これは「無制限説」と称される），さらに，債務者の信用を悪化させる一定の客観的事情が発生した場合には，期限の利益を喪失せしめ，直ちに相殺適状を生ぜしめる旨の合意は差押債権者にも対抗できるとした。

　この判例によって銀行の権利保全は最大限保護されることになったものの，「仮差押，差押もしくは競売の申請…(略)…があったとき」に期限の利益を喪失するというのは銀行において過剰防衛ではないかという指摘を踏まえ，昭和52年のひな型一部改正時に「申請があったとき」という文言が現在の「発送されたとき」と修正されたのである。

④ **保証人について**

　本号は，保証人に同様の事象が発生した場合には，取引先への融資金について当然に期限の利益が喪失することを定めている。つまり，保証人の預金に差押えを受けたときも，銀行は取引先への融資金について当然に期限の利益が喪失し，主債務者（取引先）だけでなく，保証人の預金も期限の利益を放棄して相殺できるのである。

　保証人に関する文言も昭和52年のひな型一部改正時に付け加えられたの

第5条（期限の利益の喪失）

であるが，その理由は「個人的色彩の強い会社との取引においては，会社よりも保証人となる社長個人のほうが資力があり，両者を同一人格視したうえでなければ与信取引は成りたちえず，そのような会社との取引が貸付件数としては圧倒的に多いことに起因する」と説明されている（注51）。これは，家計と資本の分離が不十分であると指摘される中小企業を取引先の中心とする地域金融機関にとっては相当程度当てはまる場合が多く，保証人でもある経営者に対して差押債権者から差押えを受けるということは，取引先に一定の信用不安を惹起する要因が発生していると考えられ，銀行にとっても早期に保全措置を講ずる必要があるという蓋然性が高いことは経験則からも合理性があるといえる。しかし，現状では経営者でない第三者保証による融資も相当数に上っており，こうした場合，保証人の預金に差押えを受けることなどにより，主債務者の経営状況に何ら影響がないにもかかわらず期限の利益を喪失させるというのは，過剰防衛であるとの誹りを受ける可能性がないとはいえない。「本来の姿の会社との取引において保証人の預金が差し押さえられた一事のみをもつて，本号によつて銀行が直ちに権利行使をすると，権利濫用とされるおそれがあるので注意しなければならない」という見解もあり（注52），客観的で合理的な理由による慎重な対応が必要である。保証人を含む相殺予約の銀行取引約定書の条項はかねてから学説を中心に批判の多いものであることに留意するとともに，取引先や保証人といった相手方の立場に立って総合的に判断する必要がある。

⑤ なお書き（期限の利益の復活）

④で述べたとおり，取引先と保証人の信用状態は必ずしも同一とは限らない。保証人は取引先の信用を補完するものであると考えれば，保証人に信用不安が生じても，他で補完できていれば問題ないことになる。そこで本号では，保証人の預金等に差押えを受けるなどしても，追加担保の提供等，銀行が認める一定の要件を満たせば，融資金の期限の利益を復活させ，取引を継続することができると定めている。それと同時に，期限の利益喪失後に銀行

(注51) 石井眞司ほか「改正条項の逐条解説」金法821号7頁（1977年）。
(注52) 石井ほか・前掲（注51）7頁。

がした相殺や担保処分等は，期限の利益の復活により影響を受けないことを明記している。

(5) 第5号（行方不明）

取引先が自らの意思で行方不明（所在不明）になることは，期限の利益当然喪失事由である。

そもそも行方不明（所在不明）とはどのような状態を指すのであろうか。最初に思い浮かぶのは夜逃げである。これは，債務の弁済ができなくなり，それを踏み倒すことを意図して姿を眩まし，債権者から連絡が取れないように他の地へ居所を移してしまうことである。つまり，債権者に迷惑をかけるとか，債権者の信頼を裏切るという背信的な行為ともいえる。このような状態になった場合，本号によって期限の利益が喪失することになる（そうすると，仕事の都合による長期海外出張や旅行等の一時的な不在によって連絡が取れない場合は本号に該当しないと考えられる）。

しかし，この行方不明（所在不明）という状態は，いつの時点でなったかがわかりにくい。また，単に連絡が取れなくなったからといって，それが背信的であるかどうかを判断することが困難な場合が往々にしてあるであろう。そのため，銀行が本号を適用するにあたっては，取引先に延滞が増加するなどの信用不安が生じたあと，何の連絡もなく家財道具一切を引き払って所在不明になるという明らかに夜逃げと認められるような場合を除き，十分に調査・確認する必要があると考えられる。まずは銀行員の訪問による実地調査や可能な範囲での近隣住人等からの情報収集，あるいは債権者として住民票の交付申請を行って転居先を調査する等の方法をとることになるが，所在不明の事実を立証できるようにしておくため，送達不能で返送された郵便物等を保管しておくことや，収集した情報を逐次記録しておくことが大切である。行方不明が取引先の背信的な行為であることが確認できない場合には，第2項の請求喪失としたほうが確実で無難である。

3．第2項（期限の利益請求喪失事由）

(1) 趣　旨

　債権保全の必要性や急迫性は第1項の当然喪失事由と比べて軽微であり，当然には期限の利益が喪失するものではないが，債権保全の必要性に応じて，銀行が「全額ご返済してください」という意思表示をすることによって期限が到来し，取引先に全額の返済義務が生じる事由を期限の利益請求喪失事由という。

　本項が設けられた理由は，第1項と同様，銀行が取引先から債権回収をせざるを得ない場合に，期限が到来していないとか，分割弁済約定による返済が延滞しているのみという状況では実行に移せない回収上の手続があるからである。

　債権回収の初動では，銀行の姿勢を取引先に明らかにしておくべきである。つまり，取引先に対して「ご返済してください」と意思表示をすることから債権回収が開始するのである。そうでないと，その後の交渉において双方の認識が食い違うなどのトラブルの原因にもなり，円滑な債権回収の阻害要因にもなりかねない。取引先の倒産や延滞による信用不安という状態は，それ自体がトラブルとも考えられ，可能な限り早期に解決すべき問題であるといえるので，伝えるべきことははっきりと伝え，誠実に対応していくことが必要である。相手方の立場を過度に考慮して期限を猶予し，ずるずると問題を引き摺ることは，取引先のためにも銀行にとっても好ましいこととはいえない。取引先にとっては，可能な限り早期に決着がつけばそれだけ早く再出発できることになるのではないだろうか。また，銀行の財務面での問題として，例えば分割返済で利息の支払いが月払いとなっている融資金について，取引先の延滞が重なり，利息の支払いが滞っている場合を考えると，銀行の勘定では未収利息として計上されるとともに，損益上でも受取利息として益金計上されている場合が考えられる。もはや事業継続が困難で債権回収が危ぶまれるような状況で，取引先に対して期限の利益の喪失を猶予し，受

取利息が益金として計上され続けることは、銀行本来の収益構造からも問題がないとはいえない。したがって、銀行が対応方針を回収一途と決めた場合、速やかに期限の利益を喪失させておくべきである。

(2) 中小企業金融円滑化法との関係

　平成21年4月に施行された中小企業金融円滑化法（中小企業者等に対する金融の円滑化を図るための臨時措置に関する法律）は当初、平成23年3月までの時限立法であったが、2回の延長を経て平成25年3月に期限切れを迎えた。しかし、その後も金融機関の役割が何ら変わるものではないことは、平成24年11月に発表された金融担当大臣の談話のとおりである。

　この法律では、金融機関に対し、中小企業者等に対する信用供与について柔軟な対応が求められるとともに（3条）、「債務の弁済に支障を生じており、又は生ずるおそれがあるものから当該債務の弁済に係る負担の軽減の申込みがあった場合には、当該中小企業者の事業についての改善又は再生の可能性その他の状況を勘案しつつ、できる限り、当該貸付けの条件の変更、旧債の借換え、当該中小企業者の株式の取得であって当該債務を消滅させるためにするものその他の当該債務の弁済に係る負担の軽減に資する措置をとるよう努めるものとする」と定められている（4条）。これらは努力義務であり、こうした申込みに必ずしもそのまま応じなければならないわけではないが、銀行は可能な限り努力する必要があるので、債権保全上必要とはいえ、本項による期限の利益の請求喪失は、十分に検討し、慎重にしていかなければならない。

　また、金融検査マニュアルにも、「顧客からの新規融資や貸付条件の変更等の相談・申込みに対し、例えば、財務諸表等の表面的な計数や特定の業種であることのみに基づいて判断する等、機械的・画一的な判断を行うのではなく、顧客の事情をきめ細かく把握した上で対応しているか」(金融円滑化編チェックリストⅢ. 1. ①(iv))、「債務者から貸付条件の変更等の相談を受けた場合に、適切に対応しているか。当該相談に係る貸付条件の変更等の申込みを妨げていないか。また、債務者から貸付条件の変更等の申込みを受けた場合に、債務者の意思に反して当該申込みを取り下げさせていないか」(同②

(ii)) がチェック項目とされており，同様のことがいえる。

　以上を踏まえると，返済が困難であることを理由に取引先から貸付条件の変更の申込みがなされるというのは，取引先の財務内容や信用状況が悪化していることを具体的に表すものとして，形式的には本項の期限の利益請求喪失事由に該当する場合もあり得ると思われるが，そのような場合に，本項をもって画一的に期限の利益を喪失させることができるとは考えられないことになる。特に取引先が再建や再生を望んでいる場合，銀行の利益のみを優先するのではなく，まずは，取引先の立場に立ち，申出内容を十分に確認したうえで，再建等の可能性を探るという段階を踏むことが必要である。これは銀行本来の姿勢として社会一般から求められているもので，当然といえば当然のことともいえる。

(3)　なお書き（期限の利益の復活）

　第1項4号では保証人の信用不安に起因する事由として捉えていた期限の利益の復活だが，第2項では取引先自身に生じた事由が対象になっている。これは，取引先の信用状態は刻一刻と変化しており，業況の改善によって信用状態が回復する場合があることも十分に想定されることから，第1項4号と同様に，取引先の期限の利益を復活させたうえで取引を継続できることを確認するために設けられたものと考えられる。

　期限の利益を喪失させたうえで銀行がした相殺や担保処分等は，期限の利益の復活に影響を受けないことを明らかにしている点は第1項4号と同様である。

(4)　第1号（履行遅滞）

　本号を素直に読めば，分割返済特約のある証書貸付等の返済が1回でも遅れると，銀行からの請求によって取引先は期限の利益を喪失し，直ちに弁済しなければならないことになる。しかし，この事由だけをもって銀行が期限の利益を喪失させられないことはこれまで述べてきたことからも明らかである。これについては，全銀協が「請求喪失の場合は，請求喪失事由に該当する事実が形式的に発生したかどうかだけでなく，債権保全の必要性の有無を

客観的に判断する必要があることに留意すべきである」と注意を促しているところである（注53）。このような延滞が発生した場合には，まずその原因を確認することが重要になる。一時的な資金不足や支払口座への入金の失念といった，本来は取引先の信用にかかわるものでないケースにおいては，本号によって期限の利益を喪失させることができないであろう。財務内容の悪化による慢性的な資金不足が顕在化し，今後回復が見込めないとか，取引先の大口取引先が破綻したことによって資金不足が生じているといった場合には，本号に該当し得ると考えられる。

　一時的な資金不足によるものであれ入金失念によるものであれ，延滞発生は取引先の何らかの異常を示す兆候の表れに違いはない。延滞管理は取引先の信用状況の管理において重要であることを常に留意しなければならない。取引先の返済状況は特に感度を上げて注視する必要がある。極端ないい方をすれば，「延滞の発生を見過ごすことはその営業店の恥である」というくらいの気概をもって対応すべきである。

(5)　第2号（差押え・競売手続）

　取引先において，他の金融機関や仕入先等に対する債務の弁済や税金の支払いが滞るなどして他の債権者から自行の担保物件に差押えを受けたとき，または競売手続の申立てがなされ（ここでは担保物件が不動産の場合について説明する），当該不動産に競売の開始決定による差押えの登記をされたときがこの場合に当たる。競売とは，裁判所における手続により，金銭の支払請求権を有する者（この場合は取引先の他の債権者）の申立てにより，取引先の財産を，広く多数の買受けを希望する申出人に買受けの申出をさせたうえで，最高価格の申出人に対象物を売却する担保処分手続のことである。

　本号にいう「競売手続の開始」とは，競売手続の申立てがなされた場合に，裁判所が対象物件に関して競売の開始決定の旨を登記することによって差し押さえることを指す。

(注53)「〈資料〉銀行取引約定書に関する留意事項（全銀協平12・4・18全業会第18号）」銀法577号8頁（2000年）。

第5条（期限の利益の喪失）

　本号にいう「差押え」には，税金の滞納等による差押えや不動産に対する強制競売（民事執行法45〜92条），強制管理（同法93〜111条），担保不動産の競売・収益執行（同法180〜195条），あるいは抵当権に基づく物上代位（民法304条，372条）によるものなどがあるが，本号の趣旨から，いずれの場合も同様に考えてよいであろう。

　取引先にかかる担保物件に対して差押えを受けるなどしたときは取引先に何らかの信用異常が発生していることは明らかである。ときには事業継続が困難となり，破綻に至ることも想定される。このような場合に，銀行の請求によって期限の利益を喪失させ，債権回収に着手できるようにするために本号が設けられているのである。ただし，単に他の債権者から担保不動産に差押えを受けたというだけで期限の利益を喪失させるのは不適当である。なぜなら，取引先が当該債権者と協議することによって取り下げられることもあり，ときには当該債権者の誤解から，このような事態に至っていることもあり得るからである。また，銀行が担保権を設定した担保物の一部に差押えを受けたときも，その不動産を含めた他の不動産を処分することによって回収が十分見込め，取引先の経営状態に特に支障がない場合などは取引が継続できると考えられることが多いであろうから，やはり差押えに至った事情等を十分調査したうえで本号の適用の可否を判断すべきである。

　取引先への融資について，その担保として根抵当取引が行われている場合には，注意すべき点がある。根抵当権の担保すべき元本は，他の債権者からの競売の申立てや税金等の滞納処分による差押えがあったことを知った時から2週間を経過したときに確定する（民法398条の20第1項3号。根抵当権とは，一定の範囲に属する不特定の債権を極度額の範囲内で担保するという抵当権の1種である（民法398条の2）。極度額を1つの箱と，担保される債権（例えば融資金等）をその中に入れる物とすると，箱がいっぱいになるまで繰り返し物を出し入れでき，箱に入っている部分は担保される。根抵当権の元本の確定とは，その箱の蓋が閉じられるようなもので，その後は新たに物を入れることができなくなり，閉じられた時点で中に入っている部分だけが担保されることになる。つまり，元本が確定すると，根抵当権の極度にいくら余裕があっても，その後に発生する融資金を担保しないことになる）。

そのようなことがあった場合には，取引先との融資取引を継続することが困難となる可能性がある。他の債権者が差押えや競売の申立てを取り下げると，元本は確定しなかったことになるので（民法398条の20第2項，これを「覆滅効」という），拙速な対応は禁物だといえる。なお，他の債権者から差押えや競売の申立てがあった場合には覆滅効があるが，債権者である銀行自らが競売の申立てや物上代位による差押えをした場合には，根抵当権の確定は覆滅しない（つまり確定しなかったことにはならない）。

(6) 第3号（約定違反）

第1号が融資金の履行遅滞にかかる規定であるのに対し，本号では，それ以外の取引約定違反があった場合について定めている。「その他…（略）…いっさいの取引約定」とは，第13条の「届出事項の変更」や第14条の「報告および調査」はもちろん，銀行取引約定書以外に締結している各種契約書や他に差し入れられている念書等の約定など，すべてのものを含んでいる。

取引約定は，融資取引にかかるものだけでなく，例えば銀行の承諾なく定期預金等を他に譲渡・質入する行為も該当すると考えられている。

なお，本号も，他と同様，単に取引約定違反という事実のみをもって期限の利益を喪失させることは困難であり，その約定違反によって債権保全に支障が生じ，もはやその取引先と取引を継続していくことができないと認められる客観的合理的な理由が必要になると考えてよいであろう。

(7) 第4号（保証人に関する定め）

保証人が第1項4号の事由に該当すれば当然に取引先の期限の利益が喪失するが，第1項のその他の事由または本項の各号の1つにでも該当した場合には，銀行からの請求によって取引先の期限の利益が喪失することになる。

本号の適用の判断は第1項4号と同様と考えられるが，保証人に本号の事由が発生した場合，どのように請求すべきであろうか。すなわち，主債務者（取引先）と保証人のどちらに請求して期限の利益を喪失させるべきかという問題であるが，これは前者に請求することになる。**2.** (1)⑤で述べたように，保証契約には付従性があり，主債務が発生しなければ保証債務も発生せ

ず，主債務の期限が到来すれば当然に保証債務の期限も到来する。そうすると，主債務の期限が到来しさえすれば保証人にも当然に請求できることになる。まれに保証人にも期限の利益を喪失せしめるような内容を記載した文書が送付されることがあるが，これはやってはだめだとまではいわないが，好ましい扱いとは思えない。事後のトラブルを回避する目的で保証人に文書等を送付するのであれば，まずは主債務者に対し，期限の利益を請求喪失させたうえで，その内容を保証人に通知するという扱いが正当だと考える。具体的には「貴殿の保証による，主債務者〇〇様に対する融資金につきましては，平成△年□月×日に期限の利益を喪失いたしましたので通知いたします」という内容になるであろう。

(8) 第5号（債権保全を必要とする相当の事由）

本号の適用の判断が最も難しいといえる。本号は，本項の各号に掲げる以外で債権保全を必要とする相当の事由が発生すれば，銀行の請求によって期限の利益を喪失させることができるというものだが，この債権保全を必要とする相当の事由の該当性の判断が難しいのである。「相当の」といっても，何をもって相当といえるのかは理解に苦しむところである。銀行でさえ判断が難しいのに，取引先にとっても容易に理解できるものではないであろう。「相当の事由」とは具体的に「商品等に処分禁止の仮処分がかかったり，会社の内紛で取締役に職務執行停止の仮処分があったりして取引先の営業の継続に支障が生じているとか，赤字会社との合併が確定的になったとか，大口の販売先が倒産して連鎖倒産のおそれがあるとか，主力工場が罹災したとか，ストライキ・ロックアウトの応酬で泥沼の労使紛争が長期にわたって続いているとか，会社が清算に入ったとかの事由が生じた場合」のことで，そこで客観的にみて債権保全の必要性があれば請求喪失できると説明されている（注54）。そのほか，以下の事由が例示されている（注55）。

(注54) 全銀協・ひな型解説87頁。
(注55) 大平正『銀行取引約定書Q&A〔第2版〕』172頁（BSIエデュケーション・2000年）。

①　融資先の体力からみて多額の売掛金の回収不能が生じたとき
②　主力銀行の支援打切り
③　役員間の内紛による業績の悪化
④　国税等の滞納処分
⑤　中小企業である同族会社の代表者の死亡
⑥　資金繰り破綻により不渡り発生となったとき
⑦　営業継続に重大な支障が生じた，あるいは営業を停止したとき
⑧　業務内容の極端な悪化
⑨　融資先の一般財産に対する差押えや競売手続の開始決定

　いずれも，事業継続に著しい困難を生じさせるような，重大で客観的な事由といえる。
　耐震偽装問題への関与が報道されたことによって信用不安が発生したとして，銀行が取引先（建設業者）について，本号に基づき，期限の利益を喪失させたことが有効かつ適法と認められた裁判例（後記東京地判平成19・3・29。**第7条4．(4)②**で詳述）がある（取引先による報告義務違反（第14条3項に相当）による信頼破壊も理由に挙げられている）。この事案もそうだが，銀行が期限の利益を喪失させることは，取引先の事業活動の生命線を絶つことにもなり得るため，本号の適用は重大な判断になる。特に，地元企業と共存している地域金融機関はより慎重に判断しなければならない。現在の社会情勢では，銀行が自らの利益を守るためだけに債権回収に及ぶことは，地域経済への円滑な資金供給をその役割とし，地域経済との共存共栄をその目的とする地域金融機関の行動としては疑問に感じられる。もちろん，銀行の融資金は，預金者から預け入れられた資金をその原資としているので，安全な運用と保全が必要であることから，両方のバランスに十分配慮した対応が肝要である。また，権利の濫用といわれないようにもしなければならない。万一，本号の適用を誤って取引先が破綻した場合には，損害賠償義務が発生することも十分に考えられる（後記東京地判平成19・3・29も，破産した建設業者の管財人による否認とあわせて，不法行為による損害賠償を請求されたものであった）。

4．第3項（みなし送達）

(1) 期限の利益喪失の請求手続と「みなし送達」

　本項は，いわゆる「みなし送達」と呼ばれるものである（第13条2項も同様）。

　請求喪失をさせる旨の意思表示の方法は法律で特に定められているわけではない。意思表示は，それが相手方に到達した時に効力が発生し（到達主義，民法97条），それが口頭によるものであっても法律上の効果に変わりはないので，電話で告げることや書面を手交することによって期限の利益喪失の請求をすることも可能である。ただし，その場合には，後で「そのようなことは聞いていない」とか「そのような書面は受け取っていない」といわれかねず，期限の利益がいつ喪失したのか不明になることが考えられ，事実関係の確認に困難を伴うことが想定される。したがって，実務では一般に，口頭ではなく書面で通知しているが，期限の利益喪失請求通知のように，特に相手方への送達を証拠として残す必要がある場合には，配達証明付内容証明郵便を利用すべきである。配達証明付内容証明郵便には確定日付の効果があるので（民法施行法5条1項6号，郵便法58条1号），いつ意思表示がなされたか確実に証明できるのである。ところが，取引先が銀行に何の届出もなく行方不明（所在不明）になる，あるいは意図的に受領を拒絶するなどした場合には，配達証明付内容証明郵便を送達することができない。このような場合に銀行の意思表示ができないとなると，いつまでも期限の利益請求喪失ができないこととなり，銀行の債権回収上，極めて不都合である。そのため，届出事項の変更を届け出る義務を怠るとか，取引先の責任によって銀行からの通知が送達されなかった，あるいは延着した場合には，通常送達すべき時に期限の利益喪失請求通知が到達したとみなされ，取引先は期限の利益を喪失する。

　銀行と取引先との間のこの特約は，いわゆる「契約自由の原則」に基づき，当事者間では有効と考えられている。つまり，期限の利益請求喪失によ

り，取引先に債務の弁済期が到来して一括弁済義務や割引手形の買戻義務（**第6条**参照）が発生することは特段問題視されていないようである。

問題になるのは相殺の意思表示である。これは第三者との関係で特に注意する必要がある。例えば，融資取引をしている取引先の預金を他の債権者が差し押さえた場合，取引先の期限の利益は当然に喪失されることから，銀行は自らの期限の利益を放棄して相殺すればよいことになる（ここで，取引先の所在が不明なのは，銀行以外の他の債権者も同様とする）。差押債権者である他の債権者が差し押さえた取引先の預金を取り立てるためには，差押命令が債務者である取引先に送達された日から1週間経過することが必要である（民事執行法155条）。これについて法律上，みなし送達等の規定はなく，差押債権者は公示送達（後記(2)参照）等の方法をとることになる。これに対し，銀行は，みなし送達により，意思表示を擬制して相殺を主張できるとすると，不公平な印象を受ける。判例も「特約当事者以外の第三者，殊に本件預金債権の差押をし転付をうけた被控訴人がその効力を受容しなければならないいわれはない」（東京高判昭和53・1・25金判546号17頁）とか「相殺を行う旨の意思が相手方に伝達されない場合には，相手方の地位を不安定ならしめ，延いては，取引の安全を害することになるから，かかる相殺は無効であり，したがって到達を擬制する『みなし送達』約定は少なくとも第三者に対抗しえないと解すべき〔である〕」として，みなし送達は第三者に対抗できないとしている（東京高判昭和58・1・25金判681号6頁）。つまり，相殺を含め，一定の場合には，みなし送達による意思表示はできない場合があるので注意が必要である（なお，みなし送達にかかる民法（債権法）改正の動向については**第13条3．(2)**を参照）。

(2) 公示送達

取引先が行方不明（所在不明）になるなどして，配達証明付内容証明郵便の送達による意思表示ができない場合にこの方法がとられる。具体的には民法98条に定められており，民事訴訟法の規定に従うこととされ，その110条以下に要件や方法等が示されている。

催告書などの文書を公示送達をもって送達したことにする場合，簡易裁判

所で公示送達の申立てをすることになる。公示の手続は，相手方を知ることができない場合は申立者の住所地の，相手方の所在を知ることができない場合は相手方の最後の住所地を管轄する簡易裁判所に属することになる（民法98条4項）。公示送達にかかる文書は，裁判所に一定期間掲示し，かつ，その掲示があったことを官報に少なくとも1回以上掲載し，またはこれに代えて市役所等の施設に掲示し，最後にその掲示をした日から2週間が経過することで，相手方に送達されたものとみなされる（民法98条2項，3項）。

　訴訟や競売，あるいは差押命令の申立てなどでは，手続上，債務者または所有者に送られる文書が本人に送達されることが必要であるが，行方不明等のために送達できなかったときは，最終的に係争裁判所や競売あるいは差押命令の申立てをした執行裁判所に公示送達の申立てをすることになる。この場合，裁判所の掲示場に掲示され，掲示を始めた日から2週間を経過することによって効力が生じる（民事訴訟法111条，112条）。

　手続にあたっては，行方不明（所在不明）となった取引先に関する調査が必要で，所在不明の調査報告書を作成のうえ，住民票等の書類を添付して申立てをする必要がある。

第6条（割引手形の買戻し）

> **第6条（割引手形の買戻し）**
> ① 甲が乙から手形の割引を受けた場合，甲について前条第1項各号の事由が一つでも生じたときは全部の手形について，甲は，乙から通知催告等がなくても，当然手形面記載の金額の買戻債務を負い，直ちに弁済するものとします。また，手形の主債務者が期日に支払わなかったとき，もしくは手形の主債務者について第5条第1項各号の事由が一つでも生じたときは，その者が主債務者となっている手形についても同様とします。
> ② 割引手形について乙の債権保全を必要とする相当の事由が生じた場合には，前項以外のときでも，甲は乙の請求によって手形面記載の金額の買戻債務を負担し，直ちに弁済するものとします。なお，前条第3項の事由によりこの請求が延着しまたは到達しなかった場合には，通常到達すべき時に甲は買戻債務を負うものとします。
> ③ 甲が前2項による債務を履行するまでは，乙は手形所持人としていっさいの権利を行使できるものとします。

1．ひな型制定の経緯

　ここにきてなぜひな型制定の経緯かというと，全銀協によってひな型が制定される直接の契機となったのが銀行と国との裁判であり，これによって本条の必要性を痛感することになったからである。

　銀行はひな型制定以前，各自で作成した約定書を用いて融資取引をしていた。銀行は当時，手形割引は手形貸付や証書貸付と同様に消費貸借の一形態であるという前提でいたので，「期限の利益喪失条項さえ適切に定めていれば，預金相殺を差押債権者に対抗するうえで問題ないと考えていた」ようである。ところが昭和20年代後半に入り，銀行取引上，多くの法律問題が発生し，約款の不備のために，訴訟において銀行に不利な結論に至ることも少なくなかった (注56)。そのような状況で，割引手形の買戻請求権に基づく

預金相殺と国の預金に対する差押えの優劣を争った訴訟における判決（京都地判昭和32・12・11判時137号8頁。以下，「昭和32年京都地判」という）をきっかけに，銀行が従来使用していた種々の約定書は銀行側の利益を守るために必ずしも効果的とはいえないことが明白となり，裁判所その他一般に，銀行の利益を守るのに十分なものとして通用するような約定書を制定する必要性を痛感することになったのである（注57）。つまり，本条の必要性によってひな型が制定されることになったといえ，本条は，銀行が味わった苦い経験を活かしたものの1つといえる。

2．手形割引の法的性質

手形割引とは，満期未到来の手形を，満期日までの金利相当分を手形額面の金額から差し引いたうえで銀行が取引先から買い受ける取引のことである。取引先が保有している間は有価証券としての性質を備えた証券といういわば紙片に過ぎないものであるが，銀行に割引した金額で裏書譲渡することによって満期を待たずに資金化できるので，経済的にみれば手形を担保に融資を受けることと変わりない。そのため，広い意味で融資取引に含まれている。

1のとおり，ひな型制定前の実務では手形割引の意味合いが異なっており，手形貸付や証書貸付と同じ貸付の一形態と考えられていた（注58）。差押えと相殺との優劣で考えてみれば，昭和32年京都地判より前であれば，本条のような買戻しの特約がなくても，融資金の期限さえ到来すれば，銀行は一定の条件を満たすことで相殺できることになる。これが「期限の利益の喪失条項さえ適切に定めていれば問題ないと考えていた」根拠だったのである。

昭和32年京都地判以降，議論が活発になった学界では，手形割引の法的

(注56) 注釈民法⑰286頁。
(注57) 田中・銀行取引法314頁。
(注58) 吉田・前掲（注50）32頁。

性質は手形の売買であると位置付けられた。当時の銀行界の態度は「それ〔筆者注：昭和32年京都地判〕以前は手形割引について学者の本格的研究はなく，銀行界も経済的内容と法形式の同一視による，そして債権回収の便宜に関する法的誤解による手形割引＝消費貸借観を独り合点で確信していた。そしてこの確信に基づく慣行的処理に委ねられ，明確な法的内容のある商慣習に高める努力を怠っていた」と指摘されている（注59）。

そして昭和37年8月に公表されたひな型において，手形割引を手形上の権利の売買という通説・判例の立場を前提として銀行取引約定書が整備されたのである。現行の実務では，手形割引の法的性質を手形の売買であると解して問題ないであろう。

3．買戻請求権の法的性質

昭和32年京都地判の事案は，銀行が手形割引をしていた融資先の預金に対し，国が滞納していた国税を徴収するために当時の国税徴収法に基づいて差し押さえたところ，銀行は手形割引によって取得した約束手形33通（うち7通は満期到来により不渡り）と同額の債権を自働債権として預金と相殺し，国がこれに対し，満期到来により不渡りとなっていた手形7通分の額面金額相当分以外は預金相殺の有効性を否定して預金の支払を求めたものである。

この事案における銀行の期限の利益の喪失条項は次のとおりであった。これを読む限り，手形を買い戻すことについて何ら記載がないことがわかる。

拙者の貴行に対する債務中履行を怠りたるものある場合は勿論，貴行において債権保全のため必要と認められる場合においては，諸預け金其他貴行に対する拙者の金銭債権は総て拙者の貴行に対する金銭債務悉皆に対し，右債権債務の期限如何に拘らず，また拙者への通知を要せずして差引計算被成下候共異議無之候

(注59) 岩崎稜「割引手形の買戻し」法律時報41巻8号111頁（1969年）。

銀行は，手形割引をした手形が不渡りとなった場合，割引依頼人は手形割引によって生じた他のすべての金銭消費貸借債務（この中に手形買戻債務も含まれると考えられていた）について期限の利益を失い，割引依頼人の預金債権と相殺適状になると考えていた。また，この場合の相殺の自働債権は手形上の権利でなく，消費貸借上の債権または手形外の買戻請求権であるから，手形を返還しないで行った相殺も有効であるとも考えていた。それに対し，昭和32年京都地判では次の3点が示された（注60）。

- **（手形割引の法的性質について）一般に銀行取引として行われるものは原則として手形の売買である。**
- **（買戻請求権について）事実たる慣習として認められ，当事者間にもこの慣習による意思があったものと推認され，遡求権と同様の性質である。**
- **（預金相殺について）手形呈示・交付不要の特約は将来の不特定多数の手形については無効である。**

　これは，当時の銀行界にとって極めて問題のある内容であった。手形の遡求権とは，手形所持人が満期日に支払人（振出人または引受人等）から支払いを拒絶されて手形金額の弁済を得られない場合に，自己への裏書人に限らず，その他の裏書人，またはそれら裏書人の手形保証人に対して手形金額を請求し，満期に支払われたのと同じ経済的効果を生むことができるようにする手形上の権利である。この権利を行使するためには原則，支払呈示期間内に手形金額の全部または一部の支払いが拒絶されたことが必要となるほか（手形法38条1項，43条），遡求義務者に対する手形の交付など，一定の要件の充足や手続が必要になる（手形法44～54条）。また，満期前に遡求権を行使できるのは，振出人が破産手続開始決定を受けた場合，支払停止の場合，または強制執行が功を奏しなかった場合に限定されている（手形法43条2号）（注61）。このため，手形の満期が到来するまでに買戻請求権が発生

（注60）菅原菊志「判例批評（大阪高判昭和37・2・28）」我妻榮編『銀行取引判例百選〔新版〕』（別冊ジュリスト38号）127頁（1972年）。

することはほとんどないと考えられることから，割引依頼人に信用不安が生じても何の手段もとることができないことにもなり，銀行の債権保全上，極めて不十分といわざるを得ない。さらに，手形債権を自働債権として預金と相殺する場合，相殺の意思表示とあわせて手形の呈示・交付が必要になる。これでは第5条で債権保全を図るといっても無理があり，「銀行における約定書の不備が，はからずもこの事件で露呈した」(注62)という指摘にも頷ける。

　旧約定書（64頁）の条項は昭和32年京都地判の事案におけるものと概ね同じで，預金相殺の予定が第2条に，割引手形の買戻請求権の発生にかかる特約とそれによる預金相殺の予定が第3条に，期限の利益の喪失については第8条に定められている。昭和32年京都地判に従えば，第2条によって買戻請求権を当然に発生させるのは困難であり，第3条によっても買戻請求権は差押命令の送達がなされた後に銀行からの請求によって発生することになり，これでは民法511条で相殺が禁止されている「支払の差止めを受けた第三債務者の，その後に取得した債権」に該当することから，相殺はできない。また，第8条によっても，差押命令が送達された時点ではまだ発生もしていない買戻請求権を特約もなく行使するのには無理があると思われる。つまり，旧約定書も，昭和32年京都地判に耐え得るものではないことが見てとれる。

　昭和32年京都地判は，その控訴審である大阪高判昭和37・2・28判時306号25頁で変更され，預金相殺は認められたものの，手形割引の法的性質が手形の売買であるという点は支持された。判決の内容は次のとおりである（注63）。

・（手形割引の法的性質について）一般に銀行取引として行われるものは，原則として手形の売買である。

(注61) 大塚・商法③196頁。
(注62) 吉田・前掲 (注50) 32頁。
(注63) 菅原・前掲 (注60) 127頁。

- (買戻請求権について) 銀行の権利保全の一方法として，約定と慣行の相互影響の間に形成せられ，銀行と取引先との間に事実たる慣習として広く行われていることが認められる。
- (預金相殺について) 個々の相殺の場合はもちろん，不特定多数の債務，あるいは将来発生すべき債務につき，抽象的一般的に，手形の呈示または交付をしないで相殺をなすことを認める合意も有効である。

　買戻請求権の性質は「遡求権類似の権利」のほか「売買契約の解除」「売主の担保責任」「再売買」「無名契約上の請求権」など様々な主張が展開されているようであるが，その後に制定されたひな型で相当程度手当てされたことにより，論争の意義は乏しくなったといわれている(注64)。

　実務では，前記大阪高判昭和37・2・28が示すとおり，事実たる慣習に基づく特殊な権利と理解しておけばよいであろう。

4．第1項（第5条1項各号の事由が生じたとき）

(1) 概　要

　本項には，第5条1項の当然喪失事由が，手形割引の依頼人である取引先に発生した場合はすべての割引手形について，割引手形の主債務者（支払人）に発生した場合はその者が手形支払人となっている割引手形について，銀行に当然に買戻請求権が発生し，取引先は直ちに当該手形を買い戻さなければならないと定められている。

　繰り返しになるが，手形割引の法的性質が手形の売買であることは，現行の実務では定説といってよい。この説に立てば，銀行は原則，取引先の依頼による割引手形が不渡りにならない限り，取引先に遡求権を行使できないことになる。満期前遡求権の行使要件は手形法43条に定められているものの，

(注64) 菅原・前掲（注60）129頁。

それだけでは不十分であることから，本項によって買戻請求権の発生要件が特約されているのである。これによって，取引先の他の債権者から差押えを受けた場合でも，差押命令の発送をもって銀行に当然に買戻請求権が発生することになる。

本項に基づいて発生した買戻請求権は，民法511条の「その後に取得した債権」に該当しないので，取引先の預金等との相殺も可能になる。

第5条2． (4)④で述べたのと同様，本項後段は，取引先自身ではなく，その手形債務者が対象なので，その適用にあたっては一定の配慮が必要である。

最大判昭和45・6・24民集24巻6号712頁，金判221号7頁によって無制限説による相殺が事実上認められているものの，これには反対意見があるのも事実で，本項についても，「約定書5条1項・6条1項の特約は，銀行が質取もせず具体的に相殺の予約もしていず，取引先の自由な引出にまかせてあるはずの預金のすべてについて，それらが第三者により差押などされるまでは銀行として何もせずにおきながら，万一それらの預金のどれかが，または預金者のいずれかの財産が差押などされたときは，とたんに相殺を主張して強制執行を無力化しようとするもの，すなわち，優越的地位に立つ一方当事者が，もっぱら第三者との競争に備えるため，当事者間の附合契約（「契約自由」）を武器として，優越の機構を一般的に作り出すものであり，不公平・不公正と言わざるを得ない」という見解もある (注65)。この見解がすべて妥当とは思えないし，預金者から預かった資金を守るという銀行の使命を果たすためにも本項は必要な規定であるといえる。しかし，銀行は，このような指摘を真摯に受け止め，取引先の立場に立つだけでなく，優越的な地位を行使していると批判されないように運用していくことが必要である。

(2) 法的整理手続への参加

実務では，取引先からの依頼による割引手形の主債務者（支払人）が破産や民事再生等の法的整理手続を開始することに遭遇することが少なくない。

(注65) 注釈民法⑰350頁。

第6条（割引手形の買戻し）

その際に，本項に基づいて取引先が手形を買い戻す場合は問題ないが，そうでない場合，銀行は手形債権を行使して法的整理手続に参加する。すなわち，債権額等を裁判所に届け出ることになる。ここで，支払人が自行の取引先でない場合に注意が必要である。なぜなら，支払人は受取人等が当該手形をどのように処分しているか把握していないことが多く，銀行が支払人の債権者になっていることを知らないことが十分考えられるからである。そうすると，手形割引をした銀行に破産手続開始通知書等が送付されないことも多く，銀行は法的整理手続の状況を把握しづらいのである。また，当該支払人にかかる手形（通常「支払人口」と呼ばれている）を他の取引先が僚店で割引していることもあり得る。そうしたことから，支払人に法的整理手続が開始された場合，裁判所や破産管財人等への問合せ，興信所の情報，あるいは官報公告等で法的整理手続の進捗状況を十分確認するとともに，情報を一元化して管理している本部に速やかに連絡し，また，当該支払人にかかる手形割引をしている僚店とも十分連絡をとりつつ，期限内に債権届出をする必要がある。

なお，手形債権での届出となることから，利息・遅延損害金は商事法定利率である年6％になる（商法514条）。

5．第2項（債権保全を必要とする相当の事由が生じた場合）

本項は，第5条1項各号の事由に加えて第2項5号の「債権保全を必要とする相当の事由」が発生した場合，買戻請求権が発生することを定めている。

本項の適用場面や適用の判断については**第5条3．**(8)で述べたとおりである（**第7条**も参照）。

6．第3項（債務が未履行のとき）

手形支払人が自行の取引先である場合，債権回収が見込めるものとして，

まず当該支払人の預金が挙げられる。支払人の手形にかかる手形債権を自働債権とし、その預金を受働債権として相殺することを同行相殺といい、合法的に相殺できることはもちろんだが、これについて注意すべきことがある。仮に、あまり信用状況の芳しくない支払人が、他行とは融資取引を、自行とは同行相殺を回避するために預金取引のみをしていて、自行の取引先が、その支払人から約束手形を受領し、当該手形の割引を依頼してきた場合、当該手形が不渡りになっても自行は支払人の預金と相殺して債権を回収でき、取引先も手形割引によって自らの債権を回収できる。銀行は一見、自らの取引先を守ることができ、問題ないようにも思えるが、支払人の他の債権者との間では不公平になってしまう。これは「駆け込み割引（あるいは相殺）」と呼ばれていて、とかくトラブルとなりやすいので慎重を期すべきものとされている。割引依頼人も連鎖倒産して買戻能力が認められないような場合に限定して取り扱うべきで、支払人が破綻し、割引依頼人に買戻能力がある場合には、まず買戻請求権を行使すべきである。割引依頼人に買戻能力がある場合に同行相殺をすると、前述のような趣旨から権利の濫用と認定され、否定されかねないので、十分注意しなければならない（なお、相殺権の濫用については**第7条3．(5)**を参照）。

■ 第7条（相殺，払戻充当）

> **第7条（相殺，払戻充当）**
> ① 期限の到来，期限の利益の喪失，買戻債務の発生，求償債務の発生その他の事由によって，甲が乙に対する債務を履行しなければならない場合には，乙は，その債務と甲の預金その他乙に対する債権とを，その債権の期限のいかんにかかわらず，いつでも相殺することができるものとします。
> ② 前項の相殺ができる場合には，乙は事前の通知および所定の手続を省略し，甲にかわり諸預け金の払戻しを受け，債務の弁済に充当することもできるものとします。この場合，乙は甲に対して充当した結果を書面をもって通知するものとします。
> ③ 前2項によって乙が相殺または払戻充当を行う場合，債権債務の利息，割引料，清算金，違約金，損害金等の計算については，その期間を乙による計算実行の日までとします。また，利率，料率等について甲乙間に別の定めがない場合には，乙が定めるところによるものとし，外国為替相場については乙による計算実行時の相場を適用するものとします。

1．見出しについて

ひな型における本条の見出しは「差引計算」となっており，旧約定書（64頁）の中にもその文言が用いられていた（第2条）。

「差引計算」とは，法律用語ではなく，実務における慣用語で，銀行が自己の債権債務を消滅させる行為を指しており，具体的には以下の3つのことである。

① 民法505条に基づいて行う法定相殺
② 銀行と取引先との間の相殺予約に基づいて行う約定相殺
③ 銀行が取引先の代理人となり，取引先の代わりに預金を払い出したう

えで債務の弁済をする払戻充当

これだけの内容を「差引計算」だけで片付けてしまうことには古くから批判があり，取引先にとってもわかりにくいことから，「相殺，払戻充当」という見出しに改められている。

2．意義（相殺予約の意味）

取引先に信用状況を悪化させる事象（信用不安等）が生じた場合，第5条で融資金の期限を到来させ，第6条で割引にかかる手形買戻請求権を発生させ，続く本条で，相殺（あるいは払戻充当）を可能にしている。対立する債権（自働債権と受働債権）がともに弁済期にあって相殺できる状態のことを「相殺適状」というが，銀行はいつでも自らの期限の利益を放棄できることから（民法136条2項），第5条と第6条で自働債権の弁済期を到来あるいは買戻請求権を発生させることにより，この状態を作出することができるのである。このように，将来一定の事由が生じたときには当事者間の対立する債権を相殺する（差し引き計算となる）旨の合意を総称して「相殺予約」といい（注66），広く捉えれば第5条から第7条のことを指していると考えてよいであろう。

相殺による回収は債権保全上も重要な施策であり，これらの条項は銀行取引約定書の中心をなすものともいえるので，十分に理解し，運用できるようにしておく必要がある。

3．第1項（相殺）

第1項には，取引先について，債務の弁済期の到来や第5条による期限の利益の喪失，第6条による手形割引にかかる買戻債務や支払承諾にかかる求償債務の発生等により，銀行は相殺権を行使できると定められている。

(注66) 我妻榮『新訂 債権総論（民法講義4）』356頁（岩波書店・1966年）。

第7条（相殺，払戻充当）

　相殺には，民法の規定に従ってする法定相殺と取引先との相殺予約に基づいてする約定相殺があるのは前述のとおりである。

(1) 相殺の機能

　相殺とは，「互いに同種の債権を有する当事者間において，相対立する債権債務を簡易な方法によつて決済し，もつて両者の債権関係を円滑かつ公平に処理することを目的とする合理的な制度であつて，相殺権を行使する債権者の立場からすれば，債務者の資力が不十分な場合においても，自己の債権については確実かつ十分な弁済を受けたと同様な利益を受けることができる点において，受働債権につきあたかも担保権を有するにも似た地位が与えられるという機能を営むものである」と説明されるとおり（最大判昭和45・6・24民集24巻6号587頁，金判215号2頁），銀行にとって最も簡便で強力な債権回収手段の1つである。相殺が，単に弁済に準じた債権消滅手段としてだけではなく，あたかも債権を担保として取得したかのように考えられることを指して，「相殺の担保的機能」とも呼ばれており，銀行は回収局面におけるこの機能に期待を持っているのである。

　前記判例当時の銀行の中小企業に対する融資姿勢といえば，いわゆる「預金見合貸付」といって，一定程度の預金と引換えに融資するものであったようで（注67），現在では馴染まないところも感じられるが，それでも取引先に一定の預金がある場合にはそれとの相殺が簡便で強力な回収手段であることに変わりはなく，地域金融機関として取引の深耕を図っていく過程で合理的にもたらされる帰結であるといっても的外れではないであろう。例えば不動産担保の実行の場合，申立書の作成から裁判所での手続までの，またその進捗を管理する時間や，申立てにかかる手数料・登録免許税といった費用が必要になる。任意売却の場合でも，関係当事者間での調整等，一定の時間や手間がかかることが想定される。現行の実務では，取引先の業績悪化に伴う資金不足の際に一定の資金流出を容認せざるを得ないと判断することも少なくないと考えられ，倒産時にはほとんど預金残高がない場合も多いであろ

（注67）塩崎勤ほか「〈座談会〉『差押えと相殺』の現在」銀法579号13頁（2000年）。

う。しかし，それは銀行が取引先を支えてきた結果であり，決して相殺の担保的機能に対する合理的期待を放棄したということではない。銀行と取引先との取引が深耕していくなかで，融資金の拡大に伴って預金が増加していくのは銀行取引の本来的な姿であるともいえ，銀行が預金の相殺による債権回収に一定の合理的期待を持つことは決して不合理とは思えないので，銀行は，債権者として引き続き預金を適切に管理していく必要がある。預金の入出金を管理することは，取引先の業績悪化の予兆管理という意味だけでなく，取引先のビジネスモデルを理解することによる新たな提案材料にもなる。

(2) 法定相殺（相殺の要件を中心に）

　民法の規定に従ってする相殺を法定相殺といい，実務では，貸金債権と預金債務の弁済期がともに到来している場合にするものと，貸金債権のみ弁済期が到来している場合に銀行が預金債務の期限の利益を放棄してするものを指す（注68）。

　民法には，以下のように定められている。

民法505条（相殺の要件等）
① 　2人が互いに同種の目的を有する債務を負担する場合において，双方の債務が弁済期にあるときは，各債務者は，その対当額について相殺によってその債務を免れることができる。ただし，債務の性質がこれを許さないときは，この限りでない。
② 　前項の規定は，当事者が反対の意思を表示した場合には適用しない。ただし，その意思表示は，善意の第三者に対抗することができない。

民法506条（相殺の方法及び効力）
① 　相殺は，当事者の一方から相手方に対する意思表示によってする。この場合において，その意思表示には，条件又は期限を付することができ

(注68) 大平・約定書読み方88頁。

② 前項の意思表示は，双方の債務が互いに相殺に適するようになった時にさかのぼってその効力を生じる。

民法136条（期限の利益及びその放棄）
　　② 期限の利益は，放棄することができる。ただし，これによって相手方の利益を害することはできない。

　法定相殺の要件は，民法505条を以下のように整理すれば考えやすい。
① **互い（銀行と取引先あるいは連帯保証人等）の債権債務が対立していること**
　例えばAがBに対し，またBもAに対して債権を有する場合である。為替取引のように，AがBに対して，またBはCに対して，さらにCはAに対してというように，それぞれが順次債権債務を負担している場合があるが，ここではそのような場合を想定していない。
② **対立する債権債務が同種（金銭債権等）のものであること**
　銀行と取引先の関係でいえば，貸金返還請求権と預金払戻請求権という，いずれも債権の種類が金銭であるような場合のことである。音楽家に演奏してもらう債権と物の引渡しを受ける債権のように，債権の目的が異なる場合は相殺の対象にならない。
③ **債権債務について返済期限が到来していること**
　これは実務で最も重要なポイントである。「返済期限が到来していること」というのは，第5条や第6条の事由が発生した場合など，何らかの理由で期限の利益が失われた，あるいは割引手形の買戻請求権が発生した場合が含まれる。債務者は期限の利益を放棄することができるので（民法136条2項），相手方に対する債権の弁済期が到来しさえすれば，自らの債務について期限の利益を放棄することで，この要件を満たすことができる。前述のとおり，この状態を相殺適状というが，この状態は相殺の意思表示がなされた時点でも維持されていなければならない。いったんは相殺適状になっても，相殺の意思表示をしない間に一方の債権が消滅した場合には，もはや相殺すること

はできない（注69）。

④ **相殺が禁止されていないこと**

(i) 債務の性質がこれを許さないとき（民法505条1項ただし書）

　例えば，AとBが互いに相手の仕事を手伝う約束をした場合，実際に仕事を手伝わなければ債務（反対側からは債権）の目的を果たせない。このような労働の給付を目的とする債権債務などは相殺の対象にならない。

(ii) 当事者が反対の意思を表示した場合（民法505条2項）

　契約で当事者が相殺しない旨の合意をしている場合も相殺できない。ただし，その合意の存在を知らずに債権の譲渡を受けたような第三者には対抗できないものとされている。

(iii) 自働債権に抗弁権が付着するとき

　これについては，同時履行の抗弁権（民法533条）などが挙げられる。例えば，債権が売掛金であるような場合，売り渡したものを引き渡すまでは相手方にこの抗弁権があるのでそのままでは相殺できない。

　保証契約についても催告の抗弁権（民法452条）や検索の抗弁権（同法453条）があるが，実務上，保証契約の中心は連帯保証契約なので，問題になるような場面はまれだと考えられる。

(iv) 受働債権が不法行為によるものである場合（民法509条）

　少し極端な例だが，銀行の車両が取引先の社屋等を事故によって損壊させた場合，銀行は取引先に損害賠償債務を負うことになるが，このような債務を受働債権として融資金等と相殺することは許されない。

(v) 受働債権が差押禁止財産である場合（民法510条）

　民事執行法152条のほか，特別法に定めがある。

　特定の財産に差押えが禁止されているのは，そうでなければ，例えば労働基準法24条で「賃金は，通貨で，直接労働者に，その全額を支払わなければならない」と定められているように，現実に債務を直接履行することを法律で義務付けているのに，その法律の目的が達成できなくなるからである。

(vi) 自働債権が差し押さえられた場合

（注69）潮見佳男『債権総論(2)〔第3版〕』357頁（信山社出版・2005年）。

第7条（相殺，払戻充当）

　第5条1項にいう「差押」とは第三債務者である銀行の受働債権に対するもののことであったが，ここでいう「差し押さえられた債権」とは，預金者の立場から見た預金払戻請求権という債権（預金者にとっての自働債権）を指す。債権が差し押さえられると，債務者（差押債務者，すなわち預金者）は「債権の取立てその他の処分」が禁止されるので（民事執行法145条），自ら相殺することはできない。ここで受働債権（貸金債権）の成立時期等は関係ないので，どうしても自ら相殺したい場合は差押債権者に弁済するなどして差押えを取り下げてもらうしかないが，このような場面は実務上，まれといえるであろう。

⑤　相殺の意思表示を行うこと

　相殺は「意思表示によってする」ことになっている（民法506条）。相殺予約とは，広い意味で第5条から本条のことと述べたが，これを将来一定の事由が生じたときに相殺できる旨，ないしは当然に相殺の効果を生ずる旨の合意を総称して呼ぶもの（注70）とし，これらの条項を，対立する債権を対当額ないしは評価額で消滅させるという相殺契約に当てはめることができるとすれば，意思表示は相殺の要件にならないことになる。しかし，現行の銀行取引約定書ではこのような考え方はとられておらず，本条によって相殺の意思表示を省略することはできない。ひな型改正時における解説でも「相殺の方法についての規定は，銀行で相殺を実行し，それを取引先に主張する以上，銀行はその立証の便のため当然に，書面によって相殺通知（一般に内容証明郵便によっている）をするのであろうから，当然のこととして規定していないのであり，銀行側からする相殺について，相殺通知を不要とする意味でないことはいうまでもない」と述べられており（注71），現行もこの考え方によっている。

(3)　約定相殺

　約定相殺とは，相殺適状を作出する第5条，第6条，銀行の預金等の債務

(注70)　我妻・前掲（注66）356頁。
(注71)　全銀協・ひな型解説105頁。

における期限の利益を放棄して相殺できる旨を予約する本条，取引先による相殺について定める第8条，手形の返還，呈示・交付義務の緩和に関する第9条，充当指定権に関する第10条，第11条によってする相殺のことである。

約定相殺は，法定相殺の要件を緩和（あるいは排除）し，銀行の債権保全，あるいは円滑な債権回収を目的としている。約定相殺のほうが実務では一般的である。

本条の対外効については，無制限説を採用した前述の最大判昭和45・6・24で，概要「債務者等に信用を悪化させる一定の客観的事情が発生した場合には，銀行の債務者に対する貸付金債権について，債務者のために存する期限の利益を喪失せしめ，一方，債務者の銀行に対する預金等の債権については，銀行において期限の利益を放棄し，直ちに相殺適状を生ぜしめる旨の合意と解することができ，かかる合意は契約自由の原則上有効である」と判示されており，取引先の差押債権者等の第三者に対しても有効であると解されている。

(4) 相殺通知

(3)のとおり，約定相殺は当事者間の合意による約定に基づいてするものなので，第5条から第7条までの要件を充たし，相殺適状となっているかどうかを確認することがまず必要である。そのうえで，相殺による勘定処理（預金の解約・払戻しと融資金への内入処理）と相殺通知の出状をする。(2)⑤で述べたとおり，相殺の意思表示は省略できないので，相殺通知によってすることになる。

通知の相手方は原則，預金者である（保証人の預金と相殺する場合，主債務者に相殺通知を送付しても意味がない）。

相殺通知の記載内容は，以下のものが挙げられている (注72)。

① 相殺の理由・根拠
② 相殺する旨の文言

(注72) 林部實『相殺実務の手引き』161頁（金融財政事情研究会・1987年）。

③　自働債権の種類，金額，利息計算，損害金計算
④　受働債権の種類，金額，利息計算
⑤　（充当の順序）
⑥　相殺後の残債権（または残債務）の額

　このうち必須なのは②で（これが意思表示），それ以外は誤解を生じさせないために記載が望ましいとされているものである。銀行に説明責任が求められていることからも，ある程度は具体的に記載しておくべきであろう。なお，あくまでも「相殺する」という意思表示なので，「相殺しました」というよりも，「相殺します」という表現のほうが好ましいと考える。
　①は「平成○年△月□日付銀行取引約定書の約旨により」とか「平成○年△月□日付金銭消費貸借契約証書の約旨により」という表現で十分であろう。
　⑤は，③④で充当方法についても記載されていれば，あえて別に項目を設けてまで記載する必要はない。逆にいえば，③④は明示しておくべきであるといえる。

(5)　相殺権の濫用

　権利の濫用は許されない（民法1条3項）。権利の濫用とは，「外形上権利の行使のようにみえるが，具体的の場合に即してみるときは，権利の社会性に反し，権利の行使として是認することのできない行為である」といわれているとおり（注73），合法的であるように見えても，社会観念上正当とされる範囲を超えるような場合，すなわち，第三者に対する加害の目的をもってないし不当な利益を得る意図でなす権利や，不誠実な手段・経緯により取得・帰属する権利，自己の以前の行為に矛盾・抵触する権利などを行使することで（注74），法律行為の効果は認められないと考えられている。

(注73)　我妻榮『新訂 民法総則（民法講義(1)）』35頁（岩波書店・1977年）。
(注74)　谷口知平＝石田喜久夫『新版 注釈民法(1)〔改訂版 復刻版〕』150頁（有斐閣・2002年）。

相殺権の行使にあたり，権利の濫用として問題になり得る代表的なものは以下のとおりである。

① 狙い打ち相殺

取引先の預金の一部に差押えを受けた場合に，債権保全上特段問題がないにもかかわらず，それを受働債権と，貸金債権を自働債権として相殺し，残りは取引先に払い戻す取扱いのことである。

これがすべて相殺権の濫用に当たるかというと，そうでない場合も往々にしてあり，事案ごとに検討する必要があるであろうが，取引先の要請によって，あるいは銀行が自らの便宜を図ってこれを行うことは避けるべきである。

② 駆け込み割引

第6条6でも触れたが，例えば，他の支店に預金取引のみがある取引先Aが倒産の危機に瀕しており，他の取引先Bが，Aが振り出し，他行であるC銀行を支払地とする約束手形を所持していた場合，本来であれば当該手形をC銀行に取り立てれば資金不足により不渡りとなるところ，これを回避する目的で，Bの依頼により手形割引をしたうえで，これによって取得した手形債権をもって，他の支店にあるAの預金を受働債権として，相殺により回収するような行為を指す。

形式的には合法だが，結果としてBだけが優先して債権回収を図れることにもなり，他の債権者からすれば明らかに不公平といえる。また，倒産の危機に瀕しているAの手形を割り引く行為に合理性があるかも疑問である。したがって，このような相殺が保護に値するとはいえず，銀行としてもこれは控えるべきであろう。

なお，同行相殺は，それ自体が問題となるものではないが，先ほどの例のような場合で，割引依頼人の買戻能力が十分であるときには問題になることも考えられるので，注意が必要である。

③ 担保付債権との相殺

例えば，不動産担保で十分に保全を図りながら手形割引をしているときに不渡りとなった当該手形にかかる買戻請求権について，担保権を行使せずに預金と相殺することが，権利の濫用に当たるとして問題視されることがあ

る。

　これについては，信用金庫が不渡異議申立預託金との相殺によって回収を図った事案で，「手形買戻請求権につき自己の有する物上担保権の行使によつてすべて弁済を受けることができる関係にあるにもかかわらず，この方法をとることなく，右買戻請求権をもつて本件預託金返還請求権と相殺することにより右債権の満足を得る方法を選んだとしても，それだけでこれが権利の濫用であるということはでき〔ない〕」とした裁判例があり（最判昭和54・3・1金法893号43頁），実務上は問題ないといえるが，有価証券のように換価しやすい担保物であれば，担保権の行使を優先すべき場合もあり得ると考えられる。

④　その他のもの

　そのほか，著しく時期の遅れた相殺や不渡異議申立預託金との相殺なども問題とされる。

　これらの行為のみをもって権利の濫用に当たるとされることはまれであろうが，債権回収局面という相手方との利害が対立する場面ではそうした批判を受けかねないので，必要性が高いと考えられない相殺については他の方法を検討する，あるいは相殺適状になれば可能な限り速やかに相殺すべきである。

(6) 差押禁止債権（年金等）の振込により成立した預金との相殺

　広く捉えれば相殺権の濫用に当たる場合もあり得ると考えられるものであるが，取引先が個人で，預金の原資が年金や生活保護費などの差押禁止債権の代わり金であるときに，その預金を対象として相殺できるかが問題になり得る。

　民事執行法では，債務者が，国や地方公共団体以外のものから，生活維持のために給付を受ける私的な継続的給付にかかる債権（民事執行法152条1項1号），および給与等の性質を有する給付にかかる債権（同項2号）について，その支払期に受けるべき給付の4分の3に相当する部分を原則的に差

押禁止としながら、その額が標準的な世帯の必要生計費を勘案して、政令で定める額（民事執行法施行令2条1項は支払期間を細分してそれぞれ額を定めており、支払期が毎月と定められている場合は33万円）を超えるときは、その超過部分の差押えは許されている。これに対し、退職手当およびその性質を有する給与にかかる債権は、一律にその給付額の4分の3の部分の差押えが禁じられている（同条2項）。そのほか、公的な継続的給付にかかる債権の多くは特別法によって個別に差押えが禁止されている（例えば、恩給法11条3項、厚生年金保険法41条1項、生活保護法58条、健康保険法61条、労働基準法83条2項、労働者災害補償保険法12条の5第2項等）(注75)。差押禁止債権については、「多くは債務者の最低生活の保護を主眼とするが、その他の社会政策的・経済政策的あるいは文化政策的考慮を織り込み、ますます多様化する傾向にある」と説明されている(注76)。

民法510条には「債権が差押えを禁じたものであるときは、その債務者は、相殺をもって債権者に対抗することができない」と定められており、相殺対象とする預金が差押禁止財産と実質的に同一視される場合には、相殺の可否について問題になりそうである。この問題に関する裁判例として、金融機関からの借入れについて連帯保証債務を負担していた個人（原告）が、当該金融機関に振込入金された国民年金および労災保険金について、当該金融機関から連帯保証債務履行請求権を自働債権として相殺されたことに対し、不当利得返還および慰謝料を求めた事案における控訴審で、「給付金が受給者の金融機関における預金口座に振り込まれると、それは受給者の当該金融機関に対する預金債権に転化し、受給者の一般財産になると解すべきである」と判断して、第1審に引き続き原告の主張を退け、上告審もこの控訴審の判断を是認したものがある（釧路地北見支判平成8・7・19金判1056号10頁、札幌高判平成9・5・23金判1056号9頁、最判平成10・2・10金判1056号6頁）。この裁判例に従えば、年金等の差押禁止債権であっても、預

(注75) 中野貞一郎『民事執行・保全法概説〔第3版〕』105頁（有斐閣・2006年）。
(注76) 中野貞一郎『民事執行法（現代法律学全集（23））〔増補新訂6版〕』295頁（青林書院・2010年）。

第 7 条（相殺，払戻充当）

金債権になれば差押禁止債権の属性を承継しないことから（これを「非承継説」という），これを受働債権とする相殺は原則的に可能であると考えられる。ただし，この事案では，原告が，当該預金口座を，被告金融機関以外の金融機関や生命保険会社からの入金や金員の預入れ，キャッシュカードによる引出し，そして保険の掛金の支払い等に多数利用していたことが認定されており，相殺対象となる預金の原資が明らかに年金等差押禁止財産に該当すると判別できるような場合であれば差押えが禁止されるとも考えられる。実際に「年金受給権者が受給した年金を金融機関・郵便局に預け入れている場合にも，当該預・貯金の原資が年金であることの識別・特定が可能であるときは，年金それ自体に対する差押えと同視すべきものであって，当該預・貯金債権に対する差押は禁止されるべきものというべきである」という裁判例もあるので，注意を要する（東京地判平成15・5・28金判1190号54頁）(注77)。また，学説では「相殺する場合は，債権者である金融機関がその原資の何であるかを把握することは，それほど困難であるとは思われないことから，これを禁止するとされても致し方ないのではなかろうか」という見解や(注78)，相殺によって年金受給者の生活基盤が崩壊すること，差押えと相殺とでは後者のほうが債務者に与える不利益がはるかに大きいことから，預金債権は差押禁止の属性は承継しないが，相殺禁止の属性は承継するという説も有力に主張されている(注79)。

　裁判例や学説，さらに「金融機関が自行に振り込み入金された預貯金の原資につき，それが何であるかを知ることは，預貯金の異動明細を見れば簡単に分かることであり，それほど困難であるとは思われない」という指摘などを踏まえると(注80)，相殺対象預金の原資が明らかに差押禁止債権に該当するような場合には相殺を控えざるを得ないときもあると考えられることから，預金の移動内容や預金者の生活状況を十分に調査し，場合によっては直

(注77)　同旨，神戸地決平成20・1・24兵庫県弁護士会ホームページ。
(注78)　吉岡伸一「判例批評（東京地判平成15・5・28）」判タ1157号74頁（2004年）。
(注79)　大西武士「判例批評（最判平成10・2・10）」判タ995号25頁（1999年）。
(注80)　吉岡伸一「差押禁止債権の預金債権への転化と禁止属性の承継」岡山大学創立60周年記念『法学と政治学の新たなる展開』85頁（有斐閣・2010年）。

接ヒアリングするなどして慎重に対応を検討する必要がある。

(7) 誤振込等により成立した預金との相殺

　銀行は，融資先である取引先の普通預金口座（あるいは当座勘定口座）に誤って振込入金されて成立した預金債務を受働債権として相殺することができるのかという問題がある。

　この問題については，概要，「振込依頼人から受取人の銀行の普通預金口座に振込みがあったときは，両者の間に振込みの原因となる法律関係が存在するか否かにかかわらず，受取人と銀行との間に振込金額相当の普通預金契約が成立する」とした判例や（最判平成8・4・26民集50巻5号1267頁，金判995号3頁），預かり金口座として開設した口座の名義人である弁護士を預金者と認定した判例（最判平成15・6・12民集57巻6号563頁，金判1176号44頁），さらには損害保険代理店が開設した顧客からの保険料受入口座について，その預金の帰属を損害保険代理店とした判例があり（最判平成15・2・21民集57巻2号95頁，金判1167号2頁），誤振込によって入金されて成立した預金はその口座の名義人に帰属すると考えられることから，事情によっては，これを受働債権とする相殺について検討すべきであろう。

　一方で，前記最判平成8・4・26は，原因関係のある真の権利者（誤って振込をなし，本来であれば返還を受ける権利を有する者）の権利を犠牲にしているものともいえることから批判は少なくない（注81）。日々大量の振込による資金決済を行う預金等受入金融機関からすれば，個々の振込の原因を確認することは不可能であり，その意味で前記最判平成8・4・26は納得性の高い，支持できるものであるが，真の権利者の保護という観点は軽視できない。また，誤振込による預金の成立は認めたうえで，これを受働債権とする銀行がした相殺を無効とする裁判例もある（名古屋高判平成17・3・17金判1214号19頁）。さらに，相殺実行時に組戻依頼を受け，預金口座名義人からその承諾まで得ているような預金債権を受働債権として相殺す

(注81) 伊藤眞ほか編『回収（新訂貸出管理回収手続双書）』341頁（金融財政事情研究会・2010年）。

第7条（相殺，払戻充当）

ることは控えるべきであるという見解もあり（注82），前記名古屋高判平成17・3・17とあわせて留意しておかなければならないものの倒産時点ともなると，融資先でもある預金口座名義人と振込人が通謀し，相殺を免れる目的で誤振込を装って組戻依頼をすることもあり得るので，実務では，外形だけを鵜呑みにして営業店限りの判断とするのではなく，本部業務所管部と対応を協議するなどの慎重な対応が必要である。

(8) 当座勘定との相殺

　当座預金（正式には「当座勘定取引契約」という）の法的な性質は，手形・小切手の支払いを銀行に委託する委任契約（事務の委託のため，正確には準委任）と当座預金という消費寄託契約との混合契約であるとする「混合契約説」，手形・小切手の支払いを目的とする委任事務を処理するための費用の前払金と解する「委任契約説」，手形・小切手支払いによる委任事務処理費用の返還請求権と当座預金についての消費寄託返還請求権との間に交互計算の関係があるとする「交互計算説」があり，現在では混合契約説が多数説とされている（注83）。

　混合契約説によれば，当座預金は，他の預金と同様，金銭消費寄託契約における返還債務と考えられるので，解約することなく受働債権として相殺することができる。ただし，委任契約上の受任者の義務違反の問題が生じないよう，合意解約や強制解約の手続をしたうえで，その解約金返還債務を受働債権として相殺するほうが無難であろう。

　なお，当座勘定取引契約のある取引先の再建がもはや見込めないと判断した場合には，速やかに解約したうえで，手形・小切手をできるだけ回収しておく必要がある。なお，この対応で一律によいわけではなく，事案ごとに慎重な対応をしていくことになろう。

　このような状況で取引先に漫然と当座勘定取引契約を継続していると，以

（注82）伊藤ほか編・前掲（注81）343頁。なお，前記名古屋高判平成17・3・17にかかる論考として，岡本雅弘「誤振込と被仕向銀行による相殺（上）（下）」金融法務事情1751号9頁，1752号37頁（いずれも2005年）も参照。
（注83）伊藤ほか編・前掲（注81）348頁。

下のような問題が発生することが考えられる。

　第1に，取引先の支払先が不良債権を抱えることになる可能性が高まる。手形・小切手は一種の信用供与にもなるので，当座勘定取引契約の締結にあたっては，契約金融機関による慎重な審査が行われる。したがって，取引先に不渡りが乱発すれば，あらぬ責任とは考えられるものの，銀行は放置した責任を問われる可能性がないわけではない。

　第2に，手形・小切手を悪質な金融業者等に搾取されるおそれがある。このような業者が取引先の弱みにつけ込んで手形・小切手を搾取し，換金のためにそれを流通させることがないとはいえない。このような行為は犯罪になるとも考えられ，厳重に処罰されるべきだが，銀行としても，このような状況を想定しておく必要がある。

(9)　相殺を急ぐ場合と慎重に行う場合

　相殺は，相殺適状になれば速やかに実行するのが原則だが，特に急いで実行する必要がある場合と，動向を見極めてから慎重に実行を検討したほうがよい場合がある。

　相殺を急ぐ必要が場合には，相手方から相殺される可能性がある場合を挙げることができる（ここでいう相手方とは，融資先である取引先のほか，その取引先にかかる債権者で取引先の預金に対して債権差押・転付命令を得た者を含む）。具体的には，銀行が取引先に対して複数の貸金債権を有している場合，相手方から特定の債権を狙い撃ち的に相殺されると，銀行にとって債権保全上，好ましくない状況（不動産で保全されている貸金債権に充当され，保全不足となっている貸金債権が残存する状況など）にもなりかねない。この場合，相手方と銀行取引約定書を締結していれば，第11条の充当の指定により，異議を述べたうえで銀行の指定する方法で充当できるが，債権差押・転付命令を受けた取引先の債権者のような銀行取引約定書の効力が及ばない相手方には，このような充当指定権も意味をなさない。このように，取引先等の相手方からされる相殺を「逆相殺」などといい（**第8条2.(1)参照**），転付債権者から相殺された場合に銀行の意思表示がこれに遅れると無制限説によっても対抗できないことになるので，このような場合には特

に相殺が急がれるのである。

　相殺を慎重に行う場合には，代表的なものに，複数の割引手形があり，決済見込みがはっきりしない場合を挙げることができる。このような場合，あとで割引手形が不渡りになったときに備え，相殺を拙速にするのではなく，決済状況を見極めたうえで慎重に行うべきであるといえる。また，債務者において不動産の強制競売手続が進んでいる場合などで，相殺によって債権の元本が減少することが配当を受けるにあたって不利になる場合があり得るので，ここでも相殺は慎重に行うべきであろう。

⑽　倒産法との関係

　取引先が破産等の法的倒産手続に至った場合，債権者に相殺が禁止される規定がある。例えば，破産法71条1項が挙げられる（同条2項では1項2号から4号についての例外規定が設けられているが，ここでは割愛する）。

破産法71条（相殺の禁止）
① 破産債権者は，次に掲げる場合には，相殺をすることができない。
　一　破産手続開始後に破産財団に対して債務を負担したとき。
　二　支払不能になった後に契約によって負担する債務を専ら破産債権をもってする相殺に供する目的で破産者の財産の処分を内容とする契約を破産者との間で締結し，又は破産者に対して債務を負担する者の債務を引き受けることを内容とする契約を締結することにより破産者に対して債務を負担した場合であって，当該契約の締結の当時，支払不能であったことを知っていたとき。
　三　支払の停止があった後に破産者に対して債務を負担した場合であって，その負担の当時，支払の停止があったことを知っていたとき。ただし，当該支払の停止があった時において支払不能でなかったときは，この限りでない。
　四　破産手続開始の申立てがあった後に破産者に対して債務を負担した場合であって，その負担の当時，破産手続開始の申立てがあったことを知っていたとき。

同様の規定が民事再生法93条や会社更生法49条，会社法517条（特別清算）に設けられている。

　民事再生と会社更生はいずれも債務者の再建を目的とする法的整理手続であり，相殺が可能な期限が定められている。その目的は，「会社の再生，更生を図る法的整理において，相殺されるか否か不明の再生債務者，更生会社の債権があると，再生計画，更生計画の策定に支障をきたす」からであると考えられている（注84）。したがって，民事再生と会社更生では債権届出期限までに相殺しておく必要があるので，その期限を厳重に管理し，速やかに実行すべきであろう。

　なお，前記破産法71条の相殺禁止規定は他の倒産法でも同様に設けられており（民事再生法93条，会社更生法49条，会社法517条），それぞれその第2項で，相殺禁止の例外として，各債権者が負担する債務が支払不能であったこと，または支払の停止もしくは各法的整理手続開始の申立てがあったことを各債権者が知った時より「前に生じた原因」に基づく場合は適用しないとされている。

　また，破産法では，破産債権者の負担する債務が停止条件付きである場合にも相殺を妨げないとしている（67条）。これら例外が認められる根拠の1つに「相殺の担保的機能に対する合理的期待の保護」が挙げられるものであり，破産法における「停止条件付債務」にかかるものとして，最判平成17・1・17民集59巻1号1頁，金判1220号46頁，なお，この判決と前記最判平成18・12・14をもって破産手続における停止条件付債務としての投資信託にかかる一部解約金返還債務を受働債権とする相殺が可能と考えることができる），民事再生法における「前に生じた原因」にかかるものとして，名古屋高判平成24・1・31金判1388号42頁があるが，これらの裁判例にみても，「相殺の担保的機能に対する合理的期待」が銀行以外の差押債権者との関係だけでなく（第5条2．(4)，前記3．(1)参照）法的整理手続においても重要な要素になっていると考えられる。一方で，委託を受けない保証人が破産手続開始決定後に求償権を取得して，これを自働債権として破産者に対す

（注84）伊藤ほか編・前掲（注81）380頁。

る受働債権との相殺を主張したが「相殺の担保的機能に対する合理的期待」が認められず，相殺も認められなかった事案があるので（最判平24・5・28民集66巻7号3123頁，金判1397号20頁）押さえておく必要がある。

⑾ 投資信託からの回収

　第4条3．⑵で述べたように，投資信託からの回収については，最判平成18・12・14の登場後，積極的に議論され，その後の判例の集積もあり，現在では債権回収の施策から外すことができなくなっていると考えている。

　投資信託のスキームで登場する関係者は一般的に，融資先である取引先（受益者），銀行等金融機関（販売会社），投資信託の募集や運用の指図等をする投資信託委託会社（委託者），信託会社または信託業務を営む金融機関（受託者）である。実際の資金は受託者である信託銀行等で管理され，販売会社である銀行等金融機関は通常，直接運用していない（注85）。

　投資信託の受益者（取引先）が販売会社（銀行）に解約を請求すると，一般的には，販売会社から委託者（投資信託委託会社）に通知され，委託者が受託者（信託銀行等）に解約を指図し，一部解約金を販売会社が受領したうえで，受益者の指定口座に入金することになる。この入金直前の銀行の取引先に対する一部解約金返還債務（取引先にとっては一部解約金返還請求権）を本項でいう「その他乙に対する債権」に至らしめることができるかという問題がある。最高裁はこの一部解約金返還債務を停止条件付債務と判断したのであるが，この債務は，一部解約金が取引先の指定口座に入金されると預金返還債務になると考えることもできる。

　取引先が破産等の法的整理手続に至った場合，一部解約金返還債務が預金返還債務になることによって新たに債務を負担したものと判断されると，その負担時期によっては，⑩の相殺を制限する法律の規定に基づいて，相殺を否定される可能性がある。実際に，一部解約金を指定口座に入金した後に金融機関が相殺した事案で，「本件預金口座に本件解約金が入金されたことによ

（注85）野村アセットマネジメント株式会社編『投資信託の法務と実務〔第4版〕』54頁（金融財政事情研究会・2008年）。

り…(略)…一部解約金返還請求権は消滅し，本件解約金相当額の預金返還債務を負担したと認めることができる」とした裁判例もあるので（大阪地判平成23・10・7判時2148号85頁），実務では，一部解約金が預金口座に入金される前に（換言すれば預金返還債務に変わる前に），確実に相殺が実行できるよう営業店と本部の融資部門や市場性商品等の管理部門が十分に連携して対応することが必要である。

4．第2項（払戻充当）

(1) 払戻充当とは

　払戻充当とは，取引先からの委託により，銀行が取引先の代理人となって預金の払戻しを自らに請求し，受領した払戻金を，取引先の代理人として，取引先の債務の弁済に充当することと説明されている（注86）。

　銀行が取引先の代理人として自らに預金の払戻しを請求することは，同一の法律行為について相手方の代理人になるいわゆる「自己契約」として，それを禁止する民法108条に抵触するのではないかという問題が生じそうだが，「あらかじめ本人〔筆者注：相手方〕が許諾した行為については，この限りでない」ので（同条ただし書），本項によって本人の許諾が得られているものとして行って問題ないといえる。

　それとは別に，銀行はあくまでも取引先の代理人として法律行為をすることになるので，その行為の主体は取引先であるという点で問題になり得る場合がある。特に取引先が倒産手続に至るような危機時期には，各種倒産法が規定する否認の対象になる可能性があることから，そのようなときは本条1項の「相殺によるべきと説かれてきた」といわれていることに留意しなければならない（例えば偏頗行為否認に関する破産法162条1項1号では，否認の対象を「破産者がした行為」としているから，危機時期における本項の適用には否認リスクを伴うことがうかがえる）（注87）。

（注86）全銀協・ひな型解説108頁。

このように，本項は，取引先の危機時期では積極的に利用しづらい一面があるが，ひな型制定当時からある規定であり，後述する預金拘束の根拠になるものとしても意義はあると考えている。

(2) 適用場面

　本項は，銀行が第1項の相殺が可能になった場合に，事前の通知なくして相殺同様の効果を得られるように規定されたもので，「例えば期日未到来の定期預金を担保に，定期預金の満期日まで金を借りるという，いわゆる中途解約に代えてする預金担保の貸付金のようなものは，取引先としても，その定期預金の満期日には，担保定期預金から借入金の返済がなされること」が想定されている（注88）。

　実際には適用場面を想定しづらく，また取引先の危機時期に本項を適用して払戻充当をすることは否認されるリスクが大きいことから困難ではないだろうか。

　また，払戻充当は取引先に代わって預金の払戻しなどをするものであることから，取引先が預金の差押えを受けるなどしてその処分を禁止されている場合や法的整理手続によって管理・処分権を失っている場合には本項を適用することができない。

　さらに，本項は銀行が取引先からの委任によって代理権を行使するものであることから，取引先（自然人の場合）が死亡，あるいは破産手続開始決定を受けた場合，代理権の消滅や委任の終了によって本項は適用できないことになる（民法111条，653条）。

(3) 処理方法

　実際に本項を適用して払戻充当をする際には，取引先から，通帳・証書の提出や払戻請求書に届出印の押印などを徴求することなく，事務取扱規定に

(注87) 三上徹「新破産法と支払不能・支払停止，相殺禁止の時期」金法1820号13頁（2007年）。
(注88) 全銀協・ひな型解説108頁。

従い，伝票を起票して処理することになる。

(1)のとおり，払戻充当は，取引先が銀行に対して事務処理を委任（あるいは準委任）しているものと考えられるので，事務の終了後には，民法の規定に従い，委任者（取引先）への報告義務が発生する（民法645条）。つまり，相殺通知は不要だが，充当内容等の処理結果を遅滞なく取引先に報告することが必要になる。本項では，この点を確認する意味で「乙は甲に対して充当した結果を書面をもって通知するものとします」と明記している。

(4) 預金拘束

① 預金拘束とは

普通預金や当座勘定等の流動性預金は，そのままにしておくと，払戻しや口座振替による決済などによって流出するおそれがある。また，取引先が窮境に陥った状況でその後の債務整理等を弁護士等に委任した場合，受任した弁護士等の指導により，借入金のある銀行からそれがない銀行に預金を移し替えるといった行為に及ぶことも耳にする。そうなると，常日頃から取引先との取引の深耕を図る中で蓄積された預金について，見合い預金とか睨み預金としてその担保的機能に強い期待を持っていても，相殺による回収の実効性が確保できないことになる。こうした状況を避けるためには，取引先の預金の流出を防止する措置をとらざるを得なくなるが，そこで後の相殺による回収の実効性を確保するため，取引先の預金に対して緊急避難的に払戻しの拒絶措置をとる（具体的には，取引先の預金口座に支払禁止コード等を設定して口座の出金を制限する）ことがある。これは古くから銀行で行われている実務慣行の1つと考えられる（「預金拘束」とか「預金凍結」，あるいは「払戻拒絶措置」と称される）。

なお，ここでいう預金拘束とは，単に支払禁止コードを設定するという銀行の事務手続のことではなく，融資先（預金者）から払戻請求があった場合にそれを拒むことと考えたほうがより正確に内容を捉えることができるのではないだろうか。取引先に相続が発生し，適正な相続手続が完了するまで，あるいは相続人全員を相手に取引が行えないときに払戻しを制限するような取扱いとは異なる。

第7条（相殺，払戻充当）

② **近時の議論・裁判例の展開**

　耐震偽装の問題に端を発したゼネコン企業の信用不安を契機に当該ゼネコン企業に対してした期限の利益請求喪失と預金拘束措置は適法であると判断した裁判例がある（東京地判平成19・3・29金判1279号48頁）。具体的には，当該ゼネコン企業が将来も受注できることが銀行の信用供与の前提となっており，耐震偽装にかかる報道によって新規受注の停止や既存工事の中断，代金支払いの留保，解約等，さらには施工を行っている物件について損害賠償を請求される可能性があったと銀行が判断することもやむを得ず，施工物件の中に耐震偽装が疑われるものがあったにもかかわらず銀行に報告しなかったことは銀行に対する信用を失わせるものであり，債権保全を必要とする相当の事由が具備されていたから期限の利益請求喪失を有効・適法とし，預金拘束も適法であると判断している。この裁判では預金拘束の違法性よりも平成17年破産法改正後の支払不能・支払停止の時期が焦点となっていた印象もあったが，判決後，本件事案における預金拘束の適法性の判断についての問題提起や（注89），金融検査で預金拘束にかかるマニュアルの不備に対する指摘があったことから（注90），預金拘束の法的根拠の検討とあわせて行内マニュアルの整備についての問題意識が銀行界で高まり，議論が活発に展開された（注91）。

　預金拘束に関する裁判例はそのほか，公刊されている主なものとして，①東京高判平成21・4・23金法1875号76頁，②広島高判岡山支判平成22・3・26金判1393号60頁，③広島高判岡山支判平成23・10・27金判1393号54頁，

（注89）伊藤眞「危機時期における預金拘束の適法性」金法1835号10頁（2008年）。
（注90）金融庁検査局「金融円滑化に係る金融検査指摘事例集」5頁（平成21年12月）。
（注91）浜中善彦「銀行業務における期限の利益喪失と相殺実務」金法1839号8頁（2008年），渡辺隆生「融資先の信用不安と預金支払の凍結」金法1856号6頁（2009年），亀井洋一「判例批評（東京高判平成21・4・23）」銀法711号34頁（2010年），潮見佳男「普通預金の拘束と不法行為」金法1899号22頁（2010年），本多知成「判例批評（東京高判平成21・4・23）」同32頁，川西拓人＝吉田桂公「貸付条件変更の申込みと預金拘束」同43頁，石倉尚「危機時期における預金拘束の法的根拠」金法722号24頁（2010年），吉岡伸一「銀行の預金の払戻拒絶によるトラブルと実務上の留意点」銀行実務643号54頁（2012年），堂園昇平「銀行の預金の払戻拒絶による損害賠償」金法1950号4頁（2012年）など。

④東京高判平成24・4・26金判1408号46頁があり，このうち預金拘束の違法性を肯定したものは③の原審判決で，同一の事案において原告を別にして争われた②では，期限の利益喪失前に預金拘束をした事実を連帯保証人に告げたことをもって銀行の責任を肯定している。また，①④は違法性を否定し，③は明示していない。最高裁の判断が待たれるところである。

③　預金拘束を正当化する根拠

預金拘束を正当化する根拠として，不安の抗弁権を基礎にしたものがある(注92)（不安の抗弁権とは，「当事者の一方が先履行を約束し相手方に信用を与える双務契約において，相手方の財産状態が著しく悪化しその反対給付がなされるかあぶないとみられるようになった場合，先履行義務者が，反対給付の実行ないし担保供与まで，自己の先履行を拒絶する権利であるとされる」と説明されており(注93)，民法に規定はないものの，それが認められた裁判例もあり，学説においては事実上，肯定説が多いとされている）。この理論を預金拘束に当てはめ，融資先の信用不安時には銀行が預金返還債務の履行を拒めるというのである。理論としては納得できるものの，不安の抗弁権は双務契約を対象とするものなので，片務契約である金銭消費貸借契約や消費寄託契約に当てはめることについて躊躇するところがあり，議論の進展を望みたい。

なお，「双務契約において相手方に債務を履行できないことを懸念するに足る合理的な理由があり，その信用不安が解消されない場合には，信義則及び公平の原則から先履行義務を拒否したり，他の適切な措置を求めたりすることができると考えられるところ，預金の貸付債権に対する担保機能及び優先弁済機能にかんがみ，かつ，期限の利益を喪失して相殺されるよりも預金の払戻しの停止にとどまる方が債務者にとっては事実上有利であることなどの事情をも考慮すると，貸付債務の履行ができないことを懸念するに足る合理的な理由がある場合には，前記双務契約の場合と同様に，信義則又は公平の原則から預金の払戻しを拒絶することができると解するのが相当である」と

(注92) 前掲（注91）の渡辺・本多各論文。
(注93) 加藤雅信『契約法』59頁（有斐閣・2007年）。

第7条（相殺，払戻充当）

判断した裁判例がある（前記東京高判平成24・4・26）。これはまさに不安の抗弁権と銀行の相殺の担保的機能に対する合理的期待を基礎としたものといえそうである。

④ 預金拘束のタイミング（判断のポイント）

　現状では確立した法的根拠がないとはいえ，実際に取引先が危機時期に至り，債権回収の必要性が顕現化し，緊急に保全を図る必要がある場合ともなれば，預金相殺の実効性を確保するために，預金拘束は避けて通れないものと考えている（融資先が破産手続開始の申立てを行うなど，明らかに期限の利益当然喪失事由に該当する場合は，その時点で相殺が可能となり，当該債務者に対する預金拘束は特段問題にならない場合がほとんどと考えられるので，ここでは，その前の段階の取引先が危機時期に至った場合で期限の利益請求喪失事由が発生している状態を想定している）。

　筆者は，かつての歩積・両建預金にかかる大蔵省通達（注94）にあるように，適正な預金拘束措置は実務として定着した「健全な商慣習として是認されるもの」で，本項はその根拠になるのではないかと考えている。そう考える根底には次の2つの裁判例がある。

　第1に，融資実行直後に融資先の代表者が多額の現金と小切手を所持したまま家族に無断で愛人と温泉旅行に出かけたあと，債権者（銀行）が，そのような状況で代表者が所在不明となっていることから今後の債務の履行が困難であると判断し，当座勘定に滞留していた預金について別段預金に振り替えたうえで支払いを拒絶したという事案で，裁判所は銀行に債務不履行責任はないと判断した裁判例である（最判昭和57・11・4金法1021号75頁）。この事案は，銀行が当座勘定にかかる小切手の支払いを拒絶したところ，結果として依頼返却となり，不渡りが回避されたという特殊なものであったこともあって，一般化することを疑問視する見解はあるものの（注95），銀行が支払いを拒絶したことに変わりはなく，それを契機に取引先から商品が引き上げられたという事実関係を考慮すれば，預金拘束によって不渡りが発生

(注94) 前掲（注29）。
(注95) 本多・前掲（注91）41頁脚注21参照。

した場合と比べ，法的に特段の齟齬が生じているとも思えないので，預金拘束と払戻充当の関係を検討するうえでは重要な裁判例だと考えている。この事案において，銀行と融資先との間で締結されていた約定書の条項は以下のようなものであった（原審判決（東京高判昭和54・5・29金判591号41頁）より引用）。

第2条
　控訴人〔筆者注：債務者〕は，被控訴会社〔同：銀行〕に対し，控訴人の債務不履行のとき，又は履行困難と被控訴会社において認めたときは，控訴人の被控訴会社に対する一切の債権は，通知を要しないで被控訴会社に対する一切の債務に振替充当されても異議がない

第4条4・7号
　控訴人が被控訴会社に対し不利益な行為をしたとき，控訴人に債務不履行のおそれがあると被控訴会社において認めたときは，控訴人は，通知又は催告を要しないで期限の利益を失いすべての債務を一時に弁済する

　この第2条は本項に，第4条4・7号は第5条2項5号に該当すると考えられる（ただし，解説用のモデルでは，喪失請求しなければ期限が到来しない）。これらを総合的に勘案すれば，融資先に第5条2項5号の債権保全を必要とする相当の事由が発生すれば，これを根拠に預金拘束が適法と判断し得るのではないだろうか。これについては，いきなり期限の利益を請求喪失させて相殺するよりも，預金拘束をしたほうが，取引先に対し，追加担保の提供や，再建計画あるいは資金繰計画の提出を求めたうえで話合いの機会を与えることができ，潮見佳男教授が提唱している債権保全優先・具体的危険説（債権保全を必要とする相当の事由を預金拘束の正当化事由とみる立場）(注96)にも親和的である。つまり，債権保全を必要とする相当の事由が明らかであれば預金拘束は正当化され，相手方である債務者に預金相殺まで一

(注96) 潮見・前掲（注91) 24頁。

定の猶予を与えることができるという、やや緩やかな考え方といえるのではないだろうか。この考え方は、「期限の利益を喪失して相殺されるよりも預金の払戻しの停止にとどまる方が債務者にとっては事実上有利である」という前記東京高判平成24・4・26や、債務者に「弁済するための措置を講ずるための時間的余裕を与えたということができ〔る〕」とする前記広島高岡山支判平成23・10・27とも整合性がとれていると思われる。

　第2に、債権保全を必要とする相当の事由とはどのような状況であるかを考えるうえでは、預金拘束が問題となった仙台高判平成4・9・30金判908号3頁が参考になる。この事案は、業績不振の企業である債務者の専務取締役が、銀行の融資担当者に「債権者集会開催のお知らせ」と題する書面を手交し、何の説明もせずに帰ろうとしたところ、銀行担当者の求めに対し、債務の支払いが困難になったかのような、あるいは弁護士にすべてを一任して自分は関知していないかのような表現をしたことから、債務者に対する不審感を大きくした銀行が普通預金の支払いを拒絶し、債権者集会の通知書を受領したことを理由に当然に期限の利益を喪失した旨の通知を送ったところ、債務者が普通預金の返還を求めて訴えを提起したというものである。裁判所は、銀行の主張を認め、当該行為が債権保全を必要とする相当の事由に該当すると判断した。これに対し、債権保全を必要とする相当の事由については、①客観的認識の可能性、②信頼関係の破壊、③銀行の損失の可能性の三要件すべてを充足することを基準として、具体的事実について判断すべきであるという見解がある(注97)。つまり、この三要件が揃えば債権保全を必要とする相当の事由が認められるとするもので、この見解は参考にできると考えている。なお、筆者は、この三要件に加え、(②と重複するかもしれないが)取引先が銀行と話し合う意思を有しているかどうかもポイントになると考えている。

　以上をまとめると、債権保全を必要とする相当の事由が認められる場合には預金拘束の違法性が阻却できることになるが、個々の事案ではこれ以外の要素も多分に考えられるので、事案ごとに慎重に判断する必要がある。

(注97) 大西武士「判例批評（仙台高判平成4・9・30）」金法1367号109頁（1993年）。

また，預金を拘束している間に債権保全を必要とする相当の事由が消滅した場合などには，速やかに預金拘束を解除すべきである。

(5) 払戻充当は時効中断事由としての「承認」に当たるか

　債権管理における重要な実務の1つに時効の管理がある。特に債権の消滅時効にかかる管理は重要だが，その中断事由として法定されているのは，①請求，②差押え，仮差押えまたは仮処分，③承認である（民法147条）。払戻充当は，このうちの③に当たるであろうか。③の承認は，時効の利益を受ける当事者（債務者・取引先）が，時効によって権利を失う者（債権者・銀行）に対し，その権利の存在を知っている旨を表示することと説明されている（注98）。意思表示とは異なり，事実を通知する行為を「観念の通知」というが，③の承認は，単に債権の存在という事実を通知するものに過ぎず，時効の中断という法律効果を欲してそれを表明するものではないと解されているので，債務の承認は観念の通知に該当すると考えられる。

　判例によれば，取引先が自ら利息を支払えば元本の承認となり（大判昭和3・3・24法律新聞2873号13頁），融資金の一部でも弁済すれば残額についての承認になるとされており（大判大正8・12・26民録25輯2429頁），実務もこれに従って管理すればよいであろう。

　第1項の相殺や本項の払戻充当は，債務者である取引先が関与することなく，銀行が単独で事務処理をするものなので，銀行取引約定書で委任，あるいは準委任されているとしても，時効中断事由としての承認には当たらないと考えられる。これに時効中断の効果を認めることは，債務者があらかじめ時効の利益を放棄することはできない（民法146条）ことを考慮すれば不都合であるとして，時効中断事由としての債務承認の効果はないという裁判例があるので（東京高判平成8・4・23金判1000号28頁），注意する必要がある。

（注98）我妻・前掲（注73）470頁。

5．第3項（利息等）

(1) 前　段

　まず前段で，利息・割引料・損害金は融資金の残元本に経過期間と一定の割合を乗じて算出することを確認している（計算方法は**第3条4**参照）。スワップ貸出に伴う違約金やデリバティブによる清算金は個別の約定書の定めによって算出されることになるであろう。支払承諾の利息等について未経過分にかかる「戻し」が発生する場合には，それらも本項の対象になる。

　そもそも，民法の規定に従えば，相殺の効力は相殺適状の時点まで遡って生ずることになるので（民法506条2項），仮に融資金（自働債権）と定期預金（受働債権）のいずれにも期限が到来していれば，どちらか遅いほうの期日の到来をもって相殺適状になると考えることができることから，同日までの融資金にかかる利息等と定期預金に付すべき利息を計算すればよいが，融資金にのみ期日が到来している場合には，相殺通知が送達された日が定期預金の解約日となり，同日をもって相殺適状となることから，実際に送達された日を確認しないと利息・損害金の計算ができないことになる。そこで，本項により，利息・損害金の計算は「計算実行の日」を基準とすることで，このような不都合を回避できるようにしているのである。

　この特約の効力を認める裁判例もあり（東京高判昭和43・5・29金判115号15頁），本項はあくまでも利息・損害金等に関するもので，そのもととなった債権債務は本項にかかわらず，法律上は，意思表示の到達時（自ら期限の利益を放棄する場合）または相殺適状時に遡って消滅すると解されている。

　本項にいう「計算実行の日」とは，銀行が第1項もしくは第2項の手続をした日のことであるが，相殺通知が郵送されたときはその発信の日で，到達の日ではないと解されているので（注99），実務では実際の処理日を計算実

(注99)『銀行取引約定書雛型の解説』（金法特集号）180頁（1962年）。

行の日とし，同日に相殺通知書を配達証明付内容証明郵便で発送しておけばよいであろう。

(2) 後　段

本項後段では，相殺の計算にあたり，外国為替相場の適用がある債権債務について，相殺実行時の適用相場をどのようにするかについて定めている。

相殺すべき自働債権と受働債権がともに同一国の通貨建てによる債権であれば，相場に関係なく，その額だけ自働債権と受働債権が消滅することになるので特段問題になることはないが，そうでない場合には，相殺すべき対当額を各々の通貨でどのように計算するかについて，一定の基準を設ける必要がある。仮に基準がなくても，銀行の債権が外貨建てであった場合，銀行は外貨でも円貨でも返済を請求でき（最判昭和50・7・15民集29巻6号1029頁，金判473号8頁），債務者も外貨と円貨のいずれでも返済できるので（民法403条），相殺の要件は充たされると一般に解されるものの，このように法定相殺を選択する場合，相殺の遡及効により，相殺適状時まで遡って通貨を換算しなければならなくなる。法定相殺だからやむを得ないとはいえ，外国為替相場の安定的な運用という観点からは好ましくないであろう。

相殺通知を作成して発送する時点，つまり相殺の計算をする時点を基準に利息等を計算することにしているのは，外国為替の場合，送達時の為替相場を適用することは実務上極めて困難であるからである（送達された日が，銀行休業日など，外国為替相場が建っていない場合にはそもそも換算ができない）。

また，利息等の計算については，その期間を「計算実行の日」までとしているのに対し，外国為替相場については「計算実行時」の相場としているのは，外国為替相場は「計算実行の日」も時々刻々と変化する可能性があるから，特にその瞬間を表す「時」と定めたのである。

なお，本項は，昭和52年のひな型改正時に追加されたものであるが，それまでの銀行取引の慣行をそのまま認めたものと解されている（注100）。

（注100）全銀協・ひな型解説113頁。

第8条（取引先による相殺）

> **第8条（甲による相殺）**
> ① 甲は，別に甲乙間に期限前弁済を制限する定めがある場合を除き，弁済期にある甲の預金その他乙に対する債権と，甲の乙に対する債務とを，その債務の期限が未到来であっても相殺することができるものとします。
> ② 満期前の割引手形について甲が前項により相殺する場合には，甲は手形面記載の金額の買戻債務を負担して相殺することができるものとします。ただし，乙が他に再譲渡中の割引手形については相殺することができないものとします。
> ③ 前2項により甲が相殺する場合には，相殺通知は書面によるものとし，相殺した預金その他の債権の証書，通帳は直ちに乙に提出するものとします。
> ④ 甲が相殺した場合における債権債務の利息，割引料，清算金，違約金，損害金等の計算については，その期間を乙への相殺通知の到達の日までとします。また，利率，料率等について甲乙間に別の定めがない場合には乙が定めるところによるものとし，外国為替相場については乙の計算実行時の相場を適用するものとします。なお，期限前弁済について特別の手数料の定めがある場合は，その定めによるものとします。

1．規定の経緯

　第7条3．(2)で述べたとおり，法定相殺は原則，対立する債権者のどちらからでも実行できるところ，銀行取引約定書には，昭和52年の改正まで，銀行による相殺についてしか条項がなかった。

　昭和51年2月の衆議院予算委員会で「約定書の条項が銀行の一方的優位を示したものであり顧客の保護のための条項をも考慮するように」と野党議員が発言したことへの考慮や，同年の大蔵省銀行局長通達（注101）におけ

る「歩積両建預金の自粛措置の1つとして，銀行取引約定書に債務者からの相殺についての規定を設けるべきこと」という要請を踏まえ，ひな型が改正され，本項が設けられた（注102）。

取引先による相殺について規定することがなぜ顧客保護につながるかというと，当時は，預金と借入金の両建てを清算することが取引先の利益につながると考えられていたからのようである（注103）。これは，預金の金利を上回る融資金の金利のもとで債権債務が両建てになっているという状態が解消されるということだと考えられる。

なお，銀行による相殺が取引先に信用不安等が発生した場合における債権回収を目的としているのに対し，取引先による相殺は，本来的には銀行に信用不安が生じた場合における預金の払戻しの実現（あるいは確保）を目的とするものではない。つまり，本条の規定の趣旨は，第7条と根本的に異なるのである。

2．第1項（取引先の預金・銀行に対する債権）

(1) 意義・要件

預金債権を自働債権，貸金債務を受働債権としてする取引先による相殺を「逆相殺」ともいうが，これは，銀行取引において，銀行から相殺される（これを「順相殺」ともいう）ことが一般的であるのに対し，その逆を意味するものに過ぎず，法律用語でもない。

第1項は，取引先が相殺する場合，自働債権とする預金債権と受働債権とする貸金債務のうち，前者のみ弁済期が到来している場合でも，自ら期限の

(注101)「歩積・両建預金の自粛の強化（蔵銀3243号・昭和51年11月18日）」銀法250号33頁（1976年）。歩積・両建預金については**第3条2．(5)②**参照。
(注102) 田中・銀行取引法373頁。なお，衆議院予算委員会での質疑応答については衆議院予算委員会，昭和51年2月13日（国会会議録検索システム）参照。
(注103) 全銀協・ひな型解説119頁。

第8条（取引先による相殺）

利益を放棄して相殺できることを確認したものといえる。

　本項にいう「期限前弁済を制限する定め」とは，スワップ付融資などに見られるような期限前弁済を制限する特約を指し，そのような取引の場合には相殺が制限されることを定めている。

　本項の適用要件として，弁済期の定めがある預金（定期預金や定期積金など）の場合，期限の利益は銀行にあるので，弁済期の到来が必要になる。逆に弁済期の定めがない預金（当座勘定や普通預金のような要求払預金）の場合は，いつでもこれらを自働債権として相殺できる。ただし，別段預金には様々な種類のものがあるので，法的な特性によって相殺の可否を判断する必要がある。例えば，不動口，睡眠口，相殺残金口等は直ちに相殺が可能と考えられるが，不渡異議申立預託金は交換所から提供金を返還されるまでは弁済期にないので相殺できないし，株式払込金は払込期日が到来すれば会社からの相殺は可能となるが，払込人からの相殺はできない。自己宛小切手の支払資金である別段預金は，小切手の呈示・交付がないと権利行使できないので，意思表示だけでは相殺できないことになる（注104）。

　一方，預金等の弁済期が到来していても，取引先から相殺できない場合がある。まず，自働債権とする預金に担保権が設定されている場合である。これは，判例で「債権が質権の目的とされた場合において，質権設定者は，質権者に対し，当該債権の担保価値を維持すべき義務を負い，債権の放棄，免除，相殺，更改等当該債権を消滅，変更させる一切の行為その他当該債権の担保価値を害するような行為を行うことは，同義務に違反するものとして許されないと解すべきである」（傍点筆者）と判示されており（最判平成18・12・21民集60巻10号3964頁，金判1264号39頁），相殺は明らかに禁止されているといえるからである。次に，相殺対象とする預金に（仮）差押えを受けた場合である。この場合，取引先はその預金の処分を禁止されているし，民法511条からもこの預金を相殺の自働債権とすることができないことは明らかであろう。そのほか，取引先の受働債権が不法行為に基づく損害賠償債務である場合に取引先は相殺できないことは民法509条のとおりであり，受

（注104）　全銀協・ひな型解説123頁。

働債権が差押禁止債権である場合については民法510条で同様に規定されている。

(2) 保証人等による相殺

① 保証人による相殺

　民法457条2項には，「保証人は，主たる債務者の債権による相殺をもって債権者に対抗することができる」と定められているので，保証人が主債務者の預金等を自働債権とし，自らの保証債務を受働債権とする相殺は可能であると考えられる。また，保証債務は，その内容は概ね主債務と同じであるが，主債務とは別個独立の債務とされているので，債務一般の共通の原則に従い，保証人自らの預金等を自働債権とする相殺もできることになる。しかし，民法457条2項の相殺権は，弁済を拒絶できる抗弁権に過ぎないという学説があり（注105），これによれば，保証人は主債務者の預金を自働債権として相殺することはできないことになる。それに対して判例や通説は，その相殺権を保証人が援用できる権利としている（大判昭和12・12・11民集16巻24号1945頁）（注106）。

　なお，銀行取引約定書とは別途に締結する保証契約書等に「保証人は，本人の貴行に対する預金その他の債権をもって相殺はしない」という特約を盛り込んでいるであろうが，この特約はまさに民法457条2項の適用を排除するという意味を有している。

② 物上保証人による相殺

　債務者以外の者（連帯保証人ではない場合を想定）が物的担保を提供する場合，この担保提供者を物上保証人というが，前述の民法457条2項は従前，物上保証人には適用されないと考えられていたので，銀行の担保権設定契約書には物上保証人による相殺を禁止する旨の特約を設けていないのが通常であったとされ（注107），「保証人を兼併しない物上保証人は特定の財産権

(注105) 我妻・前掲（注66）322，412頁。
(注106) 畑中龍太郎ほか監修『銀行窓口の法務対策4500講(5)』157頁（金融財政事情研究会・2013年）。
(注107) 伊藤ほか編・前掲（注81）411頁。

の上に物的負担を設定するにとどまり，人的債務を負担するものではない。したがって，物上保証人から相殺の申出があっても，その相殺は無効と判断すべきである」という考え方もある（注108）。しかし，「民法457条2項の類推適用により，物上保証人は，被担保債権を消滅させる限度で，被担保債権の債務者が抵当権者に対して有する債権を自働債権として自ら相殺することができる」という裁判例があるので（大阪高判昭和56・6・23金判633号16頁），これを念頭に置いた対応も必要である。具体的には，物上保証人を同時に保証人とするか，保証人による相殺と同様，物上保証人による相殺は禁止する旨の特約を盛り込むことになるであろう。ただし，物上保証人が経営者等以外の第三者である場合には留意すべきことがあるので（**第4条1．(4)**参照），特約による排除のほうが望ましいと考える。

(3) 債権者代位権

民法423条1項には，「債権者は，自己の債権を保全するため，債務者に属する権利を行使することができる」と定められ，債務者は自身の責任財産を自ら保全する義務を負うにもかかわらず，必要な措置を施さない場合，債権者が代わりに債務者の財産の減少を防止する措置を講ずることを認めている（この権利を「債権者代位権」という）。

債権者代位権の行使要件は，①被保全債権が金銭債権であること，②被保全債権の履行期が到来していること，③債務者が無資力であること，④債務者が権利を行使していないこと，⑤行使される権利が一身専属でないことといわれており（注109），③は判例でも支持されている（最判昭和40・10・12民集19巻7号1777頁）。これらの要件が満たされる場合に，取引先の債権者が債権者代位権を行使して取引先の預金を自働債権として相殺する可能性がある。

例えば，銀行の融資金が不動産担保で保全されている場合などは，預金と相殺されることで取引先の資力が維持される場合が多いと考えられることか

(注108) 畑中ほか監修・前掲（注106）156頁。
(注109) 内田・民法③277頁。

ら，取引先の債権者による相殺権の代位行使は多いとみるべきであるとする見解があるのに対し（注110），債権者が取引先に代位して貸金債務を相殺しても，これと対当額で取引先の預金債権も減少するから，債権者の債権が保全されるわけではないという裁判例もあるので（静岡地判昭和51・9・6金判546号22頁。この事案における受働債権は手形買戻請求権であった），注意が必要である。

(4) 差押・転付債権者による相殺

取引先の預金について，差押・転付債権者から相殺された事案の判例がある（最判昭和54・7・10民集33巻5号533頁，金判582号3頁。この事案はやや複雑で，複数の争点があるが，ここでは必要な範囲でしか触れてない）。

この事案の主な当事者は信用金庫X，その取引先A1，A1の債権者Y，Yが振り出した約束手形の名宛人A2（A1の代表者）である。

まず，YがA2に振り出した約束手形がA1に裏書譲渡された後，割引によってXに裏書譲渡された。Xはその後，支払場所に手形を呈示したが不渡りとなったので，YとA1に対して手形訴訟を提起した。手形訴訟ではXが勝訴したが，これにYが異議を申し立て，通常訴訟に移行した。

なお，XとA1は信用金庫取引約定書を締結して預貸金取引を行っていたところ，約定書には「貴金庫〔筆者注：X〕からなされた通知または送付された書類等が延着または到達しなかった場合には，通常到達すべき時に到達したものとされても異議がない」という規定があった（これを「みなし送達規定」といい，解説用のモデルでは第5条3項や第13条2項に相当する）。

Xは，A1に対する融資金を預金と相殺して回収するため，A1に相殺通知を2度にわたって出状したが，A2が行方不明になっていたこともあっていずれも送達されず，さらに公示送達をしたが，これによって相殺の意思表示が到達されたとみなされる日時は，次に述べるYによる相殺の意思表示よりも後であった（【図】の**相殺1**）。

（注110）畑中ほか監修・前掲（注106）158頁。

第8条（取引先による相殺）

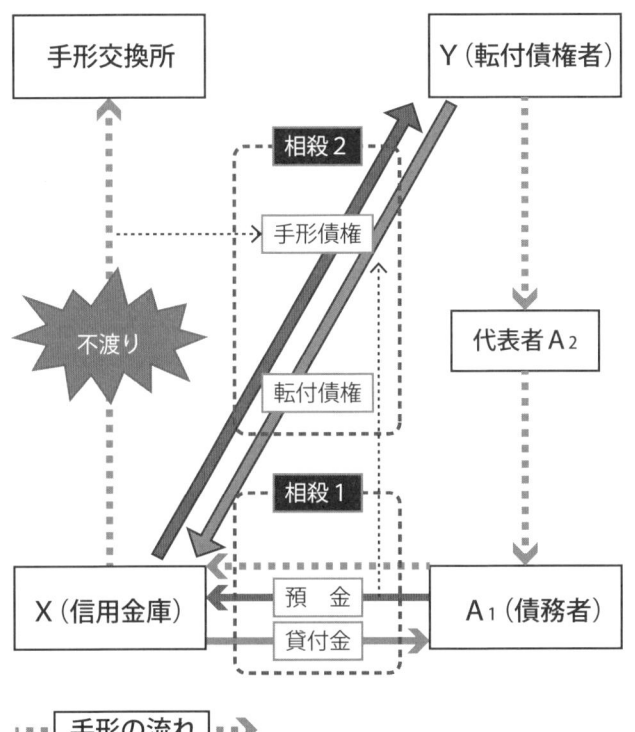

【図】 最判昭和54・7・10の当事者相関図

・・・・ 手形の流れ ・・▶

　一方で，YもA1に対して売掛金債権を有していたことから，A1のXに対する預金債権に対して仮差押えをして保全を図った。続いて確定判決による債務名義を得て，預金債権について差押・転付命令を受けたことから，Yは本件訴訟における第1審の期日に，Xに対し，この差押・転付命令によって取得した預金債権を自働債権とし，手形債権を受働債権とする相殺の意思表示をしたのである（**【図】**の**相殺2**）。

　以上のような事案において，XとYのどちらによる相殺が優先するかが主要な論点として争われたのであるが，最高裁は次のように判示し，原審に差し戻した（以下は判決要旨であり，〔括弧書き〕は筆者が本件の事案を当てはめたもの）。すなわち，「転付債権者〔Y〕に転付された債務者〔A1〕の第三債務者〔X〕に対する甲債権〔預金債権〕と第三債務者の転付債権者に対する乙債権〔XのYに対する手形債権〕との相殺適状が甲債権と第三債務者の

187

債務者に対する丙債権〔XのA1に対する貸金債権〕との相殺適状より後に生じた場合であっても，第三債務者が丙債権を自働債権とし甲債権を受働債権とする相殺の意思表示をするより先に，転付債権者の甲債権を自働債権とし乙債権を受働債権とする相殺の意思表示により甲債権が消滅していた場合には，第三債務者による右相殺の意思表示はその効力を生じない」と。

　この判例では2つの論理を展開しているといわれている（注111）。まず，相殺の要件の1つは「互い（銀行と取引先あるいは連帯保証人等）の債権債務が対立していること」であったが（**第7条3．(2)①**参照），この判例は「相殺適状は，原則として，相殺の意思表示がされたときに現存することを要するものであるから，いったん相殺適状が生じていたとしても，相殺の意思表示がされる前に一方の債権が弁済，代物弁済，更改，相殺等の事由によって消滅していた場合には相殺は許されない（民法508条はその例外規定である。），と解するのが相当である」として，2つの債権について相殺適状が生じても，相殺の意思表示がされる前に一方の債権が消滅し，その後に相殺の意思表示をしても，相殺の効力は生じないといっている。つまり，差押・転付債権者から相殺の意思表示がされた時点以降は，当事者双方における債権の対立はなくなっているというのである。もう1つは，第三債務者が受働債権の差押え前に自働債権を取得しても，第三債務者が持つ相殺の期待権は，転付債権者による相殺を妨げないという論理である。**第5条2．(4)②**および**第7条**で述べた相殺の担保的機能に対する合理的期待をもってしても，差押・転付債権者から相殺の意思表示がされた後は，自らの債務者に対する債権・債務の相殺適状がその意思表示の前に生じていても，自らによる相殺をもって対抗できないということになる。

　以上より，**第7条3．(9)**でも述べたように，銀行は，取引先の債権者から差押・転付命令を受けた場合，特に相殺を急ぐ必要があるのである。

(注111) 篠田省二「判例解説（最判昭和54・7・10）」法曹会編『最高裁判所判例解説（民事篇・昭和54年度）』266頁（法曹会・1983年）。

(5) 取引先等から相殺通知があったときの対応

　取引先等による相殺が実際に行われることは滅多にないと考えられるが、基本的な取扱いは次のとおりである。まず、取引先あるいは連帯保証人（いずれも銀行の債権者（預金者等）であることが必要）等からの相殺通知が本人によるものなのか厳重に確認しなければならない。場合によっては架電や訪問によって相殺の意思を直接確認しておくべきである。次に、相殺の要件を充たしているか確認しなければならない。すなわち、銀行による相殺とは逆になるので、預金等の弁済期（満期）が到来していること、貸金債権が存在すること（期限が到来していなくても、取引先自ら期限の利益を放棄できる）、外貨建債権債務の場合は外国為替特有の法令上の手続を経ていることなどである。さらに、相殺通知に記載されている内容を厳重に確認し、それが債権保全に支障が生じるようなものであれば、第11条による措置をとることになる。

　滅多にないこととはいえ、行内規定に従い、本部業務所管部に速やかに連絡するなどしてしかるべき対応をしておかないと、後に大きなトラブルや損失になりかねないので、以上の取扱いを十分理解しておかなければならない。

3．第2項（満期前の割引手形）

(1) 満期前割引手形の買戻債務を受働債権とする相殺

　取引先は自ら期限の利益を放棄できるので（民法136条2項）、自身の借入金の期限が未到来でも取引先から相殺できるが、割引手形の場合、手形割引は手形の売買と解されているので、売り主（取引先）から、特段の理由なく、いつでも割引代わり金と引換えに手形の返還を請求できる関係にはない。これでは、銀行には第6条によって買戻請求権の発生が認められているのに対し、バランスを欠いているともいえる。また、手形割引も実質的には銀行からの資金調達手段の1つといえることから、手形割引にも期限前買戻

しの権利を取引先に認めてよいとも考えられるので、手形割引の法的性質を消費貸借またはそれに類似した契約とみれば、本項は当然のことを規定したものに過ぎないともいえる（注112）。

(2) 取引先による相殺ができない場合

銀行は、手形割引によって裏書譲渡を受けた手形を手形期日に支払呈示して資金化し、手形債権を回収しているが、いつもそうとは限らない。例えば、当該手形が日本銀行の再割引や担保適格の手形であった場合、手形の期日前でも、日本銀行へ再割引や担保のために譲渡する場合があり得る。そこでいくら取引先が買い戻そうとしても、銀行が譲渡先から手形を取り戻さない限り、買戻しは不可能である。こうした場合に取引先から相殺できないのは当然のことであり、そのことを本項ではただし書きで確認しているのである。

4. 第3項（手続）

(1) 書面による意思表示

第1項と第2項は逆相殺の要件等についてであったが、本項はその手続方法について規定している。

銀行が相殺通知を始めとする各種の意思表示を書面で行っているのは、証拠を残すことによる後日のトラブル回避が主な目的であることはこれまで再三述べてきたところであるが、取引先による相殺の場合についても同様のことがいえる。特に相殺は、債権の消滅関係を始め、利息の計算や担保権の消滅等にも重大な影響を与え得るので、争いが生じないようにしなければならない。相殺の意思表示について民法には特段の様式が定められていないので、どのような方法で行っても同じ効果を得られるが、後日の紛争を予防するため、相殺通知は書面によることを本項で求めているといえる。

（注112）全銀協・ひな型解説124頁。

裁判上での相殺はもちろん有効であるし，当事者間で相殺の意思表示があったことに争いがないものについてまで必ず書面の提出を受けなければならないことはない。しかし，一般的には，取引先から口頭による相殺の意思表示があった場合，可能な限り速やかな書面の提出を取引先に要請すべきであり，どうしてもそれが困難な場合には厳重に記録を残しておく等の手当が必要である。

(2) 通帳・証書の提出

本項ではそのほか，取引先は，相殺によって用済みとなった預金通帳や預金証書を銀行に提出（返還）する義務を負うことを定めている。

預金通帳や預金証書は法律関係の証明を容易にするための証券であり（一般に「証拠証券」と呼ばれている），相殺の実行にあたり，その呈示や交付は要件とされていない（これは手形による相殺と大きく違うところである）。

一方で，民法487条には，「債権に関する証書がある場合において，弁済をした者が全部の弁済をしたときは，その証書の返還を請求することができる」と定められているので，取引先から預金等の全額を相殺された場合，銀行は預金通帳や預金証書の返還を請求できる。預金の残存について後日に誤解を生じさせないようにするためにも返還を受けておくに越したことはない。

預金通帳や預金証書の返還は，弁済の後履行義務と考えられている。完済した借入金等の証書について返還を求める権利が取引先に発生するので，銀行が取引先に預金通帳や預金証書の返還を求める権利と必ずしも同時履行の関係とはならないが，双方が同時に証書類の返還を行うことにすれば問題ないであろう。

取引先による相殺が真の預金者によるものでない場合でも，外観上は真の預金者と認められ，しかもその預金証書，特に届出印の押印のある証書の回収によって相殺されたときに，それが真の預金者によってされた相殺と信じることについて銀行に過失がなかったと認められれば，債権の準占有者に対する弁済の規定（民法478条）の類推適用によってその相殺が有効になる可能性があるので（注113），証書等への届出印鑑の押印を徴求することが有用

であるといえる。

　相殺済みの通帳や証書を回収できなかった場合に起こり得る問題については，民法（債権法）改正議論における銀行の消極的な意見の中でも取り上げられているので，参考になる（注114）。

5．第4項（利息・損害金等）

(1) 利息・損害金等の計算

　利息等の計算期間について，第7条3項では「乙による計算実行の日まで」と定められているのに対し，本項では「相殺通知の到達の日まで」と定められている。

　取引先による相殺も民法上の相殺である以上，その効果は相殺適状時に遡って効果が生じるのが原則であるが，利息等の計算期間については，相殺適状の時期に関係なく，取引先からの相殺通知が銀行に到達した時までとしている（この時点が相殺の効力発生時になる）。これは，取引先が利息等の計算をするのは煩瑣で困難な場合が多いと考えられることから，専門家である銀行に委ねることにしているのである。

　なお，期限未到来の定期預金を自働債権として相殺されても，期限の利益は銀行にあるのでその相殺は無効と考えられるが，それが実際にあった場合には取引先の意向をよく確認して対応すべきであろう。場合によっては中途解約に応じて相殺を容認するという判断もあり得る。逆に当該相殺を無効と判断して中途解約に応じない場合には，その旨を速やかに取引先に通知することが肝要である。

(2) 外国為替相場の適用について

　第7条3項に対応しているものであるが，取引先に本項を適用とすると，

（注113）全銀協・ひな型解説128頁。
（注114）法制審議会民法（債権関係）部会第47回部会議事録48頁〔三上徹発言〕。

第8条（取引先による相殺）

民法の原則とは異なり，以下の取扱いになる（注115）。

① 相殺通知が銀行に到達する以前に相殺適状にあった場合でも，為替相場を適状時の相場によることとするのは外国為替取引上妥当でないことから，本特約によってその相場は適用されない。
② 相殺通知の到達時に，外国為替市場の休場等によって為替相場が建っていないときは，その基準とすべき相場がないので，本特約により到達時の相場は適用されない。
③ 第11条3項によって取引先からの充当指定を銀行で変更する必要がある場合には，相殺通知が銀行に到達した時とは関係なく，銀行が同項による指定変更の通知をした時における相場が適用される。
④ その結果，現実に適用される相場は，③以外の場合には，銀行で相殺通知が到達したことを知り，その債権・債務について現実に銀行で相殺計算の手続をとった時のものとなり，③の場合には，さらに銀行から充当の指定変更の通知が発送され，現実に相殺計算の手続のなされた時のものということになる。

(3) 解約手数料

融資金の返済期限が到来する前に取引先が繰上返済する場合，その損害賠償の意味で解約手数料（違約金）を徴求する条項（いわゆる「ペナルティー条項」）が設けられているものがある（金利スワップ付融資等）。取引先が相殺によって自ら期限の利益を放棄して繰上返済することは，実質的に通常の期限前弁済と同様に考えられるので，本項のなお書では，ペナルティーとして解約手数料を取引先が負担することを確認している。

(注115) 全銀協・ひな型解説130頁。

第9条（手形の呈示，交付）

> **第9条（手形の呈示，交付）**
> ① 甲の乙に対する債務に関して手形が存する場合，乙が手形上の債権によらないで，第7条の相殺または払戻充当を行うときは，同時にはその手形の返還を要しないものとします。
> ② 前2条の相殺または払戻充当により甲が乙から返還をうける手形が存する場合に，乙からその旨の通知があった時には，その手形は甲が乙まで遅滞なく受領に出向くこととします。ただし，満期前の手形については乙はそのまま取り立てることができるものとします。
> ③ 乙が手形上の債権によって第7条の相殺または払戻充当を行うときは，次の各場合にかぎり手形の呈示，交付を要しないものとします。なお，手形の受領については前項に準じるものとします。
> 　1．乙において甲の所在が明らかでないとき。
> 　2．甲が手形の支払場所を乙にしているとき。
> 　3．事変，災害等乙の責めに帰すことのできない事情によって，手形の送付が困難と認められるとき。
> 　4．取立その他の理由によって呈示，交付の省略がやむをえないと認められるとき。
> ④ 前2条の相殺または払戻充当の後，なお直ちに履行しなければならない甲の乙に対する債務が残っている場合において，手形に甲以外の債務者があるときは，乙はその手形をとめおき，取立または処分のうえ債務の弁済に充当できるものとします。

1．趣　旨

　銀行の融資形態は，手形貸付や手形割引など，手形が関係する取引が相当な割合を占めている。そのような取引をしているなかで，銀行による，あるいは取引先による相殺が実行されたときに，法律が許容する範囲内で，銀行が可能な限り円滑に債権回収を図ることを目的として本条が定められたとい

える。

　第2条1で述べたとおり，手形貸付や割引手形の場合，銀行は手形債権と貸金債権（手形割引の場合は手形買戻請求権）という2種類の債権をあわせ持っており，両債権の法的性質や法が予定している原則的な取扱いを理解しておくことは本条を適用するにあたって必要となる。

　なお，本条は，商業手形担保貸付の商業手形には適用されないと解されている。

2．第1項（手形の返還猶予）

(1) 同時履行の抗弁権

　民法533条には，「双務契約の当事者の一方は，相手方がその債務の履行を提供するまでは，自己の債務の履行を拒むことができる」と定められている（同時履行の抗弁権）。同時履行の抗弁権とは，「公平の理念に基づき，契約の当事者間において，一方がその契約上の債務の履行について，他方がその債務の履行をするまでは，履行しないことを主張しうる権利をいう」と説明されている（注116）。

　融資金の弁済については，取引先が同時履行の抗弁権を有している。つまり，取引先にとっては，銀行による相殺等によって手形貸付債務あるいは買戻請求債務が消滅したにもかかわらず，その支払いの担保となっている手形の返却を受けておかないと，そのような事情を知らない善意の第三者が当該手形を所持しかねないことになり，その第三者から支払呈示を受けたときに二重払いの危険を負担する可能性がある。このような取引先の負担が，手形の無因性（手形行為は原因である実質関係とは別個のものであり，原因関係の存否，有効無効の影響を受けないという性質）（注117）によるものであることからすれば，妥当といえる。

(注116) 我妻ほか・前掲（注38）987頁。
(注117) 大塚・商法③47頁。

判例でも，「手形貸付において，貸金の返済と貸金支払確保のため振出された手形の返還は同時履行の関係にあり（最高裁昭和…（略）…33年6月3日第三小法廷判決・民集12巻9号1287頁参照），また，割引手形を買戻すについて，買戻代金の支払と手形の返還は同時履行の関係にあると解されるから，債権者が，手形貸付債権及び手形買戻請求権をもって債務者が債権者に対して有する債権と相殺するときには，債務者に手形を交付してしなければならない」として同時履行の抗弁権が認められており（最判昭和50・9・25民集29巻8号1287頁，金判479号7頁），学説に従っても，取引先が同時履行の抗弁権を有している場合には，手形を同時に返却しない限り，銀行による相殺や払戻充当ができないことになる（注118）。

なお，取引先の債務の弁済と銀行の手形の返還は，厳密にいえば，同時履行の関係とはやや異なる。というのは，取引先の原因関係にかかる債務の履行期日が徒過したときは，取引先は，銀行から手形の返還を受けられないからといって履行遅滞の責任を免れないからである。

(2) 規定の意義

同時履行の抗弁権のほか，銀行の自働債権に抗弁権が付着しているときは，銀行による相殺はできない（**第7条3．(2)④(iii)**参照）。しかし，それでは銀行が迅速に相殺することができなくなるので，取引先が持つ同時履行の抗弁権を特約で排除し，銀行が円滑に相殺や払戻充当をできるようにするために本項が設けられたといえる。

同時履行の抗弁権を排除する包括的合意の有効性についてはかねてより疑問を呈する見解がなかったわけではなく，例えばひな型制定の契機となった裁判例として**第6条1**で紹介した昭和32年京都地判は，「手形債権を自働債権とする相殺の際の手形呈示・交付不要の特約は，将来の不特定多数の手形については無効である。買戻請求権は遡求権と同様の性質のものであるから，手形を呈示・交付しないでなした銀行の相殺は無効である」(筆者注：銀行表記等を一部省略）と述べている（注119）。しかし，同時履行の抗弁権は

(注118) 我妻・前掲（注66）341頁。

債務者のために認められるものであるから，債務者が自らの意思に基づいてその期限の利益を放棄することは差し支えなく，公序良俗に反しない限り，同時履行の抗弁権を排除する特約を有効とするのが通説とされており（注120），実務もこの考え方に沿っている。

なお，本項は，「手形上の債権によらないで」とあるとおり，銀行による相殺のうち，手形上の債権である手形債権や遡求権等ではなく，金銭消費貸借による貸金債権や手形割引にかかる手形買戻請求権を対象にしていることは前述のとおりである（手形上の権利を行使する場合については第3項に規定）。したがって，手形上の権利によって銀行が相殺する場合，手形の呈示や交付の義務は本項によって排除されていないので，注意しなければならない（この点については**第2条5**でも触れている）。

3．第2項（手形返還場所等）

(1) 規定の意義

第1項の特約により，銀行が第7条の相殺や払戻充当を行う場合，同時に手形を取引先に返還する必要はないことになるが，返還する義務があることには変わらず，それは銀行による相殺（あるいは払戻充当）でも取引先による相殺でも同様であることから，「前2条」（第7条と第8条）としている。

本項は，銀行による相殺（あるいは払戻充当）または取引先による相殺によって銀行の債権が消滅し，取引先に手形を返還する必要がある場合に，返還義務の履行場所，および取引先がそこに出向くまで銀行が債務不履行の責任を負わないことについて合意した特約といえる。

民法484条には「弁済をすべき場所について別段の意思表示がないときは，特定物の引渡しは債権発生の時にその物が存在した場所において，その他の弁済は債権者の現在の住所において，それぞれしなければならない」

(注119) 菅原・前掲（注60）127頁。
(注120) 全銀協・ひな型解説139頁。

と，商法516条1項には，商行為によって生じた債務の履行について「特定物の引渡しはその行為の時にその物が存在した場所において，その他の債務の履行は債権者の現在の営業所（営業所がない場合にあっては，その住所）において，それぞれしなければならない」と定められている。貸金債務の履行場所は原則として債権者の住所地なので，手形貸付や手形割引の買戻請求権等の金銭債権の履行地は銀行の営業所となり，手形の返還も同所で行うことが合理的といえる。ところが，第1項によって，取引先が持つ同時履行の抗弁権が排除された結果，取引先の金銭債務と銀行の手形返還債務の履行が別々に行われることになった場合には，手形返還債務の債権者である取引先の営業所が履行場所になるので，そこに銀行が手形を返還に出向かなければならないと考えられる。また，取引先による相殺も銀行による相殺と区別すべき理由はないことから，銀行による相殺（あるいは払戻充当）の場合と同様の扱いとしている（注121）。そこで本項は，こうした不都合を避けるための合意として特約されているのである。

手形の返還義務を特定物と不特定物のどちらの返還義務とみるか見解が分かれそうだが，債務の履行場所は当事者の意思表示や取引慣行によって決められてよいと考えられるし，銀行取引の実状からすれば，取引先が出向くことにしても不公平とはいえないことから，この特約は有効と考えられている（注122）。

(2) 取引先の受領義務

第1項の特約により，銀行が手形外の債権で相殺（あるいは払戻充当）を行う場合，または取引先による相殺がなされた場合でも，銀行は，同時に手形を返還する義務を負わないことになっており，取引先が受領に来るまで返還する準備だけして保管しておけばよいことになる。しかし，長期間保管することによる紛失や損傷といった物理的なリスクや，その手形が満期到来前であれば期日に取立処理を失念する等，権利保全措置を怠ったりして善管注

（注121）　全銀協・ひな型解説141頁。
（注122）　注釈民法⑰388頁。

意義務違反による損害賠償責任を追及されるリスクがないとはいえないことから，本項は，取引先が「遅滞なく受領に出向くこととします」と定めている。銀行としては，可能な限り受領に来るように働きかけるなどの積極的な行動も必要である。

なお，取引先に手形を返還する場合には，後日の紛争を回避するために，手形の受領証等を受け取っておくべきである。受領証などの受取証書と手形のそれぞれの交付についても同時履行の関係に立つので（大判昭和16・3・1民集20巻3号163頁），銀行は，受取証書の交付を受けるまで，手形を返還しなくても債務不履行にならないことになる。

(3) 満期前の手形

本項はただし書で，期日未到来の手形がある場合には銀行に取立権があることを特約している。これは，銀行に取立義務があることを定めたものではなく，銀行が手形の保管者としての善管注意義務を尽くすために通常の取立てができる旨を規定したもので，当然のことを明文化した注意規定ともいえる（注123）。

また，本項にはそのほか，取引先による相殺の場合，相殺通知の中に取立禁止の意思表示（注124）（あるいは手形の取立てをしないでほしい旨の意思表示（注125））を含んでいるという主張を予防する意味があるともいわれている。

取引先と別途の合意をすることも可能であると考えられるので，取引先の意向をよく確認して対応すればよいであろう。

(注123) 全銀協・ひな型解説142頁。
(注124) 全銀協・ひな型解説142頁。
(注125) 注釈民法⑰389頁。

4. 第3項（手形の呈示・交付の免除）

(1) 手形上の債権

　第1項は手形上の債権以外の債権による相殺（あるいは払戻充当）を対象としていたのに対し，本項は手形上の債権によるそれを対象にしている。

　本項にいう「手形上の債権」とは，手形外で発生する原因債権によってではなく，手形法によって認められた権利（手形法上の権利）のうち，手形が表章する権利のことを指しており，具体的には，(約束手形の振出人または為替手形の引受人に対する）手形金請求権，(遡求義務者に対する）償還請求権（遡求権），手形保証人に対する権利，参加引受人に対する権利，参加支払人の引受人または約束手形の振出人・被参加人およびその前者に対する権利などのことである。他の手形法上の権利である（手形の悪意取得者に対する）手形返還請求権（手形法16条2項，77条1項1号），利得償還請求権（手形法85条），複本交付請求権（手形法64条3項），複本または原本の返還請求権（手形法66条1項，68条1項，77条1項6号），(遡求権の通知を怠った者に対する）損害賠償請求権（手形法45条6項，77条1項4号）などは含まれていない。

　第2条4で述べたように，銀行が手形貸付や手形割引にかかわる債権を有している場合，通常は，手形上の債権である手形債権や遡求権ではなく，手形貸付債権や手形買戻請求権を自働債権として相殺をしているのであり，手形債権をもって相殺するときには，手形の呈示証券性や受戻証券性からして，手形の呈示・交付を包括的に免除することは許されない。しかし，どうしても呈示や交付が不可能な場合にもそれが省略できないとなると，銀行の債権保全上，著しい不都合が生じるので，本項では，このような場合を具体的に想定して，一定の場合に限って手形の交付や免除を定めているのである。

(2) 手形の呈示証券性と受戻証券性

　指名債権の譲渡の場合，譲渡人から債務者に債権譲渡の通知がなされるので（民法467条1項），債務者は債権者を確認する必要はないことになるが，手形についてみると，手形は裏書によって流通されるので，手形債務者にとってみれば，支払いを請求する者が権利者かどうか確認する必要がある。また，支払請求者としても，自己が権利者であることを証明する必要があるといえる。そのため，手形の場合，支払いの請求のために手形の呈示を必要としているのであり（手形法38条，77条1項3号），手形債務者は，手形の呈示がない限り支払いをする必要がなく，履行遅滞の責任も負わないものとされている。手形のこのような性質を「手形の呈示証券性」という。また，手形債務者が手形の支払いをする場合，引換えに手形を受領しておかないと，支払いをしただけでは支払済みの事実が外見上わからず，その手形が善意の第三者の手に渡ることもあり得ることから，手形の支払いをした手形債務者が二重払いの危険にさらされることになる。こうした危険を避けるために，手形債務者は，手形が呈示され，請求されて初めて履行遅滞に陥り（商法517条），逆に手形と引換えでなければその支払いをする必要はない（手形法39条1項，77条1項3号）。これを「手形の受戻証券性」という（注126）。

　以上のような手形独特の性質があることから，銀行が手形上の債権を行使するためには取引先等に手形を呈示または交付をすることが必要となる。これは相殺や払戻充当の場合でも同様で，判例でも，手形の呈示または交付をしないで相殺の意思表示をしても相殺の効果は生じないとされている（大判昭和7・2・5民集11巻1号70頁）。しかし，常にこれらの規定に従って相殺や払戻充当をしなければならないとすると，都度，手形債務者に手形を呈示または交付しなければならないことになり，これでは債権回収における手続の迅速性・簡便性が著しく損なわれることになるので，取引先との合意によって手形の呈示または交付を免除することにしているのである。

　なお，このような相殺や払戻充当の際の手形の呈示・交付の包括的な免除

（注126）大塚・商法③295頁。

は許されないという裁判例もあるので（東京高判昭和33・4・30下民集9巻4号757頁），手形の呈示・交付を省略することが正当である，あるいはやむを得ないと考えられる後記(3)の4つの場合に限定して免除することとしており，これはひな型制定当時と概ね同じである。

(3) 手形の呈示または交付の免除が許容される場合

　解説用のモデルでは，以下の4つの場合において，手形上の債権による相殺または払戻充当実行にかかる手形の呈示または交付が免除されることを定めているが，これらは，前述のとおり，正当であって，やむを得ない理由がないと，客観的合理性や必要性が認められるものではない。本項が事前かつ包括的な手形の呈示・交付の免除特約を無効とする判例・学説に対する銀行の債権回収実務上の要請に基づいてなされた特約であることを考慮すれば，制限的に運用しなければならない。

① 第1号

　本号にいう「所在が明らかでない」とは，相殺や払戻充当をする際に，取引先が故意に行方を眩ましたり，銀行に対して意図的に音信を絶ってしまうことである。必ずしも失踪（民法30条）のような状態である必要はないが，前述のとおり，本項が制限的に解釈されると考えられることから，実務上は，可能な限り取引先の所在について調査したうえで適用するようにしなければならない。

　しかし，現在では，銀行の負担する守秘義務や個人のプライバシーの保護の関係から，聞き取り調査には限界がある。取引先の職場での聞き取りや近隣の居住者への聞き取りについては慎重にならざるを得ず，むやみやたらに調査を進めるということには問題がある。

　なお，この「所在不明」は，たとえ一時であっても，相殺等の差引計算をしようとするその時点において不明であれば足り，また，銀行が調査できなかった場合には，その家族や従業員が知っているときでも呈示・交付は不要であるとされている（注127）。

（注127）前掲（注99）94頁。

② 第2号

　本号にいう「支払場所」とはその手形の支払いの呈示における呈示場所のことで，手形上の支払場所の記載は本来的に支払いが予定された支払呈示期間内だけ効力を有するので，その期間経過後は効力を失い，支払地の内外を問わず，振出人の営業所または住所に呈示すべきであるというのが通説である（注128）。

　そこで本号では，取引先が手形の支払場所を借入先の銀行としている場合に銀行が手形を所持して相殺しようとするときは，特に手形を呈示しなくても，相殺や払戻充当を認めることに特段の不都合はないと考えられることから，銀行は支払呈示期間の内外に関わらず，手形の呈示・交付を省略して相殺や払戻充当をすることができる旨を特約している。

　なお，手形貸付の場合には，原因債権である貸金債権をもって相殺できるので，この場合は第1項が適用され，本号が適用されるのは手形割引の際の支払人口の主債務者（手形債務者）に限られるといってよいであろう。

③ 第3号

　本号にいう「手形の送付が困難な場合」とは，天災や水害，地変などによって相殺や払戻充当と同時に手形を債務者に送達できない場合が想定されている。この場合，その状況が客観的に認められるかどうか十分確認する必要があるであろう。

　なお，取引先が行方不明の場合は，手形の送付が困難でも，第1号に該当することはいうまでもない。

③ 第4号

　本号にいう「取立その他の理由」としては，他所払いの手形で，期日の支払呈示のために発送中であり，いまだ銀行の手許に返ってきていない場合が代表例である。そのほか，刑事事件によって検察庁に手形が押収されている場合等が考えられる。

　また，「認められる」というのは，客観的に認められるものでなければならないことはこれまで述べてきたところと同様である。

（注128）大塚・商法③189頁。

5．第4項（相殺・払戻充当後の手形の処遇）

(1) 趣　旨

　第1項から第3項までが相殺および払戻充当の際の手形の呈示・交付にかかる規定であったのに対し，本項は，実際に相殺や払戻充当が実行された後に，なお直ちに履行しなければならない取引先の債務が残存する場合に，手形に取引先以外の債務者があるときには，銀行はその手形を留め置いて，取立てまたは処分のうえ取引先に対する残債権に充当することができる旨を特約している。

　手形債権で相殺あるいは払戻充当をしておきながら，さらにその手形を利用して回収することは，手形上の権利の二重行使として問題があるのではないかという見解もあったようであるが (注129)，裁判例（大阪高判昭和37・2・28高民集15巻5号309頁）や通説 (注130) は，本項によって取引先に二重弁済の危険が生ずることもなく，残債務の弁済を図るに過ぎないことから，呈示・交付を伴うものではあるが有効であるとされていること (注131)，銀行では従前，このような場合に相殺あるいは払戻充当後に残債権があるとき，その回収を図るために相殺あるいは払戻充当後の手形を銀行に留め置いて当該取引先以外の手形債務者から手形金を取り立てあるいは他に処分したうえで，その代わり金をもって残債権に充当してきたという実務慣行があり，本項はこのような取引慣行や実務における現実的要請に基づいて規定されたものとみることができる (注132)。

(注129) 宮川種一郎「約定書の例文化は逆効果」金法671号16頁 (1973年)，蓮井良憲「判例を手がかりに再検討」金法671号28頁 (1973年)。
(注130) 西原寛一「三菱判決の概要とその問題」金法305号1頁(1962年)，酒井忠昭「判例批評（東京地判昭和46・10・13）銀法190号15頁(1972年) ほか。
(注131) 全銀協・ひな型解説146頁。
(注132) 注釈民法⑰391頁。

第9条（手形の呈示，交付）

(2) とめおき権

　本項によれば，とめおき権が認められるのは，①取引先に対する債権について期限が到来していること（期限が到来していないと相殺や払戻充当はできない），②相殺あるいは払戻充当後に残債権が存在していること，③相殺あるいは払戻充当後の手形に取引先以外の債務者が存在していることなどの要件が必要となる。

　これらの要件が充たされ，取引先以外の手形債務者が振出人や引受人，裏書人，そして保証人として割り引かれた手形に署名されている場合にこのとめおき権を行使することになるが，このうち，裏書人には当該取引先以後の裏書人は含まれないし，保証人がある場合でも，手形の主債務者が当該取引先であって，しかもこれらのほかに署名者がないような場合には該当しないと考えられている。

　とめおき権は，第4条3項により，銀行が担保の目的としてではなく，単に占有しているに過ぎない手形等について，取引先の債務不履行を停止条件として銀行に付与される取立権ないし処分権と同種の権利であると解する説や，商事留置権や第4条3項の権利と成立の要件を異にするが内容的にはこれらに類似した広義の担保権であるという見解があるといわれているが（注133），いずれの見解をとっても，実務で問題となることはまずないであろう。

　なお，とめおき権の行使は，相殺または払戻充当の場合でなければならず，任意弁済の場合には行使できない。取引先にとって直ちに弁済しなければならない債務であることが必要なので，債権が期限未到来であったり条件付きである場合も同様である。

　また，とめおき権にかかる特約は，相殺や払戻充当済みの手形の取立委任に関する特約と解されていることから，手形債務者が取引先に対して有する抗弁は銀行に対してもなされる可能性があり，取引先が破産手続開始決定を受けたときは取立委任関係は終了し，手形は破産管財人に返還しなければな

(注133) 全銀協・ひな型解説146頁。

らないことになる。

とめおき権は担保権とは異なる権利であるということは十分認識しておく必要があるであろう。

6．実務上の留意点

本条により，銀行は相殺あるいは払戻充当後の手形を取引先の営業所等に持参する必要がなくなっているが，取引先が遅滞なく銀行に取りに来るのをただ漫然と待っていればよいわけではない。手形を返還するまでは手形の保管者として善管注意義務を負担していることになるので，万一銀行が故意または過失によって手形を紛失したり権利保全手続を怠ったりした場合には，損害賠償を請求されることも考えられる。したがって，可能な限り速やかに取引先に手形を返還する努力をすべきであるが，返還する際には，後日の紛争を避けるために，取引先から受取証書などの受領書を受け取っておくべきである。

第10条（銀行による充当の指定）

> **第10条（乙による充当の指定）**
> 　甲が債務を弁済する場合，または第７条による相殺または払戻充当の場合において甲の乙に対する債務全額を消滅させるに足りないときは，乙が適当と認める順序方法により充当し，これを甲に書面をもって通知するものとします。この場合，甲はその充当に対して異議を述べることができないものとします。

１．規定の趣旨

　取引先（融資先）から銀行取引約定書の差入れがなされておらず，本条のような規定が適用されない場合（個別に金銭消費貸借契約証書で約定されている場合等を除く），取引先との関係は民法や商法，会社法，手形法，小切手法等によって規律されることになるが，それだけでは銀行の債権保全上不十分であることから，また事務手続上の煩雑さを避ける目的で本条が設けられている。

　充当の指定とは，銀行が同一の取引先に対して複数の貸金債権を有する場合において，取引先から弁済があったとき等に，どの貸金債権から充当するかを指定することである。具体的には，取引先に対して融資金が数口ある，あるいは元金や利息・損害金，費用等がある場合に，取引先からの弁済の提供，あるいは第７条の銀行による相殺または払戻充当の実行によって取引先に対する債権の一部のみが消滅することとなったときに，どの債権に充当するかを銀行が指定でき，それに対して取引先は異議を述べられないことを本条で特約している。

　第11条は昭和52年のひな型改正時に新設されたものであるが，従来の規定のままでは取引先は異議を述べることが可能であるとも解釈できることから，それができないことを明らかにしたものだと立案者が説明しており（注134），無用な紛争を防止する意味が込められている。

2．民法による充当

(1) 民法の規定の概要と特約の必要性

　民法には，法律の規定による法定充当（489条，491条）と当事者の指定による指定充当に分けて規定されている（**第4条2．(2)参照**）。

　民法488条1項には「債務者が同一の債権者に対して同種の給付を目的とする数個の債務を負担する場合において，弁済として提供した給付がすべての債務を消滅させるのに足りないときは，弁済をする者は，給付の時に，その弁済を充当すべき債務を指定することができる」と，同3項には「前二項の場合における弁済の充当の指定は，相手方に対する意思表示によってする」と定められており，充当指定権は，第一義的には弁済する取引先にあり，充当の指定は銀行に対する意思表示によってなされることになっている。

　同2項には，「弁済をする者が前項の規定による指定をしないときは，弁済を受領する者は，その受領の時に，その弁済を充当すべき債務を指定することができる。ただし，弁済をする者がその充当に対して直ちに意義を述べたときは，この限りでない」と定められており，取引先が充当指定権を行使しない場合は銀行が弁済を充当すべき債務を指定できることになっている。銀行による指定に対して取引先が直ちに異議を述べた場合には法定充当になると解されており（注135），取引先が何ら指定することなしに弁済として給付を提供してきた場合に銀行が充当指定を怠ったときも同様と考えられている（注136）。

　この規定は代物弁済や第三者による弁済の場合には適用されないので，実務では注意が必要である。

（注134）注釈民法⑰401頁。
（注135）全銀協・ひな型解説149頁。
（注136）大平・約定書読み方104頁。

相殺の充当の指定については，弁済時の充当の指定にかかる規定が準用されている（民法512条）。

以上が民法における充当の指定に関する規定であるが，実務では，これらに従うと充当手続にかかる事務が煩雑化するばかりでなく，銀行の債権保全上も問題が生じることから本条が設けられているのである。

債権保全上，どのような問題が生ずるかというと，取引先に対して複数の貸金債権がある場合，保全が図られている信用保証協会による保証付融資や不動産担保融資といったものと，そうでない信用貸しなどのものが併存する場合に，取引先の業況が悪化したときなどに充当指定権を行使されて前者に充当され，後者が残存する状況を想像すればわかりやすいであろう。

なお，(2)で述べるが，取引先の利益の大きい順といっても，実際には判断し難い場合も想定される。利息の低い債務よりも高い債務を弁済したほうが取引先にとって利益があるといえそうであるし，担保がある債務とない債務とでは前者を弁済したほうが取引先にとって（担保の再利用ができるので）有利ともいえそうであるが，前者のほうが後者よりも利息が低い場合など，単純に利益を比較できない場合も多く，手形割引では一度に数十枚の手形割引にかかる債権に対応しなければならないことも少なくないであろうから，本条がなければ，いかに事務手続が複雑化されるかは想像に難くない。

(2) 民法による具体的な充当順序

実際の充当順序はどのように決まるであろうか。

① **債務者である取引先が，1個または数個の債務について，元本のほか，利息（損害金も含む）や費用を支払う必要がある場合**

まず民法491条の規定が適用され，費用から利息，そして元本の順に充当される。本条のような特約がない限り，その順序に従って充当することになり，債務者によるこれと異なる充当はその効力を生じないものとされている（大判大正6・3・31民録23輯591頁）。

② **債務者である取引先が数口の債務を負担している場合**

このうちのどの債務に充当するかについては，第一義的には弁済者の指定によって決まる（民法488条1項）。

③ 弁済者が②の指定をしないとき

弁済受領者である銀行の指定によって決まる（民法488条2項）。

④ ①の場合で費用相互間，利息相互間および元本相互間における充当順序，③の場合で弁済受領者の指定に，弁済者が直ちに異議を述べたとき，または弁済者も弁済受領者も弁済の充当指定をしなかったとき

以下の順序になる（民法489条。第4条2．(2)も参照）。

(i) 弁済期が到来しているものとそうでないものがあるときは前者から

(ii) 弁済期が到来しているもののなかでは弁済者に利益があるものから

(iii) 弁済者にとって弁済の利益が同じもののなかでは弁済期が到来する順に

(iv) (ii)(iii)の条件が同一のものについては債務額で按分

なお，取引先による充当の指定に対し，銀行がその変更を申し出，取引先がそれを拒絶した場合には，有効な弁済がされなかったことになる（注137）。

⑤ 債務者が1個の債務の弁済として数個の給付をなすべき場合（分割弁済をすべき場合など）

民法488条，489条の規定が準用される。

3．弁済の意思表示

充当の指定は意思表示によってなされることになっているが（民法488条3項），実務では，充当する際に充当指定通知書などによって意思表示がなされることはまれだと思う。というのは，弁済を受けて債権が消滅した場合，消滅した債権にかかる債権書類や充当にかかる計算書類等を速やかに取引先に交付することで，意思表示に代えていると考えられるからである。

取引先が弁済の充当について何らの指示等をすることなしに弁済し，銀行が速やかに充当の指定をしなかった場合は，本条に基づく充当指定権を銀行は放棄したものとみなされ，民法の弁済充当の規定（法定充当，民法489

(注137) 注釈民法⑰400頁。

条，491条）が適用される（注138）。つまり，本条の銀行の充当指定権は，すべての充当を銀行に一任するものではないということである（この点については後の判例でも触れる）。

なお，本条は，取引先の有する充当指定権（民法488条）を排除するものではなく，銀行が充当すべき貸金債権を指定したときは，取引先はその負担に応じる義務が生ずることを定めたものである。したがって，取引先が銀行にとって不利な充当順序を指定してきたような場合には，銀行は債務不履行を主張し，弁済の受領を拒絶できるとも考えられ，受領を拒絶しても受領遅滞（民法413条）にならないことになるが，弁済を受領してしまった場合には，取引先の指定に従って充当されたことになる。以上のように考えると，実務上は取引先から弁済金を受領する前に充当する債権について了解を得ておくべきであり，得られない場合には，受領を拒絶するか，弁済者の指定通りに充当するしかないことになるが，各銀行のマニュアル等に定められている弁済順序通りにならない場合には，債権保全や今後の融資戦略といった観点も十分に勘案のうえ，本部業務所管部と協議することになるであろう。

4．強制執行や担保権実行による配当金等の取扱い

不動産競売における配当金については，本条のような特約があっても，民法489条ないし491条の規定に従って複数の債権に充当されるという判例がある（最判昭和62・12・18民集41巻8号1592頁）。

また，破産事件における担保不動産の任意処分にかかる事案であるが，その充当方法において債権者の指定充当を認めなかった裁判例がある（最判平成22・3・16金判1344号25頁。詳しくは**第4条2．(2)②**参照）。

(注138) 注釈民法⑰400頁，大平・約定書読み方105頁。

5．銀行による相殺・払戻充当の場合

　銀行が第7条の相殺・払戻充当をする場合には本条が適用されるが，第8条の取引先による相殺の場合は第11条が適用されることになる。つまり，銀行が相殺する場合に，受働債権（取引先の銀行に対する預金債権等）の額が自働債権（銀行の取引先に対する貸金債権）の額を下回っていて，貸金債権のすべてを消滅させられないときに，本条が適用される。

6．実務上の留意点

(1) 本条の適用範囲

　本条によって銀行に裁量が与えられているのは充当の順序方法についてである。とはいえ，充当の順序は信義則によって制限されていると考えられており，銀行の債権の保全や回収のために客観的に必要と認められる範囲を超えて取引先ないし第三者に不当に不利になるような充当をしても無効と解されるべきであるという見解（注139）や「銀行が適当と認める順序方法により弁済に充当する」ということは「客観的かつ合理的に一般に適当と認められる順序方法により」の意に解すべきものであるという見解（注140）が有力であり，実際に行う充当が合理的かどうか確認しなければならない。

　なお，取引先の期限の利益が喪失されている場合には，費用や利息よりも先に元本に充当することに一定の合理性が見出せると考えている。銀行にとっては不良債権を早期に圧縮でき，取引先にとっては無用に利息・損害金が増加しないからである。

　本条が適用されるのは，取引先の銀行に対する債務のうち，弁済期が到来したものや期限の利益を喪失したものに限られる。弁済期が到来していない

（注139）注釈民法⑰400頁。
（注140）田中・銀行取引法386頁。

債務などに充当する場合には，第5条2項や第6条2項等によって取引先の期限の利益を請求喪失させるか，割引手形の満期前に買戻債務を発生させる必要がある。

(2) 取引先の指定がある場合（相殺以外の場合）

取引先による相殺にかかる充当の指定への対応については第11条で規定されており，ここではそれ以外の場合を対象としている。

特定の債務に対して取引先から充当の指定がされた場合，銀行は，受領を拒絶する，あるいは受領して取引先の指定通りに充当することは可能であるが，受領しておきながら，取引先の充当指定に反して銀行に都合のよい充当方法を選択することはできないが（注141），これには交渉の余地がないわけではないと考える。

(3) 適用除外

競売や破産手続，民事再生手続，会社更生手続等の配当は法定の順序によって充当されることになるので，本条の適用はない。

なお，法的整理手続における不動産担保等の任意処分でも，**第4条2．(2)②**のとおり，著しく時期に遅れた銀行による充当の指定については排除されるという判例があるので，充当の意思表示は可能な限り速やかに実施する必要がある。

(注141) 前掲（注99）100頁，田中・銀行取引法386頁。

第11条（取引先による充当の指定）

> **第11条（甲による充当の指定）**
> ① 第8条により甲が相殺する場合，甲の乙に対する債務全額を消滅させるに足りないときは，甲は乙に対する書面による通知をもって充当の順序方法を指定することができるものとします。
> ② 甲が前項による指定をしなかったときは，乙は甲に対する書面による通知をもって乙が適当と認める順序方法により充当することができ，甲はその充当に対して異議を述べることができないものとします。
> ③ 本条第1項の指定により乙の債権保全上支障が生じるおそれがあるときは，乙は書面により遅滞なく異議を述べたうえで，担保，保証の有無，軽重，処分の難易，弁済期の長短，割引手形の決済見込みなどを考慮して，乙の指定する順序方法により充当することができるものとします。この場合，乙は甲に充当結果を通知するものとします。
> ④ 前2項によって乙が充当する場合には，甲の期限未到来の債務については期限が到来したものとして，また満期前の割引手形については買戻債務を，支払承諾については事前の求償債務を甲が負担したものとして，乙はその順序方法を指定することができるものとします。

1．規定の経緯

　本条は，昭和52年のひな型改正で第8条とあわせて新設されたものである。それまでは，取引先が債務を弁済する場合と銀行が相殺や払戻充当等をする場合の充当指定についての規定しかなく（**第8条1**参照），取引先が相殺する場合の充当指定について何も定められていなかったため，債権回収上支障が生じるおそれがかねてから指摘されていたことを踏まえ（昭和52年改正前のひな型は，民法の一般原則に従った取引先による相殺を排除する趣旨ではなく，ひな型第9条は取引先が相殺する場合までを含むものではないとする見解や裁判例もあったようである（注142）），そこで本条によって，

取引先の指定する順序方法に従って充当したのでは銀行の債権保全上支障が生じるおそれがあるときは，銀行が指定を変更できるようにしたのである。

2．第1項（原則）

　本項では，取引先は，第8条の相殺をする場合には充当指定権を有することが明らかにされている。とはいえ，銀行にとって債権保全上支障が生じる場合を除き，取引先によるどのような順序方法でも銀行は容認せざるを得ないというものではなく，例えば，元本，利息，費用（損害金を含む）という順序方法を指定してきた場合や，分割弁済で複数回分の延滞が発生しているなかで返済期限の早いものを後回しに充当するような指定がなされた場合などは，銀行は直ちに異議を述べて順序方法を変更できると考えられている（注143）。そのような不規則な順序方法による充当は，法的あるいは制度的な問題のほか，電子的にプログラム化されている現在の銀行の返済手続においてシステム上支障を生じさせ，多数の融資先を有する銀行にとって多大な事務不可がかかり，事務ミスリスクも増大するという問題がある。

3．第2項（充当の指定をしなかった場合）

　第10条2．(2)②で詳述したとおり，相殺について準用されている充当指定の一般原則（民法512条）によれば，一次的な充当指定権は弁済者である融資先（取引先）にあり，その行使は取引先の意思表示によってなされることになっている（民法488条1項，3項）。そして，取引先が弁済充当の指定をしなかったときは，二次的に受領者である銀行に充当指定権が発生することになり，銀行は，弁済の受領時（本条が想定しているのは相殺の意思表示のとき）に弁済を充当すべき債務を指定できることになっている（民法488条2項）。

(注142)　注釈民法⑰405頁。
(注143)　全銀協・ひな型解説158頁。

さらに、本項の後半では、「異議を述べることができないものとします」と特約している。この特約がないと、銀行がした二次的な弁済充当に対して取引先が異議を述べた場合は法定充当になると解されているので（注144）、異議を認めないことによって銀行の債権保全上支障が生じないようにしているのである（法定充当は債務者にとって有利なものであると考えられており（注145）、法定充当に移行してしまえば、債権保全上支障が生じないように指定充当の特約をしている意味がなくなってしまう）。

以上から、この特約により、銀行が相殺する場合と同様の効果を得ることが期待できるが、取引先が充当の指定をしない場合、銀行が直ちに充当しなければ法定充当に移行することになるので注意が必要である。

4．第3項（銀行による充当指定の変更）

(1) 趣　旨

第2項は取引先が充当の指定をしない場合についての特約であるのに対し、本項は取引先が充当の指定をした場合の特約である。すなわち、取引先の指定通りに充当すると銀行の債権保全上支障が生じる場合に銀行が異議を述べることができることを定めている（後記(2)参照）。ただし、異議を述べるにとどめただけでは、民法の規定によって法定充当に移行してしまうことになるので（債務者（取引先）が有利になる可能性が高まる）、それを防ぐために、銀行が改めて充当できることも定めている（注146）。

(注144) 大平・約定書読み方109頁。
(注145) 注釈民法⑰407頁。
(注146) 全銀協・ひな型解説159頁。

(2) 適用の要件

　本項には，順序を指定する際の考慮要素として，「担保，保証の有無，軽重，処分の難易，弁済期の長短，割引手形の決済見込み」が例示されている。

　一般的な順序として，担保と保証はそれぞれないものから，担保の種別が同じものでは担保価値が低いものから（保証の場合はその資力で判断することになるであろう），担保価値が同じであれば担保の処分が困難なものから，弁済期は長期のものから，割引手形は決済に疑義があるものから，という順に充当していくと考えられる。これは原則的な考え方であり，例えば弁済期であれば取引先の資金繰り状況に密接に関係している場合も多いので，画一的に考えるのではなく，事案ごとに対応する必要がある。

　また，複数の不動産を共同担保として担保取得している場合で，他の金融機関が後順位で担保権を設定しているときなどは，将来的な担保処分を勘案すれば（先順位担保権者や後順位担保権者とのいわゆる「判付き料」の交渉も考慮する必要がある場合もある），単に，担保価値があるから，あるいは処分が容易だからといって拙速に手続を進めるべきではなく，各担保不動産に対する全担保権者の担保権の設定状況などを十分に勘案したうえで担保処分等による回収可能性を検討しなければならない。

　なお，銀行が取引先の指定と異なる充当ができるのは，取引先の指定通りの充当では債権保全上，支障が生じる相当の事由がある場合に限られると考えられていることに留意が必要である（注147）。

(3) 指定の期限

　(2)で述べたようなことを考慮したうえで銀行が充当の指定をすることになるが，指定をするまでにどれだけの時間が許容されるのであろうか。不動産担保の場合，現行の実務において定期的に評価の洗い替えをしているとはいえ，実際に処分価を検討するとなると，現地の確認や，その時点での評価を

(注147) 全銀協・ひな型解説163頁。

精緻に見直すことなども必要になると考えられる。そうすると，相当程度の期間が必要になるが，「その間の日数が調査検討のための期間として相当なものであれば，銀行指定の効力が認められる」と考えられているので(注148)，一定程度の期間は許容されるとみてよいであろう。しかし，「その期間が不当に長ければ，銀行は指定充当権を放棄したことになって法定充当となる」とも考えられているので(注149)，取引先から相殺の意思表示がなされた場合には，可及的速やかに対応を検討したうえで手続を進めなければならない。

5．第4項（銀行による充当指定の方法）

　第2項と第3項によって銀行が充当する場合には，取引先の期限未到来の債務については期限が到来したものとして，満期前の割引手形については買戻債務を，支払承諾については事前の求償債務を取引先が負担したものとして，銀行は充当の指定をできることが本項に定められている。これは，銀行による相殺や払戻充当が期限到来後の債権でなければできないことに比べ，相殺可能な範囲を拡大したものとみることもできる。本項も，本来は銀行が期限到来後の債権を指定しなければならないところ（期限の利益を請求喪失させたものや，割引手形買戻請求権または事前求償権が発生したものも含む），仮にそうした場合，決済不確実な割引手形や回収の見込みに疑義がある支払承諾が残存してしまう可能性があることから設けられたといえる。
　本項には，割引手形買戻請求権や支払承諾にかかる事前求償権がいつ発生するかについて明示されていない。さらに，銀行が取引先から相殺の意思表示を受けてから相殺を実行するまでに期限未到来の債権を受働債権として指定した場合の法律関係も明らかにされておらず，ここは議論の余地があるところだと考えられる。実務上，計算期間は第8条4項に従って相殺通知の到達の日が基準となる。

(注148) 全銀協・ひな型解説159頁。
(注149) 全銀協・ひな型解説159頁。

以上を踏まえ，実務では，支払承諾にかかる事前求償権に充当するという判断に至った場合などは速やかに債権者に対する保証債務を履行し，債権債務の関係を整理することを検討しておくとよいであろう。

6．実務における対応

取引先から相殺の意思表示や充当指定をされることは，取引先にとっての実益が考えにくいから，実際にはまれだと考えられる。

しかし，(物上）保証人などが，取引先との関係悪化などで自らの保証債務負担や担保負担を免れることを目的に債権者代位権によって相殺権を行使する可能性がないとはいえないので，取引先から相殺通知が送達された場合に対応できるように備えておく必要がある。その場合の手順は以下のとおりである。

(1) 内容の確認

まず，以下の要件等の確認が必要である。

① 取引先本人かどうかの確認

簡単そうで意外と難しいのが本人確認である。銀行に送達されるのは書面のみなので，記載内容は正しくても真偽の判定には慎重を要する。速やかに電話する，あるいは訪問するなどして本人の意思を確認することが肝要である。その際には，今後の取引内容の検討のために，相殺した経緯なども可能な範囲で聴取しておくとよいであろう。

② 相殺要件の確認

取引先がした相殺が有効かどうかを確認しなければならない。法的には，相殺するためには対立する債権債務について期限が到来していることが必要なので，取引先の預金債権（取引先にとっての自働債権）の期限が未到来であれば相殺できない（民法505条。受働債権と異なり，期限の利益を自ら放棄できないからである）。また，銀行が他に再譲渡中の割引手形については取引先による相殺はできない（**第8条3．(2)**）。以上を十分に確認したうえで，次に指定充当の内容を検討することになる。

なお，指定充当が債権保全上どのような影響を及ぼすかは事案ごとに検討しなければならず，営業店においては，速やかに取引先との取引内容や保全状況を確認したうえで，本部の指示や内部規程等に従って遺漏なく手続を進めることが必要である。

(2) 内容の検討・対応

① 充当内容の確認・計算

まず，取引先から発送された相殺通知書を点検し，どの預金と融資金とが相殺の対象となっているかを確認する。相殺対象となる融資金が特定されていないことも考えられるが，その場合には遅滞なくその旨を取引先に確認する必要がある。

次に，相殺の計算内容を確認すると，計算方法が相違している場合も多いのではないかと思う。そのような場合には，銀行自ら計算し，その結果を相手方に通知して相殺を完成させることになる。

② 相殺済証書等の回収

相殺済みとなった預金証書などは，第8条3項の特約により，届出印による押印を確認したうえで回収することになる（これについては預金に関する事務処理手続にかかるマニュアル等に従って対応することになるであろう）。

相殺で完済となった融資関係の債権書類については，計算書類とともに回収済みの処理をしたうえで取引先に返戻することになるが，後日の紛争を防止するために，同時に受領証等を徴求しておくべきであると考えている。

(3) 債権保全に支障が生じるおそれのある場合

(2)で検討した結果，債権保全に支障が生じる可能性があると判断された場合には，可及的速やかに異議の通知をする必要がある。異議の通知は，後日の紛争を防止するために，原則として配達証明付内容証明郵便で行うが，場合によっては手渡しし，写しに取引先の受領印を徴求しておいて，それに確定日付を付す扱いでもよいであろう。いずれにしても，異議の通知を相手方が受領したことを明確にしておくことが大切だと考える。

充当の指定を変更する場合には，その内容も配達証明付内容証明郵便によ

って通知することになるが，これは異議の通知と同時にすることも可能である。

　ここで重要なのは，通知は，**4**(**3**)で述べたように，相当の期間内に充当指定ができるよう，速やかに行う必要があるということである。

第12条（危険負担，免責条項等）

第12条（危険負担，免責条項等）

① 甲が振出，裏書，引受，参加引受もしくは保証した手形または甲が乙に提出した証書等が事変，災害，輸送途中の事故等やむをえない事情によって紛失，滅失，損傷または延着した場合には，甲は乙の帳簿，伝票等の記録にもとづいて債務を弁済するものとします。
　なお，乙が請求した場合には，甲は直ちに代りの手形，証書等を提出するものとします。この場合に生じた損害については，乙の責めに帰すべき事由による場合を除き，甲の負担とします。

② 甲が乙に提供した担保について，前項のやむをえない事情によって損害が生じた場合には，乙の責めに帰すべき事由による場合を除き，その損害は甲の負担とします。

③ 万一，手形要件の不備，もしくは手形を無効にする記載によって手形上の権利が成立しない場合，または権利保全手続の不備によって手形上の権利が消滅した場合でも，甲は手形面記載の金額の責任を負うものとします。

④ 乙が手形，証書等の印影を，甲の届け出た印鑑と相当の注意をもって照合し，相違ないと認めて取引したときは，手形，証書，印章について偽造，変造，盗用等の事故があってもこれによって生じた損害は，甲の負担とし，手形または証書の記載文言にしたがって責任を負うものとします。

⑤ 乙の甲に対する権利の行使もしくは保全または担保の取立もしくは処分等に要した費用，および甲の権利を保全するために甲が乙に協力を依頼した場合に要した費用は，甲が負担するものとします。

1．趣　旨

　本条は，取引先との取引において災害や事故等の偶発的な事象が発生した場合に取引先に対する債権を保全するため，銀行の危険負担の回避や責任の

第12条（危険負担，免責条項等）

免除について特約したものといえる。

　例えば，銀行の故意・過失によらずに債権証書を紛失した，あるいは担保物に損害が生じた場合や，手形に要件不備，手形・証書にかかる印章の盗用・偽造があった場合などが想定される。

　本条は，「銀行の支配域内で生起した事故および銀行の行為によりもたらされた結果については，やむをえないものに限り銀行を免責し，それによる損失は取引先に負担せしめることとされているが，やむを得ないものであったか否かの判断は，銀行ないし銀行員の金融専門家としての注意能力ならびに注意義務，銀行取引の多量性・頻繁性および取引慣行からくる妥当性を考慮し，取引先にとって衡平を失しないようにされることが必要である」と述べられるなど，学説ではあまり好意的にはみられていないようである（注150）。したがって，本条については漫然とした運用ができないと考えるべきである。

2．第1項（手形等を紛失等した場合）

(1) 用語説明

① 手　形

　一般的には手形貸付によって取引先から差入れを受けた手形が含まれるのはもちろんであるが（この場合は手形債権上の手形としてではなく，金銭消費貸借契約上の債権にかかる証書としての手形を指す），主に，手形割引によって取引先から受け入れた手形や他の取引先の依頼により割り引いたいわゆる支払人口にかかる手形を指しているといってもよいであろう。

　従来から，間接的に銀行が取得した手形を紛失した場合，取引先からみれば銀行が取得して所持していると信じる根拠がないことから，その場合にまで本項が適用されることに疑問視する見解もあるようであるが，銀行が所持していることを立証できる場合には，本項の適用が否定されることはないと

(注150) 注釈民法⑰418頁。

考えられる（注151）。

② 証書

金銭消費貸借契約証書や各種約定書，保証契約書，債務引受証書などの債権の存在を明示する証書に加え，手形以外の有価証券や免責証券等一切を指している。

③ やむをえない事情

本項で例示されているような，銀行と取引先のどちらにもその責任を負担させることが妥当でなく，客観的にみてもそれを事前に防止することができないような事情を指す。具体的には，以下のようなことが挙げられている（注152）。

(i) 戦争や暴動などの事変によって債権証書が紛失などの結果を招来したとき
(ii) 地震や台風，洪水，落雷などの自然現象によって債権証書が紛失などの結果を招来したとき
(iii) 郵便物として輸送中に銀行に責任を課することのできないような客観的事象が発生したとき

なお，本項が例示している「事変，災害，輸送途中の事故等」が発生しても，当然に銀行が免責されるとはいい難い場合もあり得ると考えられる。近時，銀行に対するリスク管理（あるいは危機管理）の要請は高まりをみせており（金融検査マニュアル（別紙3）「その他オペレーショナル・リスク管理態勢の整備・確立状況」参照），各銀行では災害発生時における対応策をマニュアル化していることと思われる。そのような社会的な要請があるなかで銀行がなすべき対応を怠っていた場合には本項の適用が難しいと判断される場合も発生し得るのではないだろうか。

④ 延着した場合

(注151) 注釈民法⑰419頁，全銀協・ひな型解説167頁，前掲（注99）104頁。
(注152) 大平・約定書読み方118頁。

第12条（危険負担，免責条項等）

手形が郵便事故等で呈示期間中に支払場所の銀行等金融機関に到着しなかった場合を指す。

⑤ 債　務

紛失した手形や契約書等にもともと表象・表示されていたもののことであり，新たな債権がこの特約によって発生するということではない。

手形や契約書等の債権書類が紛失しても，債権自体の消滅原因が発生していない限り，もともと存在した債権には法律上，何ら影響はない。とはいえ，証拠となる現物書類が紛失していることから，紛争や疑義が生ずる可能性がないとはいえないので銀行が保管する伝票や帳簿（現状では電子化されている場合もあるであろう）などに基づいて債務を弁済することが本項で特約されている。これは，銀行が保管する帳票類の信憑性の高さが前提であることから容認され得るものと考えられ，銀行のいい分だけで支払われるものではない。

⑥ 代りの手形，証書

債権書類としてもともと存在していた手形や契約書等と同じ内容のものであり，別の手形や契約書を取引先が担保的に提出するものではない。取引先からそのような書類の提出を受けなくても，本項に「乙の帳簿，伝票等の記録にもとづいて債務を弁済する」とあるので，問題ないことになりそうだが，後日の紛争を防止するためにも，取引先から確認的にこれらの提出を受けておいたほうがよいことはいうまでもない。

⑦ この場合に生じた損害

手形の滅失により中間裏書人や手形の振出人，引受人等に請求できなくなった場合の損失，書類延着によって取引先に遅延損害金が発生した場合の損害金，取引先が手形・証書なしに弁済した後で求償権等の権利行使に必要となった費用等の損失が挙げられる（注153）。

（注153）全銀協・ひな型解説170頁。

(2) 手形喪失時における手続の免除

本項に明記されてはいないが，手形所持人は，手形を喪失（盗難，紛失，滅失など）した場合，そのままではその権利を行使できない。本来であれば公示催告手続を経て除権決定を受けたうえで手形上の債務者に権利を主張することになるが，銀行はこの特約によってそのような手続をすることなく請求できることになっているので頭に置いておくべきである。

ただし，この特約は銀行と取引先との間でのみ有効であり，取引先以外に対しては請求できない。

また，この特約は，取引先にとっても債権保全上問題がない場合や公示催告や除権決定手続をしなくても問題がないと考えられる場合に限定して適用してよいと考えるべきで，取引先の権利に支障が生じると考えられるような場合には正当な手続をする必要があるので，事案に応じて公示催告手続や除権決定手続の申立ての要否を検討しなければならない。

3．第2項（担保について損害が生じた場合）

担保に損害が生じれば銀行に責任が発生するという意味から，ここでいう「担保」は，銀行が質権や譲渡担保の目的物件として占有・保管しているものを主に指している。不動産のように所有者自ら占有しているものや保険請求権といった債権のように紛失や損害の問題が生じないものなどに対して本項は適用されない。なお，債権譲渡担保として債権証書の譲渡を受けたようなケースで，当該証書が紛失や滅失したときには本項が適用される場合もある。

本項は，担保として銀行が占有している物件についてやむを得ない事情が生じた場合，銀行の管理不足等の不注意によって生じたようなものを除き，取引先が銀行に対して何ら請求しないことを特約したものである。

善管注意義務を尽くしても避けられないようなやむを得ない事情によって生じた損害は銀行に責任を問えないことは当然のことと考えられないでもないが，取引先との間でその責任の所在について争いになる場合も考えられる

ことから，取引先が損害を負担することを特約しているといえる。

　質権などの担保権者には，その占有する担保物の保管について善管注意義務があり（民法298条，350条），銀行が担保権者の場合，要求度が一段と高くなると考えられている（注154）。

4．第３項（手形要件の不備等があった場合）

　本項にいう「手形要件」とは，手形法１条や75条に定められている必要記載事項（手形振出日，満期日，振出人の署名など）のことである。手形割引や商業手形担保貸付によって取引先が銀行に手形を提出したあと，銀行が当該手形の白地などの不備を補充して取引先に呈示すれば，手形支払人は支払わなければならない。

　また，「手形を無効にする記載」であるが，手形は，①一覧払い，②一覧後定期払い，③日付後定期払い，④確定日払いのいずれかで振り出さなければならないところ（手形法33条１項），支払条件（満期以外での支払い，分割払いなど）や，手形の本質に反するいわゆる「有害的記載」があれば，その手形は，初めから成立しなかったものとされるか，その記載によって無効とされる場合がある。

　このように，取引先から，白地補充権をもってしても補完できないような手形を銀行が割引した，あるいは担保として提供を受けた場合（担保手形貸付）には，銀行は手形上の権利を行使できないことになるので，割引依頼人である取引先に手形を買い戻してもらうか，担保手形の差入人に担保手形の差替えを請求しなければならない。

　それから，「権利保全手続の不備」とは，例えば，手形を支払呈示期間内に呈示しなかったために裏書人などに対する遡求権（手形法43条）が失われたときや，手形支払人などに対して消滅時効の中断手続をしなかったために手形上の請求権を喪失したとき（手形法70条，71条）などを指す。

　なお，実務上，注意を要するのが遡求通知（手形法45条）である。これ

（注154）注釈民法⑰423頁。

は，手形呈示日（拒絶証書不要文言が抹消されているときは拒絶証書作成の日）またはこれに次ぐ4取引日内に，自己の裏書人（割引依頼人である取引先）および手形の振出人に支払拒絶があったことを通知することを指している。この通知を怠っても実際に遡求権を失うことはなく該当しなさそうだが，本項の趣旨から，このような場合も含まれると考えてよいであろう。なお，遡求通知を怠ったために裏書人に損害が生じたときは手形金額の範囲内で銀行が賠償責任を負うことになるので，失念なく手続を行っておかなければならない。

　以上を要約すると，本項は，取引先が振出・裏書・引受などをした手形が，手形要件を欠いた，あるいは有害的記載事項があったために無効なものでも，手形の支払いを拒絶しないことを特約したものといえるが，銀行に故意や過失が認められるような場合の銀行の損害賠償責任の免責を規定したものではない。そのような場合には，手形法85条による利得償還請求権を手形支払人か取引先に行使するか，民法703条による不当利得返還請求権を取引先に行使するなどして回収せざるを得ないであろう。

5．第4項（印鑑照合と免責）

　銀行の普通預金規定（ひな型）には，「払戻請求書，諸届その他の書類に使用された印影（または署名・暗証）を届出の印鑑（または署名鑑・暗証）と相当の注意をもって照合し，相違ないものと認めて取扱いましたうえは，それらの書類につき偽造，変造その他の事故があってもそのために生じた損害については，当行は責任を負いません」という規定がある（注155）。本項は，この規定の融資取引版と考えれば理解しやすいであろう。

　ところで，最判昭和46・6・10民集25巻4号492頁，金判267号7頁は，銀行員が社会通念上求められる「相当の注意」をもって慎重に印鑑照合を行なって相違ないと認めた場合（その程度は「届出印鑑の印影と当該手形上の

（注155）神田秀樹編集代表『金融取引小六法〔2014年版〕』（経済法令研究会・2013年）より抜粋。

印影とを照合するにあたつては，特段の事情のないかぎり，折り重ねによる照合や拡大鏡等による照合をするまでの必要はなく，前記のような肉眼によるいわゆる平面照合の方法をもつてすれば足り〔る〕」とされている）には銀行は免責される一方で，印鑑照合事務について相当に熟練した銀行員が，届出印鑑と手形・証書の印影を平面照合して熟視すれば発見し得る程度の相違が発見できなければ過失となるとしている。この判例は，銀行が当座勘定において偽造手形を支払った場合の注意義務のことをいっているのであるが，融資取引において，銀行が取引先から手形や証書を受け取る場合には，取引先の意思を確認することのほうが重要である（印鑑照合を軽視しているわけではない）。届出印鑑が合致していても，契約当事者の意思が存在しないのであれば，その契約は無効である。したがって，銀行は，融資取引において，印鑑照合によって届出印鑑との合致を確認すればそれで免責されるわけではないのである。これは，実務上非常に重要な点である。融資取引においては，諸手続において，取引先や保証人，担保提供者等の意思を確認することが最も重要であるということを肝に銘じておかなければならない。

6．第5項（費用負担について）

本項には，銀行が取引先に対する権利の行使等のために要した費用のほか，取引先が自らの権利を保全するために銀行に協力を依頼した場合に銀行に発生した費用は取引先が負担することが定められている。

本項にいう「権利の行使」とは，主に債権の取立てと担保権の実行を意味し，具体的には，債権取立てのための出張費用や印紙・郵便切手代，不動産登記事項証明書や各種証明書等の取得費用のほか，取引先やその保証人，手形支払人などが破産や民事再生，会社更生等の法的整理手続をした場合の参加費用等も含まれる。

また，「保全」とは，時効中断のための催告や裁判上の手続，担保物の管理，仮差押え・仮処分等のことを指す。

それから，「担保の取立もしくは処分等」とは，担保の取立てや譲渡による換金などのことで，**第4条2**で述べた「取立または処分」と同旨と考えられ

ている(注156)。

　取引先との間で訴訟になった場合の銀行の弁護士費用等も本項によって取引先に負担させることができるかどうか問題になりそうであるが、そのようなものまで取引先に負担させるのはいかがなものかと考えられ(注157)、実際,(特に債権回収段階において)取引先が任意で負担することはまれではないだろうか。

　取引先の依頼によって銀行が要した手続費用を取引先が負担するのは当たり前といえるが、一方で、取引先が手形を喪失したときに取引先から公示催告等の依頼があった場合においては、銀行は公示催告・除権決定手続をしなければならないと考えられる。

7. 特約の限界

　本条は、銀行取引約定書の作成者である銀行にとって有利な規定ともいえるので、その効力には自ずと限界がある。そもそも、銀行取引約定書のように附合契約とされているものには一定の批判があることを忘れてはならない。

　もちろん、本条によって銀行が免責されるのは、銀行に故意や過失が認められるような行為によって生じた損害ではなく、銀行における取引の多量性、頻繁性ならびに取引慣行における妥当性を勘案した合理性の範囲内であることがその前提であり、取引先と銀行のいずれもが原因でない事故や、銀行が社会通念上求められる相当の注意を払ったにもかかわらず防止できなかった、あるいは防止することが困難であったと認められるような事象でなければならない。

　さらに、**前文**で述べた説明責任も加味しておかなければならないであろう。

(注156) 全銀協・ひな型解説175頁
(注157) 大平・約定書読み方124頁。

第13条（届出事項の変更）

> **第13条（届出事項の変更）**
> ① 甲は，その印章，名称，商号，代表者，住所その他乙に届け出た事項に変更があったときは，直ちに書面により乙に届け出るものとします。
> ② 甲が前項の届出を怠る，あるいは乙からの通知を受領しないなど甲の責めに帰すべき事由により，乙が行った通知または送付した書類等が延着しまたは到達しなかった場合には，通常到達すべき時に到達したものとします。

1．概　要

　第1項では，取引先が銀行に届け出た印章や名称，商号等の諸届出事項に変更があった場合は直ちに銀行にその旨を届け出る義務があることが，第2項では，その義務が果たされなかった場合に，もし届け出ていれば銀行がした通知や送付した書類が通常到達していたと考えられる時にその効力が生じることが定められている。

　融資取引を始めとする継続的取引において，取引先がその印章や名称，商号，代表者，住所等を届け出ることは，取引の安全という観点から，銀行と取引先の間で適時に連絡を取れるようにするために，また法律行為としての銀行の意思表示の効力を発生させるために必要不可欠である。そのため，取引先の届出義務と，それに違反した場合の効果を本条で定めているのである。

2．第1項（届出義務）

　「印章，名称，商号，代表者，住所」は「乙に届け出た事項」の例示である。「その他」には，電子メールのアドレスや電話番号なども含まれると考えられる。

本項には，届出事項に変更があったときは，取引先は「直ちに書面により乙に届け出るものとします」と定められているが，実際には銀行所定の用紙に記載して届け出ることになるので，各銀行の事務規定に従って処理することになる。

　本項では「直ちに」という文言が用いられているが，それと似たものに「遅滞なく」や「速やかに」などがあり，それぞれ意味は異なると考えられている（「直ちに」は，本項のほか，第4条2項，5条1・2項，6条1・2項，8条3項，9条4項，12条1項で，「遅滞なく」は，第5条1項4号，2項，9条2項，11条3項，14条2・3項で用いられている）。

　「直ちに」は，最も即時性が強く，一切の遅滞が許されない。

　「遅滞なく」は，「直ちに」や「速やかに」に比べて即時性が弱く，正当な，または合理的な理由による遅滞は許されると，「速やかに」は「直ちに」よりは急迫の程度が低いと解されている。

　また，「直ちに」と「遅滞なく」は，遅滞により義務違反とすることが通例であるのに対し，「速やかに」は訓示的意味を持つに過ぎない用例が多いとされている（注158）。解説用のモデルもこの解釈に従っている。

　以上から，取引先は，届出事項を変更した場合，すぐに変更の届出をしなければならず，遅滞は許されない。

　なお，銀行が書面による届出を取引先に求めているのは，事務処理上誤りがないようにすることと後日の紛争を防ぐためなので，取引先自ら作成した届出事項の変更の届出が書面でなされても，そのまま処理しても問題ないと考えられる。そのようなときは本部業務所管部に報告し，協議のうえで対応することになるであろう。

(注158) 金子宏ほか『法律学小辞典〔第4版〕』1262頁（有斐閣・2004年）。

3．第２項（みなし送達）

(1) 用語説明

① 通　知
第５条２項の期限の利益喪失請求通知，第６条２項の割引手形買戻請求通知，第７条の相殺の通知等を指す。これらの通知によって法的な効果が生じる。

② 書　類
契約書や各種計算書，受取証，相殺の場合の手形等を含むが，特に重要なのは，「交付」する手形とされている（注159）。

③ 通常到達すべき時
本項のもとになっていると考えられる国税通則法12条２項には「通常の取扱いによる郵便又は信書便によつて前項に規定する書類を発送した場合には…（略）…通常到達すべきであつた時に送達があつたものと推定する」と定められている。この条文の最後が「推定する」となっているのに対し，本項では「到着したものとみなす」という意味で「到着したものとします」となっている。法律用語としての「みなす」とは，法律上当然に効力を生じることであり，反証してもみなされた法律効果は覆らないが，「推定する」は，反証すれば推定は否定される。したがって，「みなす」を用いた本項のほうが効力が強調されているといえる。

(2) 民法（債権法）改正の動向

「みなし送達」の意味は**第５条４．**(1)で述べたとおりであるが，これについては，民法（債権法）改正の議論でも，次に述べるとおり，立法化が検討されている。

中間試案では，「みなし送達」に関する規定が提案されている。すなわち，

(注159) 全銀協・ひな型解説178頁。

「相手方のある意思表示が通常到達すべき方法でされた場合において，相手方等が正当な理由がないのに到達に必要な行為をしなかったためにその意思表示が相手方に到達しなかったときは，その意思表示は，通常到達すべきであった時に到達したとみなすものとする」と（第3，4(3)）。これは，隔地間にかかる判例である最判昭和43・12・17民集22巻13号2998頁や最判平成10・6・11民集52巻4号1034頁，金判1058号19頁の基本的な考え方を踏まえたものとされているが(注160)，これが条文化されると，本項は確認的な位置付けに過ぎないものになるかもしれない。

なお，本項があるからといって通知しなくてよいわけではない。

(3) 第三者との関係

本項の「みなし送達」をもって第三者への対抗を認めなかった裁判例として，**第8条2．**(4)で解説した最判昭和54・7・10の事案や東京高判昭和58・1・25金判681号6頁があり，通説ともなっている(注161)。

第5条3項の同条2項による期限の利益喪失請求通知や第6条2項の割引手形買戻請求通知も第三者に対抗できないと考えられるが，第三者が差押債権者のケースで，これに対して期限の利益の喪失や割引手形買戻請求権の発生を対抗させるには，第5条1項および第6条1項の当然喪失事由に該当することを主張すればよいと考える。

第7条の銀行による相殺にかかる意思表示としての「相殺通知」は省略できない（民法506条）。意思表示を省略する特約は無効と解されている(注162)。つまり，この場合でも，「みなし送達」は第三者に対抗できない。そのような場合には，銀行は「公示送達」による意思表示を検討することになる（方法等については**第5条4．**(2)参照）。

(注160) 法務省民事局参事官室「民法（債権関係）の改正に関する中間試案の補足説明」29頁（2013年）。
(注161) 大平・約定書読み方130頁。
(注162) 大平・約定書読み方130頁。

第14条（報告および調査）

> **第14条（報告および調査）**
> ① 甲は，貸借対照表，損益計算書等の甲の財務状況を示す書類の写しを，定期的に乙に提供するものとします。
> ② 甲の財産，経営，業況等に関して乙から請求があったときは，甲は，遅滞なく報告し，または調査に必要な便益を提供するものとします。
> ③ 甲は，その財産，経営，業況等について重大な変化が生じたとき，または生じるおそれのあるときは，乙に対して遅滞なく報告するものとします。

1. 趣　旨

　銀行は，取引先の信用をもとに融資取引をしているので，たとえ継続的な取引を前提としない場合（証書貸付1件のみの融資取引である場合など）でも，その取引先の信用状況を常に把握しておく必要がある。債権保全のためだけでなく，金融機関として取引先との関係を深めていくためにも，取引先が提出した財務書類等をもとにモニタリングしていくことは重要である。そこで，第1項では取引先から定期的に提供すべき書類を定め，第2項では必要に応じて報告と銀行の調査に必要な便益の提供を義務付け，第3項で，銀行の債権保全に影響を及ぼすような事象が発生したり，変化が生じた場合に，取引先に報告を義務付けている。

2. 第1・2項（平時）

(1) 取引先が提出する書類

　取引先が定期的に提供する書類を第1項に，必要に応じた報告と便益提供の義務を第2項に定めている（ひな型ではこれらが1つにまとめて規定され

ていた)。

　定期的に提供する書類とは，取引先の決算にかかる貸借対照表や損益計算書等の財務書類，税務申告時の申告書類等が考えられる。経営再建支援中の取引先の場合，中期的な経営計画や年次の資金繰り計画等もこれに該当する。

　財務書類や税務申告書類の提出を受ける際には必ず原本を確認する必要がある。残念ながら，企業の粉飾決算は現在も後を絶たず，決して少ないとはいえない状況である。それを見破るのが銀行の審査担当者の仕事ではあるが，実際には容易なことではない。粉飾決算を可能な限り防ぐ，あるいは未然に取引先を牽制するためにも，原本の確認はぜひ励行してほしいものである。

　決算書類の提出を受ける際には，渉外担当者あるいは融資担当者は，取引先が法令に基づいて作成すべき書類について十分理解しておかなければならない。商法19条2項では商人に会計帳簿および貸借対照表の作成を，会社法435条2項では株式会社に貸借対照表や損益計算書等の作成を義務付けている。また，会社法では，大会社（資本金が5億以上であるか，または負債総額200億円以上である株式会社）と委員会設置会社に会計監査人による監査報告書の作成を，証券取引所に上場している有価証券の発行会社等には，有価証券報告書の内閣総理大臣への提出を義務付けている（金融商品取引法24条）。さらに，税法や特別法で作成が義務付けられている財務書類もあるので，取引先が作成すべき財務書類を十分把握し，適宜適切な資料の提出を求める必要がある。

　財務書類の提出を求める際に，取引先から「そのようなものまで提出しなければ融資してくれないのか」とか「他の金融機関はそんな細かいことはいわなかった」などといって提出を拒まれることがあるかもしれない。そのような場合には，企業における情報開示が一般的となっていること，銀行と取引先の両者が共存していくためには銀行が取引先のことをより詳しく知る必要があること，銀行は取引先との関係構築を望んでいることなどを真摯に伝え，理解を得られるように努力しなければならない。そこまでしなければ，融資することだけが目的と感じられても仕方がないと考えている。

(2) 調査に必要な便益

　第２項に基づいて，銀行は，取引先が自発的に財務書類を提供しなかった場合にそれを請求できるほか，融資の申込みの際や業績面における中間管理，取引先に信用異常を察知したような場合等に，調査に必要な範囲で，銀行の債権管理上必要となる収支計画書や資金繰表，販売所の在庫管理状況や工場内の機械器具等の設備の整備状況を確認するための書類の提出を請求できる。

　また，取引先は「調査に必要な便益」の提供を義務付けられているが，これは，銀行からの申出によって工場や事務所を内覧させるとか，諸帳簿の記載内容について説明するなど，信用調査に必要な一切の便を図ることを意味する(注163)。

　しかし，銀行はこれらを取引先に強制する権限はなく，取引先が協力しないからといって，本項を盾に，銀行が事務所や工場等に無理矢理立ち入り，無断で帳簿や工場内を調査することはできない。これらを銀行が強行すると，住居侵入罪（刑法130条），脅迫罪（同法222条），強要罪（同法223条）および威力業務妨害罪（同法234条）などにより罰せられる可能性がある。

3．第３項（有時）

　本項では，銀行からの請求がなくても，取引先の信用状況に影響を与えるような重大な変化が生じたとき，または生じるおそれがあるときには，取引先はその内容を自発的に銀行に報告する旨が特約されている。

　本項にいう「重大な変化」とは，銀行と取引先との信頼関係に影響を及ぼすような，あるいは債権保全上，今後も取引を継続することを検討し直さなければならないような変化と解されている(注164)。具体的には，取引先の破綻，重要な財産の罹災，経営上重要な人物の死亡，会社の合併・会社分

(注163) 全銀協・ひな型解説182頁。
(注164) 大平・約定書読み方133頁。

割・営業譲渡あるいは譲受，従業員のストライキ，法令に抵触するようなコンプライアンス違反およびそれに対する刑事・行政処分などが考えられる。

ちなみに，前述の東京地判平成19・3・29では，建設工事にかかる構造計算書偽造に関与したことを報告しなかったことが本項に違反したとされている。この事案もそうであるが，本項に違反すると，第5条2項の期限の利益請求喪失事由に該当する場合もあるので，取引先の状況を充分かつ適切に把握・モニタリングしながら対応していくことになるであろう（なお，請求喪失事由として銀行取引約定書に別途設けている銀行もある（注165））。

(注165)「〈資料〉広島銀行・新銀行取引約定書」銀法584号8頁（2000年），「〈資料〉福岡銀行・新銀行取引約定書」同14頁。

第15条（適用店舗）

> **第15条（適用店舗）**
> 　本約定書の各条項は，甲と乙の本支店との間の諸取引に共通に適用されるものとします。

　本条は，銀行取引約定書を差し入れた店舗との取引にのみその各条項が適用されるものでないことを確認したものである（注166）。

　銀行は通常，多くの営業拠点を有して事業を展開しており，銀行の取引先も多くの営業所・事業所を有している場合が多いと思われる。取引先のどの営業所や事業所が銀行のどの店舗で取引しても，法律上はそれぞれが一個の権利主体としての法律行為となり，取引先が銀行のどの店舗に銀行取引約定書を差し入れていても，特定の営業所や事業所と特定の店舗との取引に限定するような特約をしない限り，取引先と銀行間の一切の取引に銀行取引約定書の各条項が適用されることは明らかといえるが，無用な争いを避けるために確認的に本条が設けられているといえる。

　特に，取引先が自店以外の僚店で預金取引を行っている際に，その預金との相殺を行う場合にも意義を有していることは確認しておきたい。

　なお，本条が想定していたのは，もともと取引先の不動産に根抵当権を設定してするような取引であった。そこで問題となるのが，Ａ支店が設定した不動産担保でＢ支店がした融資取引を担保できるかである。当該根抵当権はＡ支店との取引によって生じる債権債務のみを担保するために設定したものであるなどと取引先から主張されることも考えられなくはないので，そうした主張を排除するために本条が設けられていると理解しておけばよいであろう。

　銀行取引約定書の適用範囲は，第１条にあるように，取引先が銀行に対して債務を負担することとなる一切の銀行取引や保証取引等なので，取引先が銀行取引約定書を差し入れた以外の店舗での消費者ローンのような個別の融

（注166）前掲（注99）118頁。

資取引や他の取引先にかかる保証取引にも適用されることになる。

したがって，取引先と融資取引を開始する際には，一か店のみで銀行取引約定書を締結しておけばよいことになるので，以後に融資取引を開始する店舗があっても，重ねて締結する必要はない。

なお，根保証取引の場合には，根保証契約を締結している保証人が負担する保証債務は主債務者と根保証契約を締結している以外の店舗における融資取引についても被保証債権となる旨を保証人に説明したうえで保証意思を確認しておくべきである。

第16条（約定の解約）

> **第16条（約定の解約）**
> 甲の乙に対する債務が弁済その他の事由により消滅したのち，甲または乙のいずれか一方が書面により解約する旨を通知したときは，他方が受領後1か月が経過した時に本約定は失効するものとします。

　前文で述べたとおり，経済的にも法整備的にも高度化した現代社会では，契約自由のもと，契約当事者が対等の立場で契約することは当然のこととなっており，解説用のモデルもこの趣旨に則って作成している。

　本条も，取引先に不公平さを感じさせたり，銀行が優越的地位にあるかのような印象を与える表現を排除し，取引先との衡平が保たれるように配慮して，従来はなかった解約権を取引先に認め，取引先が銀行に対して債務を負担していないことを条件に，取引先あるいは銀行が相手方に対し，解約する旨を通知したときは，受領後1か月の経過をもって銀行取引約定書が失効することを規定したものといえる。本条が制定された趣旨は第8条と同様に考えてよいであろう。

　解約の意思表示は，第8条3項や第13条1項等と同様，書面（銀行がする場合は配達証明付内容証明郵便を利用すべきである）ですることと定められているが，これも，取扱いの明確化と事後の紛争を予防するためであると考えられる。

　以上を踏まえ，取引先から解約通知を受領した際は，取引先から相殺通知を受領した際の事務手続に準じて遺漏なく事務手続を進めることが肝要である。

第2編

第17条（準拠法・合意管轄）

> **第17条（準拠法・合意管轄）**
> ① 本約定書および本約定書に基づく諸取引の契約準拠法は日本法とします。
> ② 本約定書に基づく諸取引に関して訴訟の必要が生じた場合には，乙の本店または取引店の所在地を管轄する裁判所を管轄裁判所とします。

1．第1項（準拠法）

　近時，地域金融機関においても，アジア諸国を中心に相次いで海外に進出し，また，外国から日本への進出も進んでおり，金融のグローバル化はかなり進んでいるという印象を受ける。そうなると，国際的な紛争も増加していくことが予想され，銀行取引約定書もこれに対応する手当が必要となる。

　本条が規定されたのは，国内での銀行取引で取引先と紛争が生じて裁判になった場合などに適用されるのは日本法であることを確認するためであろうが，実務では，国際私法にも軸足を置いて考えていかなければならない。

　関係国において私法が互いに内容を異にしている状況で私人間に争いが生じた場合に，当該法律行為にかかる法律関係に適用されるべき法律を準拠法という。法の適用に関する通則法7条には「法律行為の成立及び効力は，当事者が当該法律行為の当時に選択した地の法による」と定められており，契約の実質の準拠法は当事者が自由に選択できるという「当事者自治の原則」を尊重し，同法8条では準拠法に関して明示の指定がない場合の取扱いについて規定されている。すなわち，契約の型・内容・性質，契約当事者，契約の目的物等の主観的・客観的事情を考慮して当事者の意思（黙示の指定）を見出し，準拠法を決定するという過程を経て，明示的にも黙示的にも準拠法が制定されていない場合，契約の成立および効力は，契約締結当時，当該契約と最も密接な関係のある地の法（最密接関係地法）によることとなっている（注167）。

したがって，本条がなければ（あるいは準拠法の指定がなければ），準拠法を決定することも争いになり得るので，本条によって当事者間で準拠法を定めておくことには意義があり，今後，本条が適用される局面も増加してくるのではないだろうか。

2．第2項（合意管轄）

(1) 管轄について

本条は，銀行取引約定書に基づく諸取引に関して訴訟の必要が生じた場合に，銀行にとって便利な裁判所を第1審の管轄裁判所にすることを特約したものである。

日本国内には数多くの裁判所がある。各裁判所の裁判権を分担しておくことは，その効率的な行使のために必要であるし，裁判所を利用する当事者の便宜にも適う。この分担に関する定めを管轄という。そのうち，地理的な職務分担に関する定めを土地管轄といい，各裁判所の管轄区域は下級裁判所の設立および管轄区域に関する法律によって定められている（このように法律で定められた管轄を「法定管轄」という）。これは，主として当事者の公平と便宜とを考慮して定められており，当事者の合意によって法定管轄を変更することが許されている（合意によって定まる管轄を「合意管轄」という（注168））。

なお，本条の特約は，付加的合意（あるいは選択的合意）と解されていて（注169），法定の管轄を排除するものではないことから，取引先が必ずしも銀行にとって都合のよい裁判所に訴訟を提起するとは限らない（注170）。

また，裁判の適正や迅速性という公益的要求に基づいて，事件の管轄を特

(注167) 山田鐐一＝佐野寛『国際取引法〔第3版補訂2版〕』88頁（有斐閣・2009年）。
(注168) 裁判所職員総合研修所監修『民事訴訟法講義案〔再訂補訂版〕』29頁（司法協会・2010年）。
(注169) 全銀協・ひな型解説188頁。
(注170) 全銀協・ひな型解説186頁。

定の裁判所にのみ与えている場合があり（これを「専属管轄」という（注171)），この場合には合意管轄は排除される（民事訴訟法13条）。例えば，破産事件などの倒産関係手続（破産法5条，6条，民事再生法5条，6条，会社更生法5条，6条）や強制執行手続，支払督促（民事訴訟法383条），公示催告（民法98条4項）がある。

(2) 銀行の利点

　この特約には，銀行が訴訟を提起するたびに法定管轄を調査することなく，銀行取引約定書による合意管轄裁判所を利用できる利点があると説明されているが（注172），筆者は以下の2つの実益が大きいと考えている。

① 訴訟費用の削減

　地域銀行が訴訟を提起する際には，自らの顧問弁護士に裁判手続を依頼するのがほとんどであると思う。顧問弁護士の事務所は銀行の本店所在地の近隣に所在していることが多いであろうから，本店から一番近い裁判所で訴訟手続ができるのは利点である。なぜなら，仮に本店から距離的に遠い裁判所で訴訟手続を進めることになれば，交通費や時間がより必要となり，これ自体損失になるからである。

② 民事保全に関する手続が迅速に行える

　取引先に窮迫の事態が生じ，債権保全を急ぐ場合に，仮差押えや係争物に関する仮処分（民事保全）をすることがあるが，迅速性と密行性を要するこの手続を本店近隣の裁判所で行えるのは大きな利点である。

　民事保全法12条1項には「保全命令事件は，本案の管轄裁判所又は仮に差し押さえるべき物若しくは係争物の所在地を管轄する地方裁判所が管轄する」と定められているので，本項の合意管轄で定められた裁判所も管轄裁判所に含まれる。

　民事保全に関する手続は顧問弁護士への委託がほとんどだと思うが，申立書の作成や申立ての手続，その後の担保提供を経験豊富な本部業務所管部の担当者と顧問弁護士が連携して行えばさらに効率的に進められるであろう。

（注171）裁判所職員総合研修所監修・前掲（注168）32頁。
（注172）大平・約定書読み方136頁。

◧ 第18条（反社会的勢力の排除）

第18条（反社会的勢力の排除）

① 甲または甲の保証人は現在，暴力団，暴力団員，暴力団員でなくなった時から5年を経過しない者，暴力団準構成員，暴力団関係企業，総会屋等，社会運動等標ぼうゴロまたは特殊知能暴力集団等，その他これらに準ずる者（以下これらを「暴力団員等」という。）に該当しないこと，および次の各号のいずれにも該当しないことを表明し，かつ将来にわたっても該当しないことを確約するものとします。

1. 暴力団員等が経営を支配していると認められる関係を有すること
2. 暴力団員等が経営に実質的に関与していると認められる関係を有すること
3. 自己，自社もしくは第三者の不正の利益を図る目的または第三者に損害を加える目的をもってするなど，不当に暴力団員等を利用していると認められる関係を有すること
4. 暴力団員等に対して資金等を提供し，または便宜を供与するなどの関与をしていると認められる関係を有すること
5. 役員または経営に実質的に関与している者が暴力団員等と社会的に非難されるべき関係を有すること

② 甲または甲の保証人は，自らまたは第三者を利用して次の各号の一にでも該当する行為を行わないことを確約するものとします。

1. 暴力的な要求行為
2. 法的な責任を超えた不当な要求行為
3. 取引に関して，脅迫的な言動をし，または暴力を用いる行為
4. 風説を流布し，偽計を用いまたは威力を用いて乙の信用を毀損し，または乙の業務を妨害する行為
5. その他前各号に準ずる行為

③ 甲または甲の保証人が，暴力団員等もしくは第1項各号のいずれかに該当し，もしくは前項各号のいずれかに該当する行為をし，または第1項の規定にもとづく表明・確約に関して虚偽の申告をしたことが

判明し，乙が取引の継続を不適切と判断する場合には，甲は乙から請求があり次第，乙に対するいっさいの債務の期限の利益を失い，直ちに債務を弁済するものとします。

④ 手形の割引を受けた場合，甲または甲の保証人が暴力団員等もしくは第１項各号のいずれかに該当し，もしくは第２項各号のいずれかに該当する行為をし，または第１項の規定にもとづく表明・確約に関して虚偽の申告をしたことが判明し，乙が取引の継続を不適切と判断する場合には，全部の手形について，甲は乙の請求によって手形面記載の金額の買戻債務を負い，直ちに弁済するものとします。この債務を履行するまでは，乙は手形所持人としていっさいの権利を行使することができるものとします。

⑤ 前２項の規定により，甲または甲の保証人に損害が生じても，乙に何ら請求をしないものとします。また，乙に損害が生じても，甲または甲の保証人がその責任を負うものとします。

⑥ 第３項または第４項の規定により，債務の弁済がなされたときに，本約定は失効するものとします。

1．導入の経緯

古くから日本社会における重大な問題として暴力団の存在がある。銀行業界もその対応には苦慮してきたものであり，暴力団との関係遮断に向けて全力で取り組んできたものの，いまだ完全に遮断できているとはいい切れず，暴力団が関与する事件は後を絶たない。また，近時は，暴力団による不当な行為も巧妙さを増してきており，対応が一段と難しくなってきているように感じられる。

そのような状況で，政府犯罪対策閣僚会議は平成19年６月19日，「近年，暴力団は，組織実態を隠ぺいする動きを強めるとともに，活動形態においても，企業活動を装ったり，政治活動や社会運動を標ぼうしたりするなど，更なる不透明化を進展させており，また，証券取引や不動産取引等の経済活動を通じて，資金獲得活動を巧妙化させている」ため，これに対応するために

「企業が反社会的勢力による被害を防止するための指針」を取りまとめた。銀行界もこれを真摯に受け止め，全銀協は平成19年7月24日，「反社会的勢力介入排除に向けた取組み強化について」という申合せを行い，そのなかで「反社会的勢力との融資取引等について，反社会的勢力との取引であることが判明した場合等には，契約解除を可能とする対応について，規定の整備等を含め検討に着手する」ことが確認された。

これを具現化したのが本条であり，一般に「暴力団排除条項」（以下，「暴排条項」という）と呼ばれている。

本条の参考例を全銀協が平成20年11月25日に制定し，それが各銀行に導入され，平成23年6月2日の一部改正を経て，現在に至っている。

2．第1項（属性要件）

第1項では，取引先および保証人（以下，本条において「取引先等」という）が自ら反社会的勢力の属性要件に該当しないことを表明している。

警察庁は，実態の全般を解明する対象を以下のように定めている（注173）。

① 暴力団（その団体の構成員（その団体の構成団体の構成員を含む。）が集団的に又は常習的に暴力的不法行為等を行うことを助長するおそれがある団体をいう）
② 暴力団員（暴力団の構成員をいう）
③ 暴力団準構成員（暴力団又は暴力団員の一定の統制の下にあって，暴力団の威力を背景に暴力的不法行為等を行うおそれがある者又は暴力団若しくは暴力団員に対し資金，武器等の供給を行うなど暴力団の維持若しくは運営に協力する者のうち暴力団員以外のものをいう）
④ 暴力団関係企業（暴力団員が実質的にその経営に関与している企業，準構成員若しくは元暴力団員が実質的に経営する企業であって暴力団に

(注173) 警察庁「組織犯罪対策要綱」（2012年）。

資金提供を行うなど暴力団の維持若しくは運営に積極的に協力し，若しくは関与するもの又は業務の遂行等において積極的に暴力団を利用し暴力団の維持若しくは運営に協力している企業をいう）

⑤　総会屋等（総会屋，会社ゴロ等企業等を対象に不正な利益を求めて暴力的不法行為等を行うおそれがあり，市民生活の安全に脅威を与える者をいう）

⑥　社会運動等標ぼうゴロ（社会運動若しくは政治活動を仮装し，又は標ぼうして，不正な利益を求めて暴力的不法行為等を行うおそれがあり，市民生活の安全に脅威を与える者をいう）

⑦　特殊知能暴力集団等（①から⑥に掲げる者以外のものであって，暴力団との関係を背景に，その威力を用い，又は暴力団と資金的なつながりを有し，構造的な不正の中核となっている集団又は個人をいう）

3．第2項（行為要件）

本項では，第1項の属性要件に加え，第1号から第5号に該当する暴力的な行為や反社会性の強い行為を取引先等が行わないことを自ら表明して確約している。

4．第3項（期限の利益の喪失）

本項は，取引先等が第1項や第2項に該当した場合，または第1項における表明が虚偽であった場合に，銀行の判断によって，期限の利益を請求喪失することができる旨の特約である。

5．第4項（割引手形の買戻し）

本項も，第3項と同様，取引先等が第1項の属性要件や第2項の行為要件に該当した場合，または第1項における表明が虚偽であった場合に，銀行の判断によって，請求により割引手形買戻請求権を発生させることができる旨

の特約である。

6．第5・6項（損害賠償・約定の失効）

第5項では，銀行が請求により期限の利益を喪失または買戻請求権を発生させたときに，取引先等に損害が生じても，銀行に損害賠償義務が発生しない旨を特約し，第6項では，期限の利益が請求喪失され，融資金が完済となったあとは，第16条にかかわらず，銀行取引約定書が失効する旨を特約している。

7．反社会的勢力への対応について

筆者は反社会的勢力への対応についての専門家ではないので具体的な対応方法について詳細に述べることはできないが，債権回収部門や営業店での経験を踏まえていうと，まず，組織的に対応することが一番大切だと考えている。銀行の組織は巨大だが，担当者個人は一人の人間に過ぎない。反社会的勢力は弱い部分から，あるいは責めやすい部分から責めてくるのが常套手段と考えてよい。そこで，担当者ごとに意見が違うとか，方針が二転三転するといったようにブレるような対応では，相手方に付け入る隙を与えかねない。「多少だったら許容できる」という考えは，隙を突かれるもととなるので厳禁である。

取引が開始すると，これを排除するには2倍，3倍の労力を要するというのも経験則から感じられるところである。反社会的勢力の侵入は，入口の部分で防ぐことが最善であり，断固として取引を開始させないという強い姿勢が必要である。

また，専門家との連携も重要である。筆者は，反社会的勢力と対峙するために営業店に専門家の方と出向いたことがある。その際，専門家の方は，営業店のカウンターから反社会的勢力が投げそうなものを取り除き，営業店内の備品の配置を確認し，対象となる人物を，どこに，どのように誘導するかまで手際よく段取りをしていった。このようなことが即座にできるのは経験

の積み重ねによるものと考えられ，我々銀行員が一朝一夕にできないことはいうまでもない。

　それから，警察等関係官庁や暴力追放運動推進センターとの情報共有も重要である。これらの組織とは可能な限り連絡を密にし，新しい情報が速やかに得られるような態勢をとっておくべきである。

　日頃から暴力団を排除するという意識をもち，情報の収集や警察関連のセミナーへの参加等によって知識の向上に努めるなど，惜しまぬ研鑽を続けていかなければならない。

（安東克正）

資料編

※ここに掲載した約定書は本書刊行時点のものであり，条項のみを編集していますので，体裁は実物と異なります。

みずほ銀行・銀行取引約定書

```
┌─────┐
│ 印  │
│ 紙  │
└─────┘
```

西暦　　年　月　日

甲：住所
　　氏名　　　　　　　　　　㊞
乙：住所
　　氏名　　　　　　　　　　㊞

　甲と乙は，甲乙間の取引について，以下のとおり合意しました。

第１条（適用範囲）
① 本約定は，甲乙間の手形貸付，手形割引，電子記録債権貸付，電子記録債権割引，証書貸付，当座貸越，支払承諾，外国為替，デリバティブ取引，保証取引その他甲が乙に対して債務を負担することとなるいっさいの取引に関して適用されるものとします。

② 甲が振出，裏書，引受，参加引受もしくは保証した手形または甲がその発生記録における債務者，変更記録により記録された債務者もしくは電子記録保証人（以下「電子記録債務者」といいます。）である電子記録債権を，乙が第三者との取引によって取得した場合についても本約定が適用されるものとします。

③ 甲乙間で別途本約定と異なる合意を行った場合については，その合意が本約定の該当する条項に優先するものとします。

第２条（適用店舗）
　本約定は，甲および乙の本支店との前条に定める取引に共通に適用されるものとします。

第３条（利息，損害金等）
① 甲が支払うべき利息，割引料，保証料，手数料等または乙が支払うべきこれらの戻しについての利率，料率および支払の時期，方法については，別に甲乙間で合意したところによるものとします。

② 金融情勢の変化その他相当の事由がある場合には，甲または乙は前項の利率等を一般に合理的と認められるものに変更することについて，協議を求めることができるものとします。ただし，固定金利の約定を締結している場合を除くものとします。

③ 甲は，乙に対する債務を履行しなかった場合には，支払うべき金額に対し年14％の割合の損害金を支払うものとします。この場合の計算方法は年365日の日割計算とします。

第４条（担保）
① 次の各号において乙が請求した場合には，甲は乙が適当と認める担保もしくは増担保を提供し，または保証人をたてもしくはこれを追加するものとします。

　１．乙に提供されている担保について乙の責めに帰すことのできない事由により毀損，滅失または価値の客観的な減少が生じたとき。

　２．甲または甲の保証人について乙の債権保全を必要とする相当の事由が生じたとき。ただし，乙はその事由を明示するものとします。

② 甲が乙に対する債務を履行しなかった場合には，乙は，担保および乙の占有している甲の動産，手形その他の有価証券（乙の名義で記録されている甲の振替株式，振替社債，電子記録債権その他の有価証券を含みます。）について，かならずしも法定の手続によらず一般に適当と認められる方法，時期，価格等により取立または処分のうえ，その取得金から諸費用を差し引いた残額を法定の順序にかかわらず甲の

債務の弁済に充当できるものとします。取得金を甲の債務の弁済に充当した後に、なお甲の債務が残っている場合には、甲は直ちに乙に弁済するものとし、取得金に余剰が生じた場合には、乙はこれを権利者に返還するものとします。

第5条（期限の利益の喪失）

① 甲について次の各号の事由が一つでも生じた場合には、乙からの通知催告等がなくても、甲は乙に対するいっさいの債務について当然期限の利益を失い、直ちに債務を弁済するものとします。

1. 支払の停止または破産手続開始、民事再生手続開始、会社更生手続開始もしくは特別清算開始の申立があったとき。
2. 手形交換所または電子債権記録機関の取引停止処分を受けたとき。
3. 甲またはその保証人（譲渡記録とともにされた保証記録に係る電子記録保証人を除きます。以下同じ。）の預金その他の乙に対する債権について仮差押、保全差押または差押の命令、通知が発送されたとき。
4. 甲の責めに帰すべき事由によって、乙に甲の所在が不明となったとき。

② 甲について次の各号の事由が一つでも生じ、乙が債権保全を必要とするに至った場合には、乙からの請求によって、甲は乙に対するいっさいの債務について期限の利益を失い、直ちに債務を弁済するものとします。

1. 乙に対する債務の一部でも履行を遅滞したとき。
2. 担保の目的物について差押または競売手続の開始があったとき。
3. 乙との約定に違反したとき。
4. 甲の保証人が前項または本項の各号の一つにでも該当したとき。
5. 前各号のほか甲の債務の弁済に支障をきたす相当の事由が生じたとき。

③ 前項において、甲が乙に対する住所変更の届け出を怠るなど甲の責めに帰すべき事由により、乙からの請求が延着または到達しなかった場合には、通常到達すべき時に期限の利益が失われたものとします。

第6条（割引手形または割引電子記録債権の買戻し）

① 甲が乙より手形または電子記録債権の割引を受けた場合、甲について前条第1項各号の事由が一つでも生じたときは、乙からの通知催告等がなくても、甲は全部の手形および電子記録債権について当然に手形面記載の金額または電子記録債権の債権額の買戻債務を負担し、直ちに弁済するものとします。

② 割引手形の主債務者もしくは割引電子記録債権の債務者が期日に支払わなかったときまたは割引手形の主債務者もしくは割引電子記録債権の債務者について前条第1項各号の事由が一つでも生じたときは、その者が主債務者となっている手形およびその者が債務者となっている電子記録債権について、前項と同様とします。

③ 前2項のほか、割引手形または割引電子記録債権について乙の債権保全を必要とする相当の事由が生じた場合には、乙からの請求によって、甲は手形面記載の金額または電子記録債権の債権額の買戻債務を負担し、直ちに弁済するものとします。なお、甲が乙に対する住所変更の届け出を怠るなど甲の責めに帰すべき事由により、乙からの請求が延着または到達しなかった場合には、通常到達すべき時に甲は買戻債務を負担するものとします。

④ 甲が前3項による債務を履行するまでは、乙は手形所持人または電子記録債権の債権者としていっさいの権利を行使することができるものとします。

⑤ 甲が第1項、第2項または第3項により割引電子記録債権の買戻債務を履行した場合には、乙は、遅滞なく、そ

の割引電子記録債権について甲を譲受人とする譲渡記録（保証記録を付さないものとします。）を電子債権記録機関に対して請求し，または，乙を譲受人とする譲渡記録を削除する旨の変更記録を電子債権記録機関に対して請求するものとします。ただし，電子債権記録機関が電子記録の請求を制限する期間は，この限りではありません。

第7条（反社会的勢力の排除）
① 甲は，甲または保証人が，現在，暴力団，暴力団員，暴力団員でなくなった時から5年を経過しない者，暴力団準構成員，暴力団関係企業，総会屋等，社会運動等標ぼうゴロまたは特殊知能暴力集団等，その他これらに準ずる者（以下これらを「暴力団員等」といいます。）に該当しないこと，および次の各号のいずれにも該当しないことを表明し，かつ将来にわたっても該当しないことを確約します。
　1．暴力団員等が経営を支配していると認められる関係を有すること。
　2．暴力団員等が経営に実質的に関与していると認められる関係を有すること。
　3．自己，自社もしくは第三者の不正の利益を図る目的または第三者に損害を加える目的をもってするなど，不当に暴力団員等を利用していると認められる関係を有すること。
　4．暴力団員等に対して資金等を提供し，または便宜を供与するなどの関与をしていると認められる関係を有すること。
　5．役員または経営に実質的に関与している者が暴力団員等と社会的に非難されるべき関係を有すること。
② 甲は，甲または保証人が，自らまたは第三者を利用して次の各号の一にでも該当する行為を行わないことを確約します。
　1．暴力的な要求行為
　2．法的な責任を超えた不当な要求行為
　3．取引に関して，脅迫的な言動をし，または暴力を用いる行為
　4．風説を流布し，偽計を用いまたは威力を用いて乙の信用を毀損し，または乙の業務を妨害する行為
　5．その他前各号に準ずる行為
③ 甲または保証人が，暴力団員等もしくは第1項各号のいずれかに該当し，もしくは前項各号のいずれかに該当する行為をし，または第1項の規定にもとづく表明・確約に関して虚偽の申告をしたことが判明し，甲との取引を継続することが不適切である場合には，乙からの請求によって，甲は乙に対するいっさいの債務について期限の利益を失い，直ちに債務を弁済するものとします。
④ 甲が乙より手形または電子記録債権の割引を受けた場合，甲または保証人が暴力団員等もしくは第1項各号のいずれかに該当し，もしくは第2項各号のいずれかに該当する行為をし，または第1項の規定にもとづく表明・確約に関して虚偽の申告をしたことが判明し，甲との取引を継続することが不適切である場合には，乙からの請求によって，甲は全部の手形および電子記録債権について，手形面記載の金額または電子記録債権の債権額の買戻債務を負担し，直ちに弁済するものとします。甲がこの債務を履行するまでは，乙は手形所持人または電子記録債権の債権者としていっさいの権利を行使することができるものとします。
⑤ 前2項の規定の適用により，甲または保証人に損害が生じた場合にも，乙になんらの請求をしません。また，乙に損害が生じたときは，甲または保証人がその責任を負います。
⑥ 第3項または第4項の規定により，債務の弁済がなされたときに，本約定は失効するものとします。

第8条（乙による相殺，払戻充当）
① 期限の到来，期限の利益の喪失，買戻債務の発生，求償債務の発生その他

の事由によって，甲が乙に対する債務を履行しなければならない場合には，乙は，その債務と甲の預金その他の乙に対する債権とを，その債権の期限のいかんにかかわらず，いつでも相殺することができるものとします。

② 前項の相殺ができる場合には，乙は事前の通知および所定の手続を省略し，甲に代わり諸預け金の払戻しを受け，債務の弁済に充当することもできるものとします。この場合，乙は甲に対して充当した結果を通知するものとします。

③ 前２項により乙が相殺または払戻充当を行う場合，債権債務の利息，割引料，保証料，損害金等の計算については，その期間を計算実行の日までとします。また，利率，料率等は甲乙間に別の定めがない場合には乙の定めによるものとし，外国為替相場については乙による計算実行時の相場を適用するものとします。

第９条（甲による相殺）

① 期限の到来その他の事由によって，乙が甲の預金その他の甲に対する債務を履行しなければならない場合には，甲は，その債務と乙の甲に対する債権とを，その債権の期限が未到来であっても，次の各号の場合を除き，相殺することができるものとします。なお，満期前の割引手形または支払期日前の割引電子記録債権について甲が相殺する場合には，甲は手形面記載の金額または割引電子記録債権の債権額の買戻債務を負担して相殺することができるものとします。

　１．乙が他に再譲渡中の割引手形または割引電子記録債権について相殺するとき。

　２．弁済または相殺につき法令上の制約があるとき。

　３．甲乙間の期限前弁済を制限する約定があるとき。

② 前項によって甲が相殺する場合には，相殺通知は書面によるものとし，相殺した預金その他の債権の証書，通帳は届出印を押印もしくは届出署名を記入して遅滞なく乙に提出するものとします。

③ 甲が相殺した場合における債権債務の利息，割引料，保証料，損害金等の計算については，その期間を相殺通知の到達の日までとします。また，利率，料率等は甲乙間に別の定めがない場合には乙の定めによるものとし，外国為替相場については乙による計算実行時の相場を適用するものとします。この場合，期限前弁済について別途の損害金，手数料等の定めがあるときは，その定めによるものとします。

第10条（手形または電子記録債権に係る権利の選択）

乙の甲に対する債権に関して手形または電子記録債権が存する場合，乙はその債権または手形上の債権もしくは電子記録債権のいずれによっても請求することができるものとします。

第11条（手形の呈示，交付または電子記録債権の支払等記録等）

① 乙の甲に対する債権に関して手形が存する場合，乙が手形上の債権によらないで第８条による相殺または払戻充当をするときは，相殺または払戻充当と同時にその手形を返還することは要しないものとします。

② 乙が手形上の債権によって第８条の相殺または払戻充当を行うときは，次の各号の場合にかぎり，手形の呈示または交付を要しないものとします。

　１．乙において甲の所在が明らかでないとき。

　２．甲が手形の支払場所を乙にしているとき。

　３．乙の責めに帰すことのできない事由によって，手形の呈示または交付が困難と認められるとき。

　４．取立その他の理由により，呈示，交付の省略がやむをえないと認められるとき。

③ 第８条または第９条の相殺または払

255

戻充当により，甲が乙から返還をうける手形が存する場合，乙からの通知があったときは，甲はその手形を乙まで遅滞なく受領に出向くこととします。ただし，満期前の手形については乙はそのまま取り立てることができるものとします。

④　第8条または第9条の相殺または払戻充当の後，なお直ちに履行しなければならない甲の乙に対する債務が存する場合，手形に甲以外の債務者があるときは，乙はその手形をとめおき，取立または処分のうえ，債務の弁済に充当することができるものとします。

⑤　乙の甲に対する債権に関して電子記録債権が存する場合，乙が電子記録債権によらないでまたは電子記録債権によって第8条の相殺または払戻充当をするとき，乙は，その電子記録債権について，甲が支払等記録の請求をすることについての承諾をすること，および第8条の相殺もしくは払戻充当と同時に甲を譲受人とする譲渡記録もしくは乙を譲受人とする譲渡記録を削除する旨の変更記録の請求をすることを要しないものとします。

⑥　乙は，第8条または第9条の相殺または払戻充当後遅滞なく，その相殺または払戻充当に関して存する電子記録債権について，支払等記録または甲を譲受人とする譲渡記録（保証記録を付さないものとします。）もしくは乙を譲受人とする譲渡記録を削除する旨の変更記録の請求をするものとします。ただし，電子債権記録機関が電子記録の請求を制限する期間はこの限りではなく，また，支払期日前の電子記録債権については乙はそのまま支払を受けることができるものとします。

⑦　第8条または第9条の相殺または払戻充当の後，なお直ちに履行しなければならない甲の乙に対する債務が存する場合，電子記録債権に甲以外の電子記録債務者があるときは，乙はその電子記録債権について前項の電子記録の請求を行わず，支払を受け，またはその電子記録債権を処分したうえ，債務の弁済に充当することができるものとします。

第12条（乙による相殺等の場合の充当指定）

乙が相殺または払戻充当をする場合，甲の乙に対する債務全額を消滅させるに足りないときは，乙は適当と認める順序方法により充当することができるものとし，甲はその充当に対して異議を述べることができないものとします。

第13条（甲による弁済等の場合の充当指定）

①　甲が弁済または相殺する場合，甲の乙に対する債務全額を消滅させるに足りないときは，甲は乙に対する書面による通知をもって充当の順序方法を指定することができるものとします。

②　甲が前項による指定をしなかったときは，乙は適当と認める順序方法により充当することができ，甲はその充当に対して異議を述べることができないものとします。

③　第1項の指定により乙の債権保全上支障が生じるおそれがあるときは，乙は，遅滞なく異議を述べたうえで，担保，保証の有無，軽重，処分の難易，弁済期の長短，割引手形または割引電子記録債権の決済見込みなどを考慮して，乙の指定する順序方法により充当することができるものとします。この場合，乙は甲に対して充当した結果を通知するものとします。

④　前2項によって乙が充当する場合には，甲の期限未到来の債務については期限が到来したものとして，また満期前の割引手形および支払期日前の割引電子記録債権については買戻債務を，支払承諾については事前の求償債務を甲が負担したものとして，乙はその順序方法を指定することができるものとします。

第14条（危険負担，免責条項等）

①　甲が振出，裏書，引受，参加引受も

しくは保証した手形または甲が乙に提出した証書等または甲が電子記録債務者である電子記録債権の電子記録が，事変，災害，輸送途中の事故等やむをえない事情によって紛失，滅失，損傷，消去または延着した場合には，甲は乙の帳簿，伝票等の記録に基づいて債務を弁済するものとします。なお，乙が請求した場合には，甲は直ちに代りの手形，証書等を提出し，または，代りの電子記録債権について電子債権記録機関に対し，発生記録もしくは譲渡記録を請求するものとします。この場合に生じた損害については，乙の責めに帰すべき事由による場合を除き，甲が負担するものとします。

② 甲が乙に提供した担保について前項のやむをえない事情によって損害が生じた場合には，その損害について，乙の責めに帰すべき事由による場合を除き，甲が負担するものとします。

③ 万一手形要件の不備もしくは手形を無効にする記載によって手形上の権利が成立しない場合，電子記録債権の発生要件の不備により電子記録債権が成立しない場合，または権利保全手続の不備によって手形上の権利もしくは電子記録債権が消滅した場合でも，甲は手形面記載の金額または電子記録債権の債権額として記録された金額の責任を負うものとします。

④ 乙が手形，証書等の印影，署名を甲の届け出た印鑑，署名鑑と相当の注意をもって照合し，入力されたID，パスワード等の本人確認のための情報が乙に登録されたものと一致することを乙所定の方法により相当の注意をもって確認し相違ないと認めて取引したときは，手形，証書，印章，署名，ID，パスワード等について偽造，変造，盗用，不正使用等の事故があってもこれによって生じた損害は甲の負担とし，甲は手形または証書等の記載文言または電子記録債権の電子記録にしたがって責任を負うものとします。

⑤ 甲に対する権利の行使もしくは保全または担保の取立もしくは処分に要した費用，および甲の権利を保全するために甲が乙に協力を依頼した場合に要した費用は，甲の負担とします。

第16条（届出事項の変更）

① 甲は，その印章，署名，名称，商号，代表者，住所その他の乙に届け出た事項に変更があった場合には，書面により直ちに乙に届け出るものとします。

② 前項の届け出を怠るなど甲の責めに帰すべき事由により，乙が行った通知または送付した書類等が延着しまたは到達しなかった場合には，通常到達すべき時に到達したものとします。

第16条（報告および調査）

① 甲は，貸借対照表，損益計算書等の甲の財産，経営，業況等を示す書類を，定期的に乙に提出するものとします。

② 甲は，乙から請求があったときは，財産，経営，業況等について直ちに乙に対して報告し，また調査に必要な便益を提供するものとします。

③ 甲の財産，経営，業況等について重大な変化を生じたとき，または生じるおそれのあるときは，甲はその旨を直ちに乙に対して報告するものとします。

④ 甲が個人の場合，甲について家庭裁判所の審判により，補助，保佐，後見が開始されたときもしくは任意後見監督人の選任がなされたとき，またはこれらの審判をすでに受けているときには，甲または甲の補助人，保佐人，後見人は，その旨を書面により直ちに乙に届け出るものとします。届出内容に変更または取消が生じた場合にも同様とします。

第17条（準拠法，合意管轄）

① 本約定および本約定が適用される諸取引の契約準拠法は日本法とします。

② 本約定が適用される諸取引に関して訴訟の必要が生じた場合には，乙の本

店または取引店の所在地を管轄する裁判所を管轄裁判所とします。

第18条（約定の解約）
　第1条に定める取引がすべて終了し、甲が乙に対して負担する債務が存しない場合は、甲または乙いずれか一方が書面により他方に通知することによって、本約定を解約することができるものとします。

以上

三菱東京UFJ銀行・銀行取引約定書

　☐（以下，甲という）と株式会社三菱東京UFJ銀行（以下，乙という）とは，甲乙間の取引について，以下の条項につき合意しました。

第1条（適用範囲）
　① 甲および乙は，甲乙間の手形貸付，手形割引，電子記録債権貸付，電子記録債権割引，証書貸付，当座貸越，支払承諾（保証委託取引等），外国為替，金融等デリバティブ取引，保証取引その他甲が乙に対して債務を負担することとなるいっさいの取引に関して本約定を適用します。
　② 甲が振出，裏書，引受，参加引受もしくは保証した手形または甲が電子記録債務者である電子記録債権を，乙が第三者との取引によって取得した場合についても本約定を適用します。
　　ただし，この場合には，第2条，6条，10条第4項及び6項，14条の各条項は適用しません。
　③ 甲乙間で別途本約定書の各条項と異なる合意を行った場合については，その合意が本約定書に該当する条項に優先するものとします。

第2条（手形または電子記録債権と借入金債務）
　甲が乙より手形または電子記録債権によって貸付を受けた場合には，乙はその選択により，手形もしくは電子記録債権または貸金債権のいずれによっても請求することができます。

第2条の2（電子記録債権割引）
　① 電子記録債権の割引は，乙への譲渡記録がなされたことにより，その効力が生じるものとします。
　② この割引金の支払日は，乙への譲渡記録がなされた後の別途甲乙間で合意する日とします。

第3条（利息，損害金等）
　① 甲乙間で定めた利息，割引料，保証料，手数料（以下，「利息等」という），これらの戻しについての割合および支払の時期，方法の約定は，金融情勢の変化その他相当の事由がある場合には，一般に行なわれる程度のものに変更を請求することができるものとします。
　② 甲の財務状況の変化，担保価値の増減等により，乙の債権の保全状況に変動が生じた場合には，利息等の割合の変更についても前項と同様とします。
　③ 別途書面にて固定金利による旨の約定をしている取引の場合には，前2項は適用されません。
　④ 甲は，乙に対する債務を履行しなかった場合には，その支払うべき金額に対し年14%の割合の損害金を支払います。
　　ただし，利息，割引料，保証料については，損害金は付しません。この場合の計算方法は年365日の日割計算とします。

第4条（担保）
　① 担保価値の減少，甲またはその保証人の信用不安など乙の甲に対する債権保全を必要とする相当の事由が生じ，乙が相当期間を定めて請求した場合には，乙の承認する担保もしくは増担保を差し入れ，または保証人（電子記録

保証人を含みます。）をたてもしくはこれを追加します。
② 甲が乙に対する債務の履行を怠った場合には、乙は、担保について、法定の手続も含めて、一般に適当と認められる方法、時期、価格等により乙において取立または処分のうえ、その取得金から諸費用を差し引いた残額を法定の順序にかかわらず甲の債務の弁済に充当できるものとし、なお残債務がある場合には甲は直ちに弁済します。甲の債務の弁済に充当後、なお取得金に余剰の生じた場合には、乙はこれを権利者に返還するものとします。
③ 甲が乙に対する債務を履行しなかった場合には、乙が占有している甲の動産、手形その他の有価証券（その名義で記録されている甲の振替株式、振替社債、その他の有価証券を含む。）は、乙において取立または処分することができるものとし、この場合もすべて前項に準じて取り扱うことに同意します。
④ 本条の担保には、留置権、先取特権などの法定担保権も含むものとします。

第5条（期限の利益の喪失）
① 甲について次の各号の事由が一つでも生じた場合には、乙からの通知催告等がなくても、甲は乙に対するいっさいの債務について当然期限の利益を失い、直ちに債務を弁済します。
 1．支払の停止または破産手続開始、民事再生手続開始、会社更生手続開始もしくは特別清算開始の申立があったとき。
 2．手形交換所または電子債権記録機関の取引停止処分を受けたとき。
 3．甲またはその保証人の預金その他乙に対する債権について仮差押、保全差押または差押の命令、通知が発送されたとき。
　　なお、保証人の乙に対する債権の差押等については、乙の承認する担保を差し入れる旨を甲が遅滞なく乙に書面にて通知したことにより、乙が従来通り期限の利益を認める場合には、乙は書面にてその旨を甲に通知するものとします。ただし、期限の利益を喪失したことに基づき既になされた乙の行為については、その効力を妨げないものとします。
 4．行方不明となり、乙から甲に宛てた通知が届出の住所に到達しなくなったとき。
② 甲について次の各号の事由が一つでも生じた場合には、乙からの請求によって、甲は、乙に対するいっさいの債務について期限の利益を失い、直ちに債務を弁済します。
　　なお、乙の請求に際し、乙に対する債務を全額支払うことにつき支障がない旨を甲が遅滞なく乙に書面にて通知したことにより、乙が従来通り期限の利益を認める場合には、乙は書面にてその旨を甲に通知するものとします。ただし、期限の利益を喪失したことに基づき既になされた乙の行為については、その効力を妨げないものとします。
 1．甲が乙に対する債務の一部でも履行を遅滞したとき。
 2．担保の目的物について差押、または競売手続の開始があったとき。
 3．甲が乙との取引約定に違反したとき、あるいは第12条に基づく乙への報告または乙へ提出する財務状況を示す書類に重大な虚偽の内容がある等の事由が生じたとき。
 4．乙に対する甲の保証人が前項または本項の各号の一つにでも該当したとき。
 5．前各号に準じるような債権保全を必要とする相当の事由が生じたとき。
③ 前項の場合において、甲が住所変更の届出を怠る、あるいは甲が乙からの請求を受領しないなど甲の責めに帰すべき事由により、請求が延着しまたは到達しなかった場合は、通常到達すべ

き時に期限の利益が失われたものとします。

第6条（割引手形または割引電子記録債権の買戻し）

① 甲が乙より手形または電子記録債権の割引を受けた場合，甲について前条第1項各号の事由が一つでも生じたときは全部の手形および電子記録債権について，甲は，乙から通知催告等がなくても当然手形面記載の金額または電子記録債権の債権額の買戻債務を負担し，直ちに弁済します。

　また，手形の主債務者もしくは電子記録債権の債務者が期日に支払わなかったときまたは手形の主債務者もしくは電子記録債権の債務者について前条第1項各号の事由が一つでも生じたときは，その者が主債務者となっている手形またはその者が債務者となっている電子記録債権についても同様とします。

② 割引手形または割引電子記録債権について乙の債権保全を必要とする相当の事由が生じた場合には，前項以外のときでも，甲は乙の請求によって手形面記載の金額または電子記録債権の債権額の買戻債務を負担し，直ちに弁済します。

　なお，甲が住所変更の届出を怠る，あるいは甲が乙からの請求を受領しないなど甲の責めに帰すべき事由により，請求が延着しまたは到達しなかった場合は，通常到達すべき時に買戻債務を負担したものとします。

③ 甲が前2項による債務を履行するまでは，乙は手形所持人または電子記録債権の債権者としていっさいの権利を行使することができます。

④ 甲が第1項または第2項により割引電子記録債権の買戻債務を履行した場合には，乙は，遅滞なく，当該割引電子記録債権について甲を譲受人とする譲渡記録（保証記録を付さないものとします）を電子債権記録機関に対して請求し，または，乙を譲受人とする譲渡記録を削除する旨の変更記録を電子債権記録機関に対して請求するものとします。ただし，電子債権記録機関が電子記録の請求を制限する期間は，この限りではありません。

第7条（相殺，払戻充当）

① 期限の到来，期限の利益の喪失，買戻債務の発生，求償債務の発生その他の事由によって，甲が乙に対する債務を履行しなければならない場合には，乙は，その債務と甲の預金その他乙に対する債権とを，その債権の期限のいかんにかかわらず，いつでも相殺することができるものとします。

② 前項の相殺ができる場合には，乙は事前の通知および所定の手続を省略し，甲にかわり諸預け金の払戻しを受け，債務の弁済に充当することもできます。この場合，乙は甲に対して充当した結果を通知するものとします。

③ 前2項により乙が相殺または払戻充当を行う場合，債権債務の利息，割引料，清算金，損害金等の計算については，その期間を計算実行の日までとします。また，利率，料率等は甲乙間に別の定めがない場合には乙の定めによるものとし，外国為替相場については乙による計算実行時の相場を適用するものとします。

④ 弁済期にある甲の預金その他乙に対する債権と甲の乙に対する債務について，以下の場合を除き，甲はその債務の期限が未到来であっても相殺することができるものとします。なお，満期前の割引手形または支払期日前の割引電子記録債権について甲が相殺する場合には，甲は手形面記載の金額または電子記録債権の債権額の買戻債務を負担して相殺することができるものとします。

1．乙が他に再譲渡中の割引手形または割引電子記録債権に関する買戻債務を相殺する場合
2．弁済や相殺につき法令上の制約がある場合

3．甲乙間の期限前弁済についての約定に反する場合
⑤　前項によって甲が相殺する場合には，相殺通知は書面によるものとし，相殺した預金その他の債権の証書，通帳は直ちに乙に提出します。
⑥　甲が相殺した場合における債権債務の利息，割引料，清算金，損害金等の計算については，その期間を相殺通知の到達の日までとし，利率，料率等は甲乙間の定めによるものとします。なお，外国為替相場については乙の計算実行時の相場を適用するものとします。この際，期限前弁済について繰上げ返済手数料など別途の手数料の定めがあるときは，その定めによるものとします。

第8条（手形の呈示，交付または電子記録債権の支払等記録等）
①　甲の乙に対する債務に関して手形または電子記録債権が存する場合，乙が手形上の債権および電子記録債権によらないで第7条による相殺または払戻充当をするときは，乙は後日手形または電子記録債権を返還するものとします。ただし，満期前の手形については乙はそのまま取り立てをし，支払期日前の電子記録債権については乙はそのまま支払を受けることができます。
②　第7条の相殺または払戻充当により，乙から返還をうける手形が存する場合に乙からその旨の通知があった時には，その手形は甲が乙まで遅滞なく受領に出向くこととします。
③　乙が手形上の債権によって第7条の相殺または払戻充当をするときは，次の各場合にかぎり，手形の呈示または交付を要しません。なお，手形の受領については前項に準じます。
　　1．乙において甲の所在が明らかでないとき。
　　2．甲が手形の支払場所を乙にしているとき。
　　3．事変，災害等乙の責めに帰すことのできない事情によって，手形の送付が困難と認められるとき。
　　4．呈示しなければならない手形が取立その他の理由により，呈示，交付の省略がやむをえないと認められるとき。
④　第7条の相殺または払戻充当の後，なお直ちに履行しなければならない甲の乙に対する債務が存する場合において，手形または電子記録債権に甲以外の債務者があるときは，乙はその手形または電子記録債権をとめおき，取立て，支払いを受けまたは処分したうえ，債務の弁済に充当することができるものとします。
⑤　乙は，電子記録債権に関して第7条の相殺または払戻充当後，遅滞なく，当該電子記録債権について，支払等記録もしくは甲を譲渡人とする譲渡記録（保証記録を付さないものとします）または乙を譲受人とする譲渡記録を削除する旨の変更記録の請求を行うものとします。ただし，電子債権記録機関が電子記録の請求を制限する期間は，この限りではありません。
⑥　乙は，電子記録債権を甲に返還しなければならない場合であっても，電子記録名義人である限り，当該電子記録債権の債務者から支払いを受けることができます。この場合において，乙がその取得金を保持する相当の理由があるときまたは乙が相当の期間内に甲にその取得金を支払ったときは，乙は甲に対してその取得金に関する利息，損害金等の支払い義務を負わないものとします。

第9条（充当指定）
①　甲または乙は，第7条による相殺または払戻充当により，甲の債務全額を消滅させるに足りないときは，適当と認める順序方法により充当指定することができます。
　　また，甲からの弁済により，甲の債務全額を消滅させるに足りないときは，甲は同様に充当を指定することができます。

261

この場合，甲または乙の一方が指定しなかったときは，他方は同様に充当を指定することができます。

② 乙が前項により充当指定したときは，甲はその充当に対して異議を述べることができないものとします。

③ 甲が相殺したときの充当指定により乙の債権保全上支障が生じるおそれがあるときは，乙は遅滞なく異議を述べたうえで，担保，保証の有無，軽重，処分の難易，弁済期の長短，割引手形または割引電子記録債権の決済見込みなどを考慮して，乙の指定する順序方法により充当することができるものとします。

この場合，乙は甲に充当結果を通知するものとします。

④ 前3項によって乙が充当する場合には，甲の期限未到来の債務については期限が到来したものとして，また満期前の割引手形については買戻債務を，決済実施日前の割引電子記録債権については買戻債務を，支払承諾については事前の求償債務を甲が負担したものとして，乙はその順序方法を指定することができるものとします。

第10条（危険負担，免責条項等）

① 甲が振出，裏書，引受，参加引受もしくは保証した手形もしくは甲が乙に差し入れた証書または甲が電子記録債務者である電子記録債権の電子記録が，事変，災害，輸送途中の事故等やむをえない事情によって紛失，滅失，損傷，消去または延着した場合には，甲は乙の帳簿，伝票等の記録に基づいて債務を弁済します。なお，乙が請求した場合には，甲は直ちに代り手形，証書を差し入れ，または，代りの電子記録債権について電子債権記録機関に対し，発生記録もしくは譲渡記録を請求するものとします。

甲の差し入れた担保についても，同様とします。

② 前項の場合に生じた損害については，乙の責めに帰すべき事由による場合を除き，甲の負担とします。

③ 万一手形要件の不備もしくは手形を無効にする記載によって手形上の権利が成立しない場合，電子記録債権の発生要件の不備により電子記録債権が成立しない場合，または権利保全手続の不備によって手形上の権利もしくは電子記録債権が消滅した場合でも，その手形または電子記録債権についての取引上の債務には，影響ないものとします。

④ 乙が，手形，証書，電子記録債権の電子記録請求に係る書面等の印影を，甲の届け出た印鑑と相当の注意をもって照合し，甲に相違ないと認めて取引したときは，手形，証書，印章について偽造，変造，盗用等の事故があってもこれによって生じた損害は甲の負担とし，手形もしくは証書の記載文言または電子記録債権の電子記録にしたがって責任を負います。

⑤ 乙が甲に対する権利の行使もしくは保全または担保の取立もしくは処分に要した費用，および甲が自己の権利を保全するために乙に協力を依頼した場合に要した費用は，甲の負担とします。

⑥ 乙が，甲のID，パスワード等の本人確認のための情報が乙に登録されたものと一致することを乙所定の方法により確認し，相違ないと認めて取扱いを行った場合は，それらが盗用，不正使用，その他の事故により使用者が甲本人でなかった場合でも，それによって生じた損害は甲の負担とし，甲は電子記録債権の電子記録にしたがって責任を負うものとします。

第11条（届け出事項の変更）

① 甲は，その印章，名称，商号，代表者，住所，その他乙に届け出た事項に変更があった場合には，直ちに書面により乙に届け出るものとします。

② 甲が前項の届け出を怠る，あるいは甲が乙からの請求を受領しないなど甲の責めに帰すべき事由により，乙が行

った通知または送付した書類等が延着しまたは到達しなかった場合には，通常到達すべき時に到達したものとします。

第12条（報告および調査）
① 甲は，貸借対照表，損益計算書等の甲の財務状況を示す書類の写しを，定期的に乙に提出するものとします。
② 甲の財産，経営，業況等について乙から請求があったときは，甲は，遅滞なく報告し，また調査に必要な便益を提供するものとします。
③ 甲の財産，経営，業況等について重大な変化を生じたとき，または生じるおそれがあるときは，甲は乙に対して遅滞なく報告します。

第13条（適用店舗）
甲および乙は，本約定書の各条項が，甲ならびに乙の本支店との間の諸取引に共通に適用されることを承認します。

第14条（準拠法，合意管轄）
① 甲および乙は，本約定書ならびに本約定に基づく諸取引の契約準拠法を日本法とすることに合意します。
② 甲および乙は，本約定に基づく諸取引に関して訴訟の必要を生じた場合には，乙の本店または乙の取引店の所在地を管轄する裁判所を管轄裁判所とすることに合意します。

第15条（約定の解約）
乙の甲に対する債権が弁済その他の事由により消滅したのち，甲または乙いずれか一方が書面により解約する旨を通知したときは，他方が受領後1ヵ月が経過した時に本約定は失効するものとします。

第16条（反社会的勢力の排除）
① 甲は，甲またはその保証人が，現在，暴力団，暴力団員，暴力団員でなくなった時から5年を経過しない者，暴力団準構成員，暴力団関係企業，総会屋等，社会運動等標ぼうゴロまたは特殊知能暴力集団等，その他これらに準ずる者（以下これらを「暴力団員等」という。）に該当しないこと，および次の各号のいずれにも該当しないことを表明し，かつ将来にわたっても該当しないことを確約します。
 1．暴力団員等が経営を支配していると認められる関係を有すること
 2．暴力団員等が経営に実質的に関与していると認められる関係を有すること
 3．自己，自社もしくは第三者の不正の利益を図る目的または第三者に損害を加える目的をもってするなど，不当に暴力団員等を利用していると認められる関係を有すること
 4．暴力団員等に対して資金等を提供し，または便宜を供与するなどの関与をしていると認められる関係を有すること
 5．役員または経営に実質的に関与している者が暴力団員等と社会的に非難されるべき関係を有すること
② 甲は，甲またはその保証人が，自らまたは第三者を利用して次の各号の一にでも該当する行為を行わないことを確約します。
 1．暴力的な要求行為
 2．法的な責任を超えた不当な要求行為
 3．取引に関して，脅迫的な言動をし，または暴力を用いる行為
 4．風説を流布し，偽計を用いまたは威力を用いて乙の信用を毀損し，または乙の業務を妨害する行為
 5．その他前各号に準ずる行為
③ 甲またはその保証人が，暴力団員等もしくは第1項各号のいずれかに該当し，もしくは前項各号のいずれかに該当する行為をし，または第1項の規定にもとづく表明・確約に関して虚偽の申告をしたことが判明し，甲との取引を継続することが不適切である場合には，乙からの請求によって，甲は，乙に対するいっさいの債務について期限の利益を失い，直ちに債務を弁済します。
④ 甲が乙より手形の割引または電子記

録債権の割引を受けた場合，甲またはその保証人が暴力団員等もしくは第1項各号のいずれかに該当し，もしくは第2項各号のいずれかに該当する行為をし，または第1項の規定にもとづく表明・確約に関して虚偽の申告をしたことが判明し，甲との取引を継続することが不適切である場合には，全部の手形および電子記録債権について，甲は乙の請求によって手形面記載の金額および電子記録債権の債権額の買戻債務を負担し，直ちに弁済します。甲がこの債務を履行するまでは，乙は手形所持人または電子記録債権の債権者として，いっさいの権利を行使することができます。

⑤ 前2項の場合において，甲が住所変更の届出を怠る，あるいは甲が乙からの請求を受領しないなど甲の責めに帰すべき事由により，請求が延着しましたは到達しなかった場合は，通常到達すべき時に期限の利益が失われ，または買戻債務を負担したものとします。

⑥ 第3項または第4項の規定の適用により，甲またはその保証人に損害が生じた場合にも，甲は乙になんらの請求をせず，その保証人にも請求させません。また，乙に損害が生じたときは，甲がその責任を負います。

⑦ 第3項または第4項の規定により，債務の弁済がなされたときには，第15条の規定にかかわらず本約定は失効するものとします。

以上

［印紙］

平成　年　月　日

甲　（住所）
　　（氏名）＿＿＿＿＿＿＿＿＿＿㊞

乙　　　　＿＿＿＿＿＿＿＿＿＿㊞

三井住友銀行・銀行取引約定書

［印紙］

平成　年　月　日

甲　住所
　　氏名＿＿＿＿＿＿＿＿＿＿㊞
　　株式会社三井住友銀行
　　（取引店：　　支店）　　㊞

乙　＿＿＿＿＿＿＿＿＿＿＿＿

甲と乙は，甲乙間の銀行取引に適用される基本事項として，以下のとおり合意しました。

第1条（適用範囲）

① 本約定書の各条項は，別に甲乙間で合意した場合を除き，甲乙間の手形貸付，手形割引，電子記録債権貸付，電子記録債権割引，証書貸付，当座貸越，支払承諾，外国為替，デリバティブ取引，その他いっさいの銀行取引に関して共通に適用されるものとします。

② 乙と第三者との銀行取引を甲が保証した場合の保証取引は，前項の銀行取引に含まれるものとします。

③ 甲が振出，裏書，引受，参加引受もしくは保証した手形または甲が電子記録債務者である電子記録債権を，乙が第三者との取引によって取得したときも，甲の債務の履行について本約定書の各条項が適用されるものとします。

④　本約定書の各条項は、甲と乙の本支店との間の諸取引に共通に適用されるものとします。

第2条（利益，損害金等）

① 利息，割引料，保証料，手数料，清算金，これらの戻しについての割合および支払の時期，方法については，別に甲乙間で合意したところによるものとします。ただし，金融情勢の変化その他相当の事由がある場合には，甲または乙は相手方に対し，これらを一般に合理的と認められる程度のものに変更することについて協議を求めることができるものとします。

② 甲は、乙に対する債務を履行しなかった場合には、支払うべき金額に対し年14％の割合の損害金を支払うものとします。この場合の計算方法は年365日の日割計算とします。

第3条（担保の提供等）

① 次の各場合において、乙が請求したときは、甲は直ちに乙が適当と認める担保もしくは増担保を提供し、または保証人をたてもしくはこれを追加するものとします。
   1. 乙に提供されている担保について乙の責めに帰すことのできない事由により毀損、滅失または価値の客観的な減少が生じたとき。
   2. 甲の保証人について第5条第1項または第2項の各号の事由が一つでも生じたとき。

② 乙の債権保全を必要とする相当の事由が生じたと客観的に認められる場合において、乙が書面によりその事由を明示し、相当の期間を定めて請求したときは、前項と同様とします。

第4条（担保等の処分）

① 甲が乙に対する債務を履行しなかった場合には、乙は、法定の手続または一般に適当と認められる方法、時期、価格等により担保を取立または処分のうえ、その取得金から諸費用を差し引いた残額を法定の順序にかかわらず甲の債務の弁済に充当できるものとします。取得金を甲の債務の弁済に充当した後に、なお甲の債務が残っているときは甲は直ちに乙に弁済するものとし、取得金に余剰が生じたときは乙はこれを権利者に返還するものとします。

② 甲が乙に対する債務を履行しなかった場合には、乙は、その占有している甲の動産、手形その他の有価証券についても前項と同様に取り扱うことができるものとします。

③ 乙に債権者口座が存する甲の電子記録債権、乙を口座管理機関とする甲の社債等についても、前項と同様とします。

第5条（期限の利益の喪失）

① 甲について次の各号の事由が一つでも生じた場合には、乙からの通知催告等がなくても、甲は乙に対するいっさいの債務について当然期限の利益を失い、直ちに債務を弁済するものとします。
   1. 支払の停止または破産手続、民事再生手続、会社更生手続もしくは特別清算の開始の申立があったとき。
   2. 手形交換所またはこれに準ずる電子債権記録機関の取引停止処分を受けたとき。
   3. 甲またはその保証人の預金その他の乙に対する債権について仮差押、保全差押または差押の命令、通知が発送されたとき。

② 甲について次の各号の事由が一つでも生じた場合には、乙からの請求によって、甲は乙に対するいっさいの債務について期限の利益を失い、直ちに債務を弁済するものとします。
   1. 乙に対する債務の一部でも履行を遅滞したとき。
   2. 担保の目的物について差押または競売手続の開始があったとき。
   3. 乙との取引約定に違反したとき。
   4. 前各号のほか乙の債権保全を必要とする相当の事由が生じたと客観的に認められるとき。

③　住所変更の届出を怠るなど甲の責めに帰すべき事由により，前項の請求が延着しまたは到達しなかった場合には，通常到達すべき時に期限の利益が失われたものとします。

第6条（割引手形の買戻し）
①　手形の割引において，甲について前条第1項各号の事由が一つでも生じた場合には全部の手形について，また手形の主債務者が期日に支払わなかった場合もしくは手形の主債務者について前条第1項各号の事由が一つでも生じた場合にはその者が主債務者となっている手形について，乙からの通知催告等がなくても，甲は当然手形面記載の金額の買戻債務を負い，直ちに弁済するものとします。
②　割引手形について乙の債権保全を必要とする相当の事由が生じたと客観的に認められる場合には，前項以外のときでも，乙からの請求によって，甲は手形面記載の金額の買戻債務を負い，直ちに弁済するものとします。なお，前条第3項の事由によりこの請求が延着しまたは到達しなかった場合には，通常到達すべき時に甲は買戻債務を負うものとします。
③　甲が前二項による債務を履行するまでは，乙は手形所持人としていっさいの権利を行使できるものとします。
④　買戻債務の履行に関して，万一手形要件の不備もしくは手形を無効にする記載によって手形上の権利が成立しない場合，または権利保全手続の不備によって手形上の権利が消滅した場合でも，甲は手形面記載の金額の責任を負うものとします。

第7条（反社会的勢力の排除）
①　甲は，甲，甲の保証人または担保提供者が，現在，暴力団，暴力団員，暴力団員でなくなった時から5年を経過しない者，暴力団準構成員，暴力団関係企業，総会屋等，社会運動等標榜ゴロまたは特殊知能暴力集団等，その他これらに準ずる者（以下これらを「暴力団員等」という。）に該当しないこと，および次の各号のいずれにも該当しないことを表明し，かつ将来にわたっても該当しないことを確約いたします。
　1．暴力団員等が経営を支配していると認められる関係を有すること
　2．暴力団員等が経営に実質的に関与していると認められる関係を有すること
　3．自己，自社もしくは第三者の不正の利益を図る目的または第三者に損害を加える目的をもってするなど，不当に暴力団員等を利用していると認められる関係を有すること
　4．暴力団員等に対して資金等を提供し，または便宜を供与するなどの関与をしていると認められる関係を有すること
　5．役員または経営に実質的に関与している者が暴力団員等と社会的に非難されるべき関係を有していること
②　甲は，甲，甲の保証人または担保提供者が，自らまたは第三者を利用して次の各号の一にでも該当する行為を行わないことを確約いたします。
　1．暴力的な要求行為
　2．法的な責任を超えた不当な要求行為
　3．取引に関して，脅迫的な言動をし，または暴力を用いる行為
　4．風説を流布し，偽計を用いまたは威力を用いて乙の信用を毀損し，または乙の業務を妨害する行為
　5．その他前各号に準ずる行為
③　甲，甲の保証人または担保提供者が，暴力団員等もしくは第1項各号のいずれかに該当し，もしくは前項各号のいずれかに該当する行為をし，または第1項の規定にもとづく表明・確約に関して虚偽の申告をしたことが判明した場合には，乙からの請求によって，甲は乙に対するいっさいの債務の期限の利益を失い，直ちに債務を弁済するものとします。なお，第5条第3

項の事由によりこの請求が延着しまたは到着しなかった場合には，通常到達すべき時に期限の利益が失われるものとします。
④　手形または電子記録債権の割引において，甲，甲の保証人または担保提供者が暴力団員等もしくは第１項各号のいずれかに該当し，もしくは第２項各号のいずれかに該当する行為をし，または第１項各号の規定にもとづく表明・確約に関して虚偽の申告をしたことが判明した場合には，全部の手形および電子記録債権について，乙の請求によって，甲は手形面記載の金額および電子記録債権の債権額の買戻債務を負い，直ちに弁済するものとします。なお，第５条第３項の事由により甲の責めに帰すべき事由により，この請求が延着しまたは到着しなかった場合には，通常到達すべき時に甲は買戻債務を負うものとします。また，甲がこの債務を履行するまでは，乙は手形所持人または電子記録債権の債権者としていっさいの権利を行使することができます。
⑤　前２項の規定の適用により，甲，甲の保証人または担保提供者に損害が生じた場合にも，乙に何らの請求をしません。また，乙に損害が生じたときは，甲，甲の保証人または担保提供者が責任を負います。

第８条（乙による相殺等）
①　期限の到来，期限の利益の喪失，買戻債務の発生，求償債務の発生その他の事由によって，甲が乙に対する債務を履行しなければならない場合には，乙は，その債務と甲の預金その他乙に対する債権とを，その債権の期限のいかんにかかわらず，いつでも相殺することができるものとします。
②　前項の相殺ができる場合には，乙は甲に代わって諸預け金の払戻しを受け，甲の債務の弁済に充当することもできるものとします。
③　前二項により乙が相殺等を行う場合，債権債務の利息，割引料，清算金，損害金等の計算については，その期間を乙による計算実行の日までとします。また，利率，料率等について甲乙間に別の定めがない場合には乙が合理的に定めるところによるものとし，外国為替相場については乙による計算実行時の相場を適用するものとします。

第９条（甲による相殺）
①　甲は，別に甲乙間に期限前弁済を制限する定めがある場合を除き，弁済期にある甲の預金その他乙に対する債権と甲の乙に対する債務とを，その債務の期限が未到来であっても相殺することができるものとします。
②　満期前の割引手形または支払期日前の割引電子記録債権について甲が前項により相殺する場合には，甲は手形面記載の金額または電子記録債権の債権額の買戻債務を負担して相殺することができるものとします。ただし，乙が他に再譲渡中の割引手形または割引電子記録債権については相殺することができないものとします。
③　前二項により甲が相殺する場合には，相殺通知は書面によるものとし，相殺した預金その他の債権の証書，通帳は直ちに乙に提出するものとします。
④　甲が相殺した場合における債権債務の利息，割引料，清算金，損害金等の計算については，その期間を相殺通知の到達の日までとします。また，利率，料率等について甲乙間に別の定めがない場合には乙が合理的に定めるところによるものとし，外国為替相場については乙による計算実行時の相場を適用するものとします。

第10条（権利の選択）
乙の甲に対する債権に関して手形上または電子記録債権上の権利が併存している場合には，乙はその選択によりいずれの権利によっても請求または相殺等を行うことができるものとします。

第11条（手形の呈示，交付等）

① 前条の場合において，乙が手形上の債権および電子記録債権によらないで第8条の相殺等を行うときは，相殺等と同時にその手形または電子記録債権の返還を行うことは要しないものとします。

② 第8条または第9条の相殺等により甲が乙から返還を受ける手形または電子記録債権が存する場合には，その手形または電子記録債権については甲が乙まで出向きまたは請求して受領するものとします。ただし，満期前の手形については乙はそのまま取り立てることができるものとし，支払期日前の電子記録債権については乙はそのまま支払いを受けることができるものとします。

③ 乙が手形上の債権によって第8条の相殺等を行うときは，次の各場合にかぎり，手形の呈示，交付を要しないものとします。なお，手形の受領については前項に準じるものとします。
 1．甲の所在が乙に明らかでないとき。
 2．甲が手形の支払場所を乙にしているとき。
 3．手形の送付が困難であると客観的に認められる相当の事由があるとき。
 4．取立その他の理由によって呈示，交付の省略がやむをえないと認められるとき。

④ 第8条または第9条の相殺等の後なお直ちに履行しなければならない甲の乙に対する債務が残っている場合において，手形または電子記録債権に甲以外の手形債務者または電子記録債務者があるときは，乙はその手形または電子記録債権をとめおき，第4条により取り扱うことができるものとします。

第12条（乙による充当の指定）

弁済または第8条による相殺等の場合において，甲の乙に対する債務全額を消滅させるに足りないときは，乙は適当と認める順序方法により充当し，これを甲に書面をもって通知するものとします。この場合，甲はその充当に対して異議を述べることができないものとします。

第13条（甲による充当の指定）

① 第9条により甲が相殺する場合において，甲の乙に対する債務全額を消滅させるに足りないときは，甲は乙に対する書面による通知をもって充当の順序方法を指定することができるものとします。

② 甲が前項による指定をしなかったときは，乙は甲に対する書面による通知をもって乙が適当と認める順序方法により充当することができ，甲はその充当に対して異議を述べることができないものとします。

③ 第1項の指定により乙の債権保全上支障が生じるおそれがあるときは，乙は書面により遅滞なく異議を述べたうえで，担保，保証の有無，軽重，処分の難易，弁済期の長短，割引手形または割引電子記録債権の決済見込みなどを考慮して，乙の指定する順序方法により充当することができるものとします。

④ 前二項によって乙が充当する場合には，甲の期限未到来の債務については期限が到来したものとして，また満期前の割引手形および支払期日前の割引電子記録債権については買戻債務を，支払承諾については事前の求償債務を甲が負担したものとして，乙はその順序方法を指定することができるものとします。

第14条（危険負担，免責条項等）

① 甲が振出，裏書，引受，参加引受もしくは保証した手形，甲が乙に提出した証書等または甲が電子記録債務者である電子記録債権の電子記録が，事変，災害，輸送途中の事故等やむをえない事情によって紛失，滅失，損傷，消滅または延着した場合には，甲は乙の帳簿，伝票等の記録に基づいて債務を弁済するものとします。なお，乙が

請求した場合には，甲は直ちに代わりの手形，証書，電子記録債権等を提出するものとします。この場合に生じた損害については，乙の責めに帰すべき事由による場合を除き，甲の負担とします。

② 甲が乙に提供した担保について前項のやむをえない事情によって損害が生じた場合には，乙の責めに帰すべき事由による場合を除き，その損害は甲の負担とします。

③ 乙が手形，証書の印影，署名を，甲の届け出た印鑑，署名鑑と相当の注意をもって照合し，相違ないと認めて取引したときは，手形，証書，印章，署名について偽造，変造，盗用等の事故があってもこれによって生じた損害は甲の負担とし，甲は手形または証書の記載文言にしたがって責任を負うものとします。

④ 乙の甲に対する権利の行使もしくは保全または担保の取立もしくは処分等に要した費用，および甲の権利を保全するために甲が乙に協力を依頼した場合に要した費用は，甲の負担とします。

第15条（届出事項の変更）

① 甲は，その印章，署名，名称，商号，代表者，住所その他乙に届け出た事項に変更があった場合には，直ちに書面により乙に届け出るものとします。

② 前項の届出を怠るなど甲の責めに帰すべき事由により，乙が行った通知または送付した書類等が延着しまたは到達しなかった場合には，通常到達すべき時に到達したものとします。

第16条（報告，調査等）

① 甲は，貸借対照表，損益計算書等の甲の財務状況を示す書類の写しを，定期的に乙に提出するものとします。

② 甲は，乙による甲の財産，経営，業況等に関する調査に必要な範囲において，乙から請求があった場合には，書類を提出し，もしくは報告をなし，ま

た便益を提供するものとします。

③ 甲は，その財産，経営，業況等について重大な変化が生じたときは，乙に対して報告するものとします。

第17条（本約定書の可分性）

本約定書の条項の一部が違法，無効または執行不能となった場合においても，その他の条項の適法性，有効性および執行可能性はいかなる意味においても損なわれず，また影響を受けないものとします。

第18条（契約の終了）

甲は，本約定書に基づき乙に対して負担する債務が存しない場合には，乙に対する書面による通知をもって，いつでも本約定を解除することができるものとします。

第19条（準拠法，管轄）

① 本約定書および本約定書に基づく諸取引の契約準拠法は日本法とします。

② 本約定書に基づく諸取引に関して訴訟の必要が生じた場合には，乙の本店または取引店の所在地を管轄する裁判所を管轄裁判所とします。

以上

監修者・執筆者略歴（執筆当時）

[監修者]
天野 佳洋（あまの・よしひろ）
京都大学教授
1972年住友信託銀行入社。支店勤務，法務部長，本店支配人を経る。2005年駿河台大学教授，09年より現職。

[執筆者（執筆順）]
中原 利明（なかはら・としあき）：第1編第1章担当
三菱東京UFJ銀行法務室長
1980年三菱銀行（現三菱東京UFJ銀行）入行。事務部，支店勤務，法務室調査役，同上席調査役を経て，2006年より現職。

青山 正博（あおやま・まさひろ）：第1編第2章担当
みずほ銀行法務部調査役・弁護士
2001年みずほ銀行入行。みずほインベスターズ証券（現みずほ証券）法務部等を経て，11年より現職。その間，筑波大学法科大学院（社会人大学院）を修了して司法試験合格後，11年弁護士登録。

三上 徹（みかみ・とおる）：第1編第3章担当
三井住友銀行法務部長
1984年住友銀行（現三井住友銀行）入行。国際審査部，ハーバード大学ロースクール（LL.M），総務部，総務部法務室，池袋支店融資課，法務部グループ長等を経て，2006年より現職。

島田 邦雄（しまだ・くにお）：第1編第4章担当
島田法律事務所 弁護士
1984年東京大学法学部卒業，86年弁護士登録，岩田合同法律事務所入所（〜2010年）。90年ハーバード大学ロースクール卒業（LL.M.），ウィルキー・ファー・アンド・ギャラガー法律事務所（米国），91年ニューヨーク州弁護士登録，クデール・ブラザーズ法律事務所（ベルギー）。2010年島田法律事務所設立。

福谷 賢典（ふくたに・まさのり）：第1編第4章担当
2003年東京大学法学部卒業，04年弁護士登録，岩田合同法律事務所入所，10年島田法律事務所入所。

安東 克正（あんどう・かつまさ）：第2編担当
中国銀行邑久支店長
1990年中国銀行入行。支店勤務，融資部次長を経て，2013年より現職。

銀行取引約定書の解釈と実務

2014年3月15日　初版第1刷発行	監修者　天　野　佳　洋
2015年7月1日　　第2刷発行	発行者　金　子　幸　司
	発行所　㈱経済法令研究会
	〒162-8421　東京都新宿区市谷本村町3-21
〈検印省略〉	電話　代表 03(3267)4811　制作 03(3267)4823

営業所／東京 03(3267)4812　大阪 06(6261)2911　名古屋 052(332)3511　福岡 092(411)0805

カバーデザイン／図工ファイブ　制作／中原 秀紀　印刷／㈱日本制作センター

Ⓒ Yoshihiro Amano 2014　Printed in Japan　　　　　　　　ISBN978-4-7668-2335-6

"経済法令研究会グループメールマガジン"配信ご登録のお勧め
当社グループが取り扱う書籍、通信講座、セミナー、検定試験情報等、皆様にお役立ていただける情報をお届け致します。下記ホームページのトップ画面からご登録いただけます。
☆　経済法令研究会　http://www.khk.co.jp/　☆

定価はカバーに表示してあります。無断複製・転用等を禁じます。落丁・乱丁本は、お取替えいたします。